WHISKY
A TASTING COURSE
위스키 테이스팅 코스

WHISKY
A TASTING COURSE
위스키 테이스팅 코스

위스키를 **생각하며**
음미하는 새로운 방법

에디 러들로 지음
임지연 옮김

위스키 테이스팅 코스

발행일 2022년 9월 20일 초판 1쇄 발행
2023년 9월 20일 초판 2쇄 발행
지은이 에디 러들로
옮긴이 임지연
발행인 강학경
발행처 시그마북스
마케팅 정제용
에디터 신영선, 최연정, 최윤정, 양수진
디자인 강경희, 김문배

등록번호 제10-965호
주소 서울특별시 영등포구 양평로 22길 21 선유도코오롱디지털타워 A402호
전자우편 sigmabooks@spress.co.kr
홈페이지 http://www.sigmabooks.co.kr
전화 (02) 2062-5288~9
팩시밀리 (02) 323-4197
ISBN 979-11-6862-028-5 (13590)

이 책은 저작권법에 의하여 한국 내에서 보호를 받는 저작물이므로 무단전재와 무단 복제를 금합니다.

파본은 구매하신 서점에서 교환해드립니다.
* 시그마북스 는 ㈜시그마프레스의 단행본 브랜드입니다.

Original Title: Whisky a Tasting Course: A New Way to Think – and Drink – Whisky
Copyright © Dorling Kindersley Limited, 2019
A Penguin Random House Company

First published in Great Britain in 2019 by
Dorling Kindersley Limited
One Embassy Gardens, 8 Viaduct Gardens,
London, SW11 7BW

Copyright © 2019 Dorling Kindersley Limited
A Penguin Random House Company
10 9 8 7 6 5 4
007–310645–Oct/2019

All rights reserved.
No part of this publication may be reproduced, stored in or introduced into a retrieval system, or transmitted, in any form, or by any means (electronic, mechanical, photocopying, recording, or otherwise), without the prior written permission of the copyright owner.

A CIP catalogue record for this book is available from the British Library.
ISBN: 978-0-2413-4521-4

Printed and Bound in Malaysia

For the curious
www.dk.com

차례

시작하며 8

CHAPTER 1
위스키란 무엇일까? 10

위스키를 시음하는 이유 12
위스키 이야기 14
위스키에는 어떤 특별함이 있을까? 16
위스키 제조에 사용되는 곡물 18
위스키는 어떻게 만들어질까? 20
위스키는 어떻게 숙성할까? 22

CHAPTER 2
위스키 시음하기 24

위스키 시음 시 체크리스트 26
시음 시작하기 28
위스키 세계의 언어 30
비하인드 스토리 위스키와 물 32
눈으로 감상하는 위스키 34
[시음 노트 01] 눈으로 감상하기 36
위스키 아로마 탐색하기 38
[시음 노트 02] 코로 감상하기 40
위스키의 주요 향미 42
[시음 노트 03] 혀로 감상하기 44

보디감과 피니시 46
[시음 노트 04] 보디감과 피니시 감상하기 48

비하인드 스토리 크래프트 위스키 열풍 94
[시음 노트 10] 북미의 주요 위스키 스타일 96

CHAPTER 3
스타일에 따른 맛 50

스코틀랜드식 위스키 52
싱글 몰트 위스키란? 54
[시음 노트 05] 스코틀랜드 싱글 몰트 위스키 56
싱글 그레인 위스키란? 58
블렌디드 스카치 위스키란? 60
블렌디드 몰트 위스키란? 62
비하인드 스토리 나만의 스타일로 블렌딩하기 64
[시음 노트 06] 스카치 위스키 66
아이리시 위스키 68
아이리시 위스키란? 70
[시음 노트 07] '전통' 아이리시 위스키 72
북미 위스키 74
'미국' 위스키란? 76
콘 위스키란? 78
버번 위스키란? 80
비하인드 스토리 캐스크 82
[시음 노트 08] 버번 84
라이 위스키란? 86
[시음 노트 09] 라이 위스키 88
캐나다와 유럽의 라이 위스키 90
휘트 위스키란? 92

CHAPTER 4
지역별 시음 98

스코틀랜드 100
롤런드 102
하이랜드와 인근 섬 지역 104
비하인드 스토리 이탄과 위스키 106
[시음 노트 11] 피트 위스키 108
아일레이 110
캠벨타운 112
스페이사이드 114

[시음 노트 12] 하이랜드 싱글 몰트 …… 116	**[시음 노트 14]** 미국의 지역별 크래프트 위스키 …… 140
비하인드 스토리 증류기의 유형 …… 118	캐나다 …… 142
아일랜드 …… 120	**비하인드 스토리** 마이크로 증류소 …… 144
아일랜드 …… 122	아시아 …… 146
비하인드 스토리 아일랜드 위스키의 부활 …… 124	일본 …… 148
[시음 노트 13] '현대' 아이리시 위스키 …… 126	**[시음 노트 15]** 일본 위스키 …… 150
북아메리카 …… 128	**비하인드 스토리** 일본 위스키의 부상 …… 152
켄터키 …… 130	인도 …… 154
테네시 …… 132	타이완 …… 156
미국 서부 …… 134	**[시음 노트 16]** 아시아의 위스키 …… 158
미국 중부 …… 136	남반구 …… 160
미국 동부 …… 138	태즈메이니아 …… 162
	호주 …… 164
	남아프리카공화국 …… 166
	[시음 노트 17] 남반구의 위스키 …… 168
	유럽 …… 170
	잉글랜드와 웨일스 …… 172
	[시음 노트 18] 잉글랜드와 웨일스의 위스키 …… 174
	북유럽 …… 176
	서유럽 …… 178
	알프스 인근 지역 …… 180
	[시음 노트 19] 유럽 대륙의 위스키 …… 182

CHAPTER 5
위스키, 어떻게 마실까? 184

어디에서 마실까? 186
비하인드 스토리　독립병입자 188
위스키의 '이상적인' 숙성연수? 190
위스키에 얼마를 써야 할까? 192
위스키와 온도 194
위스키 보관하기 196
믹서와 혼합하기 198
언제, 어떤 위스키를 마셔야 할까? 200
[시음 노트 20]　숙성연수별 싱글 몰트 ... 202

클래식 위스키 칵테일 204
가벼운 위스키 칵테일 206
위스키와 음식 208
위스키와 초콜릿 210

용어 해설 212
찾아보기 216
사진 출처 222
저자 소개/감사의 말 224

시작하며

대다수 많은 사람처럼 나 역시 너무 이른 나이에 처음으로 위스키를 접했다. 그리고 당연히, 그 첫인상은 별로 좋지 않았다.

위스키를 다시 접하게 된 건 뉴캐슬 어폰 타인에서 주류 유통사 오드빈스의 영업 보조로 주류 산업에 첫발을 내디디면서였다. 내가 이곳에서 일을 시작하게 된 건 일자리가 필요했을뿐더러 1년 전 에일 전문 펍에서 일한 것을 제외하면 주류 산업에 대해 잘 알지 못해서였다. 이렇게 모든 게 시작되었다. 이 경이로운 곳에서 나는 자신들이 파는 물건에 대해 순수한 열정을 가진 사람들을 만났다. 그들 자신도 인지하는 열정이었다. 나 역시 곧 이러한 열정에 전염되기 시작했고, 나도 모르는 사이 고객 대상 와인과 위스키 시음회를 진행하는 단계에 이르렀다. 하지만 순식간에 내 가슴과 머리를 사로잡은 건 위스키였다. 이후 스코틀랜드로 몇 번 여행을 다녀오면서 위스키에 푹 빠지게 되었다. 이렇게 내 사랑은 확고해졌다.

그 후 아드벡과 글렌모렌지의 브랜드 홍보 업무를 잠깐 진행하면서 처음으로 위스키 업계의 주요 제조사들과 직접 만남을 갖게 되었다. 그리고 평생의 우정을 쌓았다. 보통 위스키 몇 잔을 함께 나누면서였다.

그럴수록 세상의 좋은 위스키에 대해 사람들과 이야기를 나눠야겠다는 생각이 확고해졌다. 정규직 퇴사라는 무모한 결정을 내린 뒤 2008년 아내 아만다와 함께 '더 위스키 라운지'를 차린 이유다.

처음 시작했을 때 더 위스키 라운지의 직원은 나뿐이었다. 나는 낡은 고물차를 몰고 전국을 누비며 위스키에 관심이 많은 사람들을 대상으로 강연을 했다. 처음에는 런던에 열 명, 브라이튼에 열두 명, 이런 정도였다. 하지만 그 수는 중요하지 않았다. 내가 좋아하는 일을 하고 있었으니까. 아만다가 합류해야 할 정도로 사업의 기반을 닦기까지 꽤 오랜 시간이 걸렸지만 우리는 결국 해냈다. 과거나 지금이나 세상엔 위스키에 대해 제대로 알고자 하는 사람들이 계속 존재했고, 우리는 최선을 다해 우리의 지식을 공유해왔다.

그리고 위스키에 대해 알고자 하는 사람들에게 도움이 되기를 바라는 마음에서 이 책을 썼다. 나는 마법의 위스키를 만드는 숨겨진 비법을 아는 과학자가 아니다. 전 세계에 위스키 투어를 다니며 한두 가지 주워듣기는 했지만, 그것은 이 책에서 다루는 주제가 아니다. 이 책에서는 내가 매일 하는 일이자 위스키 사랑의 모든 것, 바로 시음을 집중적으로 다룬다. 여기서부터 모든 것이 확산되어 이 책의 본질과 정신을 형성한다. 부디 독자 여러분의 마음에 들길 바란다.

에디 러들로

CHAPTER 1

위스키란 무엇일까?

매우 광범위한 질문이다. 이 질문에 답하다 보면 이 독특한
음료의 풍부한 다양성과 무한대에 가까운 복잡성이 드러나게 된다.
이번 장에서는 위스키를 마시는 이유, 위스키에 관한 '이야기',
전 세계적으로 높이 평가되는 이유, 그리고 중요한 부분인
위스키 제조법 등 핵심적인 이슈를 집중적으로 다룰 것이다.
이 매혹적인 증류주를 최대한 즐기는 방법에 집중하는 책에서
이렇게 시작하는 이유는 위스키 시음 여정은 반드시
위스키에 대한 이해에서 출발해야 하기 때문이다.

▲ 수백 개의 위스키 브랜드가 있고, 그 스타일도 굉장히 다양해서 선택지가 매우 많다. 따라서 '내 스타일'의 위스키를 찾기까지 꽤 시간이 걸리기 마련이다.

위스키를 시음하는 이유

당연한 소리인데, 위스키를 잘 알 수 있는 최고의 방법은 시음이다. 마시지 말고, 시음해보라. 그러면 차이가 느껴질 것이다. 스스로 그 차이를 발견하는 데 이 책이 작은 도움이 되기를 바란다.

위스키는 세계에서 가장 인기 있는 증류주 중 하나지만, 위스키에 대해 알아가는 과정은 그 맛처럼 너무도 복잡해서 혼란스럽게 느껴질 때도 있다.

스코틀랜드, 아일랜드, 미국, 캐나다 같은 유서 깊은 위스키 제조 지역에는 눈이 휘둥그레질 정도로 많은 증류소가 있으며, 거기에 일본, 스웨덴, 타이완, 호주 같은 비교적 신진 주자들까지 더한다면 위스키의 세계는 더욱 넓어진다. 그렇다면 이 광범위한 주제를 어디서부터 시작해야 할까? 가장 중요한 것은 어떤 부분일까?

위스키 감상의 기본

이 책의 주제는 위스키 시음하는 법을 터득하는 것이다. 시음은 단순히 술을 따라 마시는 행위가 아니기에 고려해야 할 것이 훨씬 더 많다. 시음을 제대로 한다면 그 과정에서 위스키의 풍부한 맛과 다양한 스타일을 파악하고 해석하는 최적의 방법을 배울 수 있다. 그리하여 맛에 대해 완벽히 이해하게 되면, 다음의 질문에 답할 수 있을 것이다.

- 이 위스키는 왜 이런 맛이 날까?
- 이 위스키가 마음에 드는데, 이런 스타일의 다른 위스키는 뭐가 있을까?
- 구입한 위스키를 최대한 즐기는 방법은 무엇일까?
- 맛은 어떻게 표현할까?

똑같은 맛은 없다

맛은 궁극적으로 개인적인 느낌인데, 바로 이 점 때문에 위스키를 이해하기가 어려워진다.

당신이 위스키에서 느낀 맛의 표현이 옆 사람과 똑같지 않을 수 있다. 이는 '시음' 언어의 차이인데, 자신감을 키우면 미각도 발달하고 위스키 어휘가 늘어서 다른 이들과 위스키 시음 감상을 공유할 수 있을 것이다.

위스키를 즐기는 것은 시음법을 배우는데서 시작한다. 이 점을 유념한다면 크게 잘못되지는 않을 것이다.

▶ **향미를 느끼기 위해** 위스키에 물이나 얼음, 첨가물을 넣거나 그 자체로 깔끔하게 즐길 수도 있다. 하지만 적당히 마셔야 한다는 점을 기억하자.

초보자를 위한 시음 노트 20

▲ **이 책을 다 읽을 무렵**에는 위스키의 열혈 추종자가 되거나, 적어도 풍부한 지식을 바탕으로 위스키를 선택할 수 있는 자신감 있는 시음자가 되어 있을 것이다.

이 책의 핵심은 전 세계 위스키의 광범위한 다양성을 보여줄 수 있도록 신중히 선정한 20개의 주제에 따라 구성된 시음 노트다.

각 시음 노트에는 다음과 같은 내용이 담겨 있다.

- 시음할 네 종류의 위스키를 어떻게 탐색할지
- 관련된 위스키에 대한 자세한 정보와 함께 무엇을 찾을지
- 해당 시음에서 무엇을 배워야 할지
- 선택을 도울 스타일 가이드
- 네 종류 위스키의 특성을 파악하는 데 도움이 되는 아로마 맵
- 대체할 만한 위스키 제안

여기서는 향미에 집중해 향미란 무엇인지, 그 차이를 구분하는 법, 위스키의 맛에 대한 이해가 위스키 감상의 전부인 이유 등을 두루 살펴볼 것이다.

위스키 이야기

오늘날 위스키는 일상 속에서 자연스럽게 접하는 음료로 자리 잡았다. 마치 늘 우리와 함께 해왔던 것처럼 말이다. 하지만 사실은 그렇지 않다. 위스키의 역사는 스코틀랜드의 안개 너머 아득히 먼 옛날로 거슬러 올라간다.

많은 사람이 위스키가 스코틀랜드나 아일랜드에서 '창조'되었다고 믿는다. 하지만 진짜 기원은 다른 곳에 있다.

동양에서 유래했다?

위스키의 역사는 이슬람의 연금술사 아부 무사 자비르 이븐 하이얀이 훗날 생명의 물이라는 뜻의 '아콰비타이'로 불리는 액체를 처음 만들어내면서 시작된다.

이후 자비르를 비롯한 이슬람 학자들의 문헌이 유럽 수도사에 의해 라틴어로 번역되었다. 스코틀랜드에서 위스키와 유사한 음료에 대해 최초로 언급된 기록은 1494년 제임스 4세 시대의 재무부 문서로, 여기에는 파이프 지방 북서부 린도레스 수도원의 수도사 존 코에게 "아콰비타이를 만들 맥아 8볼(bol, 14~19세기까지 사용된 스코틀랜드의 단위. 15세기 기준 1볼은 약 92리터-옮긴이)"을 주었다고 기록되어 있다.

종의 진화

과거의 '위스키'는 오늘날 우리가 생각하는 것과 매우 달랐다. 오히려 야생화, 라벤더, 꿀 등 현지에서 나는 재료를 첨가해 맛을 냈다는 점에서 위스키 칵테일에 더 가까웠다. 이러한 방식은 18세기 후반 스코틀랜드와 아일랜드에 상업 증류소가 등장할 때까지 널리 통용되었다.

위스키, 서쪽으로 전해지다

아일랜드, 스코틀랜드, 독일, 네덜란드 등 유럽 각지의 이민자들이 수천 킬로미터 떨어진 미국과 캐나다에 정착해 새로운 고향에서 다른 증류 기술을 발전시켰다. 그 결과, 1700년대 후반 켄터키 주에서 옥수수로 만든 버번이 탄생했고, 더 북쪽에서는 호밀을 주재료로 한 증류주가 만들어졌다.

이후 위스키는 갖은 우여곡절을 거치며 전 세계로 전해져 오늘날 세계 증류주 시장을 지배하는 술이 되었다.

> 스코틀랜드에서 위스키와 유사한 음료에 대해 최초로 언급된 기록은 1494년에 등장한다.

위스키 연대기

1506년
스코틀랜드 국왕 제임스 4세 던디 이발외과의 길드로부터 대량의 위스키를 구입하다.

1608년
부시밀즈 증류소, 공식적으로 증류 면허를 받다.

1920~1933년
미국에서 금주법이 시행되다.

1935년
미국 연방법으로 모든 버번은 새 오크통에서 숙성되어야 한다고 규정하다. 스코틀랜드 위스키 제조자들은 숙성에 버번 배럴을 이용해 향미를 개선하다.

B.C. 2000년경
메소포타미아에서 증류 기술이 개발되다.

200년경
아프로디시아스의 알렉산드로스, 증류에 대한 최초의 기록을 남기다.

750년경
아부 무사 자비르, 알렘빅 증류기를 완성하다.

1494년
스코틀랜드 왕실 문서에서 위스키와 유사한 증류주가 최초로 언급되다.

1000~1200년
스코틀랜드와 아일랜드에서 증류가 시작되다.

1725년
맥아세로 스코틀랜드 위스키 산업이 큰 타격을 입다. 많은 증류소가 야간에 불법 밀주 '문샤인'을 만들기 시작하다.

1700년대 후반
미국 켄터키 주에서 버번 생산이 시작되다.

1820년
조니 워커 위스키가 출시되다.

1823년
신소비세법으로 스코틀랜드에서 증류가 합법화되다.

1880년
포도나무뿌리진디 병충해로 세계 와인 생산량 급감, 위스키 판매량 급증하다.

1850년
앤드루 어셔가 최초의 블렌디드 위스키를 출시하다.

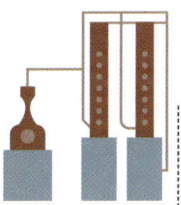

1831년
아이네아스 코피가 '연속식 증류기'로 특허를 내다.

1964년
미국 의회에서 버번이 미국 고유의 상품임을 공식 선언하다.

1994년
스코틀랜드 위스키 생산 500주년을 맞이하다.

2004년
미국 위스키 트레일이 출시되다.

2015년
최초로 일본 위스키가 세계 최고 위스키에 선정되다.

위스키 이야기

위스키에는 어떤 특별함이 있을까?

증류주 시장 1위라는 위스키의 지위는 끊임없이 도전받고 있다. 그렇다면 그 자리를 지키기 위해 위스키 업계는 어떤 노력을 기울이고 있을까? 그리고 앞으로 어떤 미래가 펼쳐질까?

원산지

코냑, 럼, 아르마냑 등 숙성 증류주는 모두 오랜 역사를 자랑하지만 위스키의 역사는 이 모두를 앞선다. 코냑과 아르마냑이 동명의 지역에서만 생산되는 반면, 위스키는 전 세계에서 생산된다. 또한 굉장히 다양한 향미를 만들어내기 위해 공정 과정에서 무한한 조합이 이루어진다.

위스키가 한 국가나 지방의 인기 있는 음료에서 시작해 전 세계적인 인기를 누리기까지는 운도 꽤 따랐다.

세계적인 인기

스카치 위스키는 지난 수십 년 동안 다른 숙성 증류주를 능가하는 판매고를 올려왔다. 40억 파운드를 상회하는 연간 수출액을 유지하고 있으며, 여기에 약 35억 달러(27억 파운드)에 달하는 미국 위스키 판매량까지 더해

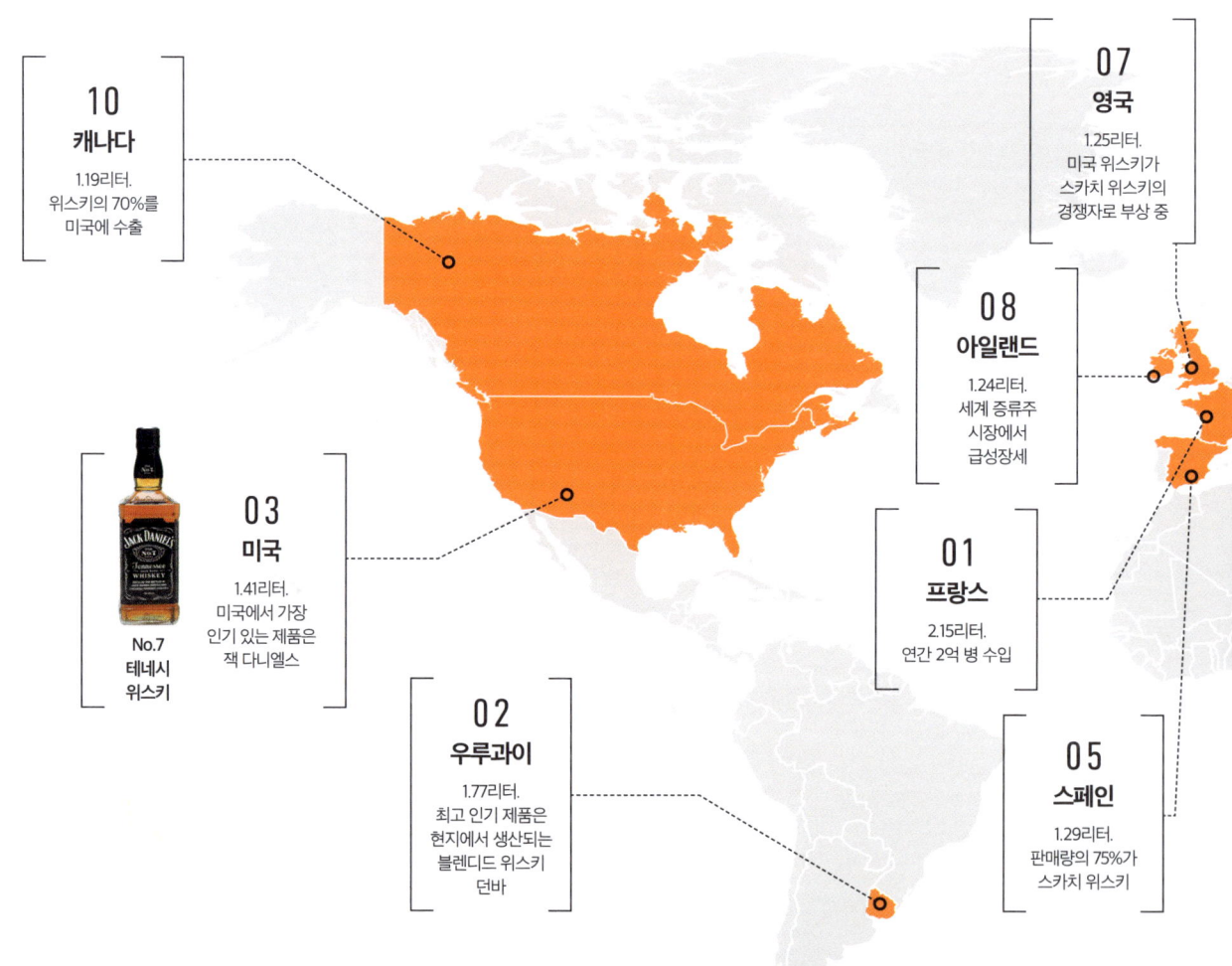

10 캐나다
1.19리터.
위스키의 70%를 미국에 수출

07 영국
1.25리터.
미국 위스키가 스카치 위스키의 경쟁자로 부상 중

08 아일랜드
1.24리터.
세계 증류주 시장에서 급성장세

03 미국
1.41리터.
미국에서 가장 인기 있는 제품은 잭 다니엘스
No.7 테네시 위스키

01 프랑스
2.15리터.
연간 2억 병 수입

02 우루과이
1.77리터.
최고 인기 제품은 현지에서 생산되는 블렌디드 위스키 던바

05 스페인
1.29리터.
판매량의 75%가 스카치 위스키

지면서 증류주 업계의 괴물이 탄생한다. 스카치 위스키의 판매량은 최대 경쟁자인 브랜디(코냑과 아르마냑 포함)를 거의 두 배 차이로 앞선다.

대중화

세계적인 인기를 누리게 되면서, 오늘날 그 어느 때보다 많은 나라에서 위스키가 제조되고 있으며 대부분은 품질도 좋다.

위스키는 시대의 흐름과 유행을 초월한다. 따라서 역사적으로 부침을 겪으면서도 최고라는 지위를 굳건히 유지해왔다. 위스키는 또한 여기저기 잘 어울린다. 스페인에서는 주로 콜라, 일본에서는 소다수와 얼음을 섞어(하이볼) 마시며, 영국에서는 그대로 마시거나 물을 섞어 마신다.

칵테일에도 쓰이는데, 위스키의 복잡다양한 향미 덕분에 일류 칵테일 제조자들의 도전의식을 고취하는 술이다.

혁신

많은 위스키 증류사와 블렌더들은 전통과 역사, 규제를 존중하면서도 그 한계를 극복하고자 노력하고 있다. 위스키의 향미는 상당 부분 캐스크에서 생성되므로, 증류사들은 이 부분에 많은 관심을 기울이고 있다.

위스키 숙성에는 보통 와인, 셰리와인, 포트와인을 숙성했던 캐스크를 사용하는데 여기서 더 나아가는 제조사들도 있다. 한 유명한 위스키 제조사는 IPA 맥주 캐스크를 사용하기도 했다.

크래프트 위스키 제조사와 마이크로 증류소는 쌀이나 메밀 같은 곡물을 이용하는 실험적인 시도로 혁신을 일으키며, 위스키가 증류주의 선두 자리를 유지하는 데 힘을 보태고 있다.

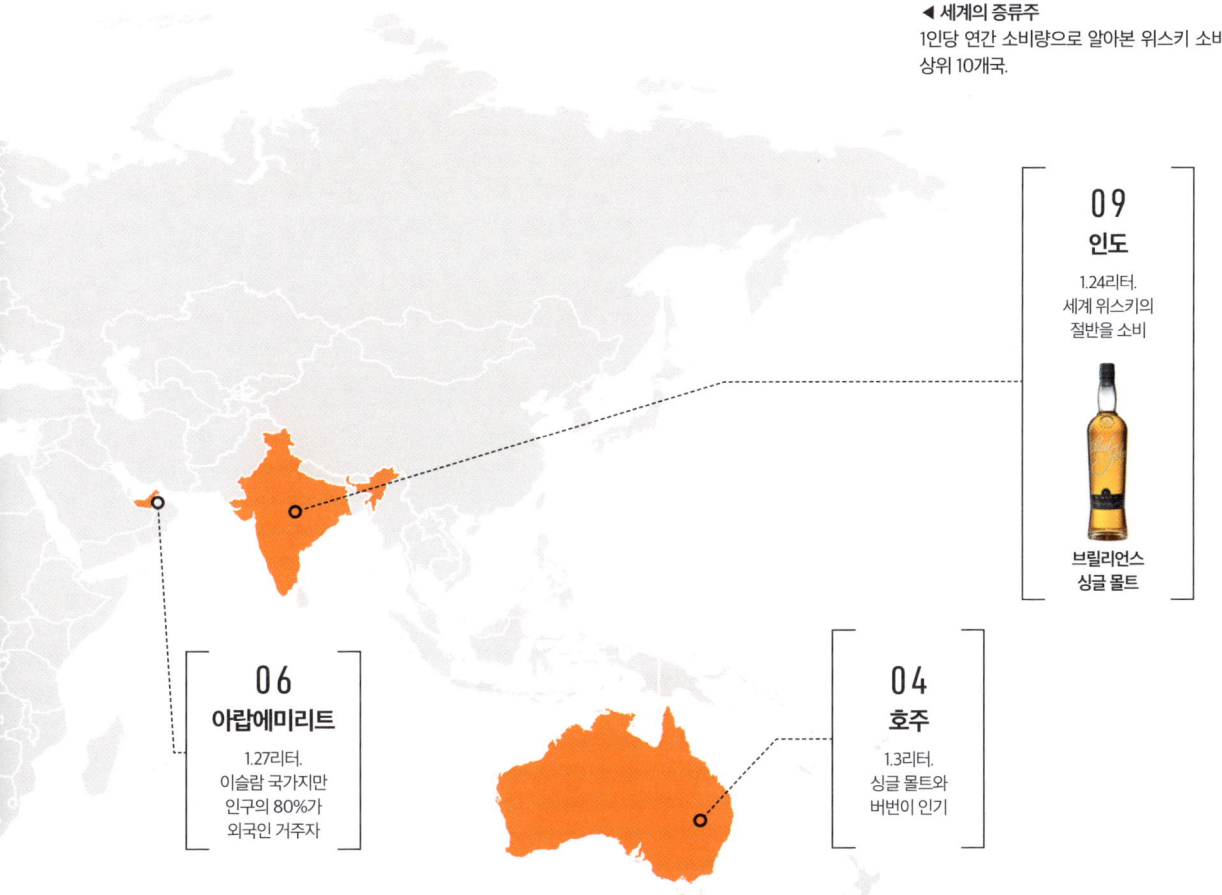

◀ 세계의 증류주
1인당 연간 소비량으로 알아본 위스키 소비 상위 10개국.

09 인도
1.24리터. 세계 위스키의 절반을 소비
브릴리언스 싱글 몰트

06 아랍에미리트
1.27리터. 이슬람 국가지만 인구의 80%가 외국인 거주자

04 호주
1.3리터. 싱글 몰트와 버번이 인기

위스키 제조에 사용되는 곡물

실질적으로 어떤 곡물이든 알코올로 발효될 수 있지만 대부분의 위스키는 보리와 옥수수, 호밀과 밀을 주재료로 만든다.

곡물 해부도

모든 곡물은 딱딱한 겉껍질로 둘러싸인 씨앗이다. 위스키 제조자는 이 껍질을 벗겨내 녹말 탄수화물로 가득 찬 배젖을 당화해 알코올로 변환한다. 곡물을 알코올로 변환하는 공정은 수천 년에 걸쳐 발전했고, 그 결과 다양한 맥주와 에일, 증류주가 만들어졌다. 이 많은 것 중 최고봉은 단연 위스키다. 특히 맥아로 위스키를 만드는 기술은 스코틀랜드에서 완성되었다고 인정받고 있다.

보리

보리는 대부분 위스키의 주원료다. 발효를 촉진하는 녹말과 효소의 함유량이 높기 때문이다.

맥아

몰트 위스키의 '몰트'다. 보리를 물에 담가 불려서 싹을 틔운 것이다. 이 과정에서 곡물의 세포벽이 깨져 효소가 녹말에 접근 가능해진다.

생보리

생보리는 발아되지 않아 당도가 낮다. 아일랜드에서는 싱글 포트 스틸 위스키에 가벼운 맛을 내기 위해 이를 사용한다.

세계 곡물 생산량 4위

기후 조건: 추운 지방을 제외한 대부분 지역

준비 과정: 발아한 뒤 55~60℃에서 건조

맛의 특징:
발아하지 않은 곡물향, 알싸함, 구운 토피

쌉쌀함 ·········· ▲ ········· ▲ ·········· 달콤함
　　　　　　　생보리　　　맥아

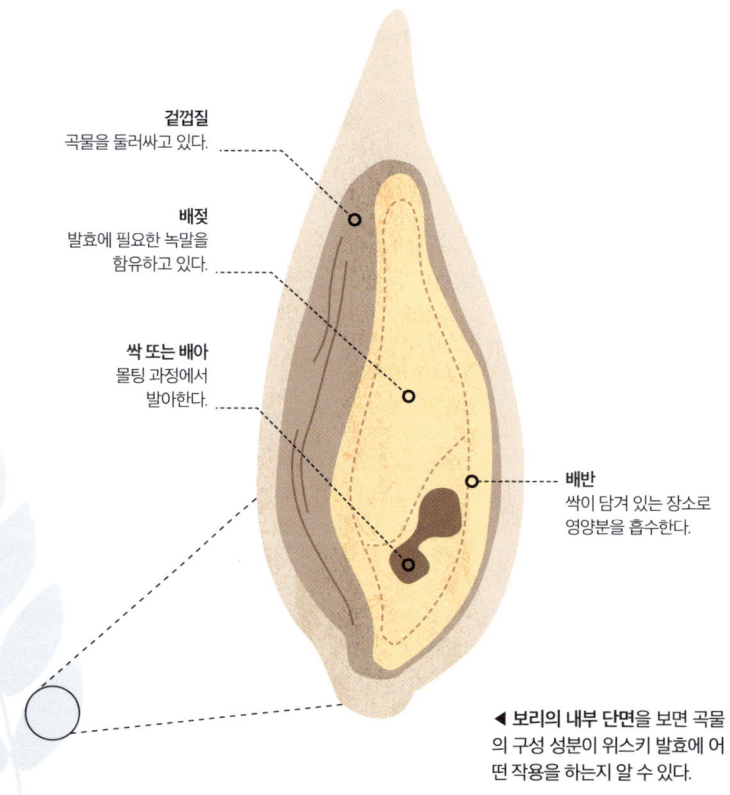

겉껍질 곡물을 둘러싸고 있다.

배젖 발효에 필요한 녹말을 함유하고 있다.

싹 또는 배아 몰팅 과정에서 발아한다.

배반 싹이 담겨 있는 장소로 영양분을 흡수한다.

◀ 보리의 내부 단면을 보면 곡물의 구성 성분이 위스키 발효에 어떤 작용을 하는지 알 수 있다.

옥수수

세계에서 가장 널리 생산되는 작물이다.

옥수수는 많은 미국 위스키의 주재료다. 보리와 달리 효소가 없어서 고온에서 낟알을 가열해 파쇄한다.

세계 곡물 생산량 1위

기후 조건: 온난 기후, 추위에 취약

준비 과정: 당화 전 80~90℃로 가열

맛의 특징: 바닐라와 메이플 시럽

쌉쌀함 ▲ 달콤함

호밀

이 작물은 밀, 보리와 밀접한 관련이 있다.

호밀 위스키는 주로 북아메리카에서 생산되지만 전 세계적으로 인기가 높아지는 추세다. 호밀은 보리에 비해 생장과 숙성 속도가 빠르다. 척박한 조건에서도 잘 자라며 약간의 제초 작업이 필요하다.

세계 곡물 생산량 6위

기후 조건: 추위에 강하며, 대부분의 조건에서 잘 자람

준비 과정: 당화 전 65~70℃로 가열

맛의 특징: 알싸하고 후추향이 감도는 드라이한 맛

쌉쌀함 ▲ 달콤함

밀

전 세계의 주식인 곡물로 밀속에 속한다.

캐나다로 이민 온 제분업자들이 빵을 굽고 남은 밀로 위스키를 만들었다. 밀은 미국 크래프트 증류소에서 인기가 높아지는 추세다. 무난하고 가벼운 맛을 내므로 블렌딩에 최적의 재료다.

세계 곡물 생산량 2위

기후 조건: 열대, 냉대를 제외한 대부분의 기후에서 생장 가능

준비 과정: 당화 전 65~70℃로 가열

맛의 특징: 꿀을 넣은 통밀빵

쌉쌀함 ▲ 달콤함

크래프트 그레인 위스키의 등장

일부 제조자들은 개성 있는 위스키를 만들어내기 위해 독특한 향미를 가진 비주류 곡물에 눈을 돌리고 있다.

귀리

한때 아이리시 위스키에서 널리 사용되었던 귀리는 녹말 성분이 적어 증류기 안에서 쉽게 뭉친다. 그러나 몇몇 제조자들은 귀리가 만들어내는 크리미한 질감과 견과류 향을 얻기 위해 수고를 마다하지 않는다.

수수

수수를 원료로 한 위스키는 가볍게 마시기 좋아서 특히 미국 제조자들 사이에서 인기를 얻고 있다. 수수 줄기에서 추출한 수수액으로 위스키를 만드는 제조자들도 있다.

조

조는 크래프트 버번 위스키의 재료로 인기를 얻고 있으며, 한 곳 이상의 미국 증류소가 100% 조 위스키를 생산하고 있다. 척박한 조건에서도 잘 자라며, 물을 많이 필요로 하지 않는다.

쌀

일본과 미국에서 새로이 등장한 위스키 재료. 쌀의 가볍고 은은한 맛이 젊은 층과 칵테일 애호가 사이에서 인기를 얻고 있다. 쌀 위스키는 일본 소주에서 비롯했다.

위스키는 어떻게 만들어질까?

위스키는 기본적으로 곡물을 증류해 제조하며, 모든 위스키는 다음과 같은 방법을 따른다. 그러면 몰트 위스키와 그 밖의 위스키가 어떻게 제조되는지 살펴보자.

1 곡물 준비

- 보리를 주원료로 하는 위스키의 경우, 먼저 보리의 싹을 틔워야 한다(몰팅). 며칠 동안 찬물에 보리를 담가 녹말을 함유하고 있는 배젖을 불린다.
- 보리를 몰팅 플로어나 발아 수조에 넣고 최대 1주 동안 발아시킨다.
- 세포벽이 분열되기 시작하면서 효소가 나와 녹말이 발효 가능한 당으로 전환된다.

▲ **몰팅 플로어**
보리를 발아하는 데만 사용된다. 옥수수, 호밀, 밀에는 담금을 통해 활성화될 효소가 함유되어 있지 않다. 보리의 단단한 세포벽을 부드럽게 하기 위해 고온 작업한 뒤 분쇄 과정으로 넘어간다.

2 그리스트 만들기

- 맥아를 자연 건조하거나 오븐/가마에서 열로 건조한다(킬닝).
- 보리, 호밀, 옥수수, 밀 등 모든 곡물을 건조한 뒤 녹말을 얻기 위해 분쇄해 그리스트로 만든다(밀링).

▲ **분쇄해 그리스트 만들기**
그리스트는 곡물을 빻아 생겨난 산물에서 실제로 사용되는 부분이다. 사용할 수 없는 부분은 왕겨라고 부른다. 옥수수, 호밀, 밀처럼 더 '단단한' 곡물은 발효를 돕기 위해 맥아를 그리스트에 추가한다.

3 매싱(당화)

- 당을 추출하기 위해 그리스트에 뜨거운 물을 섞는 과정이다. 보통 3회 정도 작업하며, 이를 통해 녹말이 발효 가능한 당으로 전환된다.
- 이 과정에서 생긴 따뜻하고 달콤한 액체를 '맥아즙(워트)'이라고 부른다.

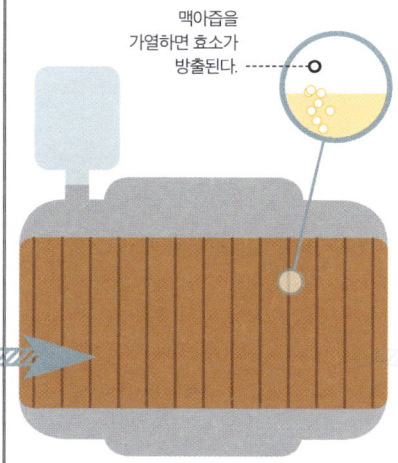

▲ **화학 작용**
그리스트와 물의 혼합물은 매시턴이라는 커다란 통에 담긴다. 이 통은 단열 처리되어 있어서 온도를 조절해 액체가 일정한 온도로 유지된다.

발효

- 효모가 (보통 액체로) 맥아즙에 첨가된다.
- 효모가 맥아즙의 발효 가능한 당을 열, 이산화탄소, 알코올로 변환한다.
- 홉을 비롯한 다른 향신료는 첨가하지 않는다.
- 48~100시간 이상 발효하며, 이는 증류소마다 다르다.
- 그 산물로 '워시'라는 알코올 함량 7~9%의 맥주와 유사한 액체가 남는다.

맥아즙에 효모를 첨가하면 발효가 시작된다.

▲ 워시백
발효가 일어나는 용기. 맥아즙과 효모가 결합하면 맥주처럼 거품이 생기는 화학 작용이 일어나는데 이는 반드시 걷어내야 한다.

증류

- 몰트 위스키는 워시를 워시 스틸에 붓고 끓을 때까지 가열한다.
- 액체에서 알코올이 증발해 응축관으로 올라가 알코올 함량 25%의 '로 와인'이 된다.
- 로 와인을 두 번째 스틸로 옮겨 이 과정을 반복한다. 이때 증류된 액체의 '미들 컷'이 최종으로 증류주가 된다.

액체가 증발해 응축된다.

▲ 단식 증류기
단식 증류기는 스카치나 스카치 스타일 위스키에 사용되는데, 위스키를 배치 단위로 만든다. 스틸을 한 번 채우고 비우는 것을 한 '배치'라고 한다. 연속식 증류기에서는 이 액체가 계속 흐른다.

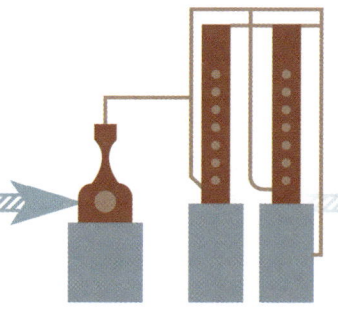

▲ 연속식 증류기
옥수수, 호밀, 밀로 만드는 그레인 위스키는 연속식 증류기 혹은 코피 스틸에서 증류된다. 버번과 버번 스타일 위스키는 표준 연속식 증류기와 더블러라는 연속식 증류기의 한 종류를 모두 사용한다.

숙성

- 전 세계의 거의 모든 위스키는 오크통에서 숙성된다.
- 숙성 기간은 현지 위스키 규정과 지역 기후를 비롯한 여러 요소에 따라 달라진다.

위스키 캐스크는 거의 대부분 오크로 만들어진다.

▲ 올드 캐스크
스카치와 스카치 스타일 위스키는 이미 사용되었던 캐스크에서 숙성된다. 보통 와인, 셰리와인, 포트와인 제조에 사용된 배럴을 사용하며, 버번 배럴도 인기가 있다.

▲ 뉴 캐스크
버번과 버번 스타일 위스키는 미국 법에 따라 속을 그을린(차링) 새 오크 배럴에서만 숙성되어야 한다. 최소 숙성 기간은 규정되어 있지 않다. 그 외 미국 위스키는 사용되었던 캐스크에서 숙성할 수 있다.

위스키는 어떻게 숙성할까?

일부 극소수 예외를 제외하고, 위스키라면 반드시 오크 캐스크에서 숙성되어야 한다. 그러면 숙성을 하는 이유는 무엇이며, 기간은 얼마나 될까? 위스키를 배럴에 보관하는 동안 눈에 보이는 것 이상의 많은 변화가 일어난다.

증류되어 나온 액체를 바로 마실 수는 없다. 이를 '뉴메이크' 또는 '화이트 독'이라 부르는데, 향미를 저해하는 요소가 있으므로 여과를 거쳐야 한다.

숙성은 이러한 요소를 제거함으로써 더 매혹적인 향미를 내는 과정이다.

순수하고 간결하게

보통 오크통에 담겨 숙성되는 동안 위스키 역시 '여과'된다. 오크는 불쾌한 맛을 내는 수액이 적은 데다, 그 나뭇결과 화학 성분이 갓 증류된 위스키의 불순물과 시큼한 맛을 제거하며 좋은 향과 향미를 더한다. 그 시간은 캐스크의 신선도에 따라 다르다.

위스키의 성장

위스키는 오크통에 담겨 해를 거듭하면서 향미가 더욱 깊고 풍성해진다. 예를 들어 대부분의 스코틀랜드 싱글 몰트는 병입 전까지 5~10년간 숙성 과정을 거치며 여러 가지 맛이 우러나게 된다. 기후도 부분적으로 영향을 미친다. 따뜻한 지역에서는 위스키가 나무와 상호작용하는 속도가 빨라지므로 비교적 단기간에 숙성된다.

스코틀랜드처럼 습한 지역에서는 숙성 과정에서 알코올 손실이 많이 일어나며, 켄터키처럼 건조한 지역에서는 물이 더 빨리 증발하는데 이는 곧 증류주의 알코올 함유량이

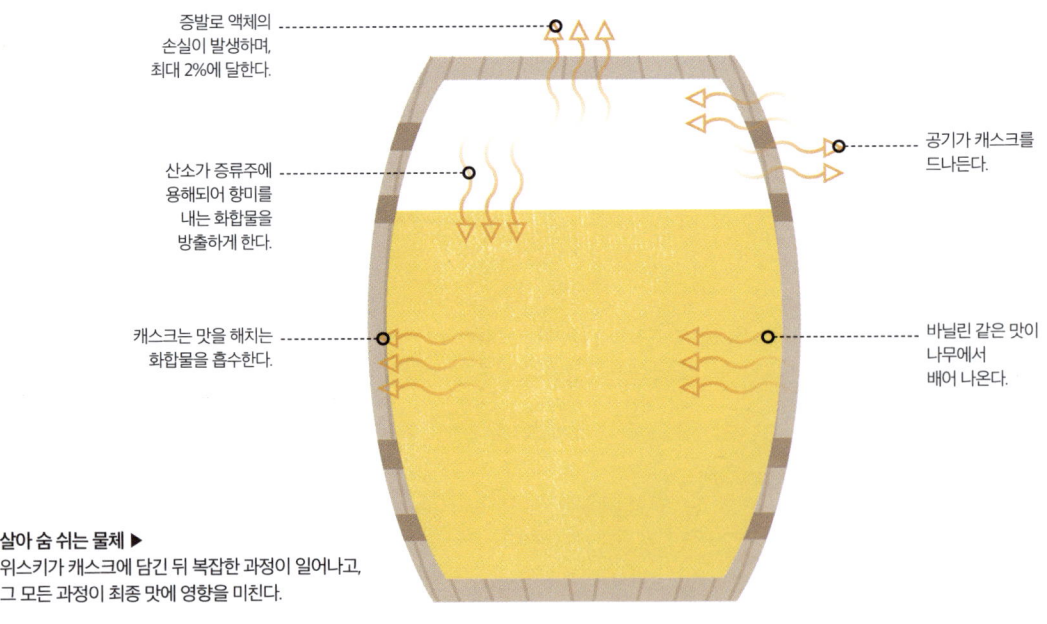

증발로 액체의 손실이 발생하며, 최대 2%에 달한다.

산소가 증류주에 용해되어 향미를 내는 화합물을 방출하게 한다.

캐스크는 맛을 해치는 화합물을 흡수한다.

공기가 캐스크를 드나든다.

바닐린 같은 맛이 나무에서 배어 나온다.

살아 숨 쉬는 물체 ▶
위스키가 캐스크에 담긴 뒤 복잡한 과정이 일어나고, 그 모든 과정이 최종 맛에 영향을 미친다.

▲ 영국에서는 4년간의 훈련 과정을 거치면 쿠퍼가 되지만, 실제로는 평생을 헌신해야 한다.

높아진다는 의미다.

이렇게 증발로 소실된 위스키를 '천사의 몫'이라고 부르며, 전체 부피의 2% 정도를 차지한다.

오크통 효과

매우 드문 경우지만 단풍나무나 히코리나무 등 색다른 나무를 사용해 위스키를 숙성시키기도 한다. 그러나 전 세계 거의 모든 위스키는 오크통에서 숙성되어야 한다고 법적으로 규정되어 있다.

오크는 쓰임새가 좋고 방수가 될 뿐 아니라 내구성이 좋고 유연하며 껍질이 단단하다. 게다가 적당량의 타닌과 산성 바닐린이 함유되어 균형 잡힌 향미를 만들어낸다. 특히 바닐린은 많은 위스키에 바닐라 같은 향미를 더한다. 하지만 오크나무만으로 위스키의 품질이 결정되는 것은 아니다. 오크로부터 최고의 효과를 얻기 위해선 쿠퍼의 역할이 중요하다. 쿠퍼는 오크통을 만드는 숙련된 장인이다. 그 과정에는 통 내부를 그을리거나(토스팅) 태우는(차링) 작업이 포함된다. 이를 통해 맛을 해치는 화합물이 제거되며 향미를 증진하는 나무 중합체가 활성화해 황을 여과하는 탄소층이 만들어진다.

그러나 모든 오크나무 종이 위스키 제조에 적합한 것은 아니다. 가장 널리 사용되는 품종은 아메리칸 화이트 오크(Quercus alba), 프랑스와 스페인 북부에서 주로 자라는 유러피언 오크(Quercus robur), 일본 미즈나라 오크(Quercus mongolica)다. 각 품종마다 숙성된 위스키에 서로 다른 개성을 부여한다.

위스키는
오크통에 담겨 해를 거듭하면서
향미가 더욱 깊고 풍성해진다.

CHAPTER 2

위스키
시음하기

무엇이든 직접 뛰어들어 해보는 것만큼 유혹적인 건 없다.
위스키 역시 시음하는 법을 잘 알게 되면 더 많은 것을 느낄 수 있다.
그러므로 시음 방법은 배울 만한 가치가 있는 기술이다. 예를 들어
위스키를 그저 바라보는 것이 위스키 감상의 시작이라고
그 누가 생각이나 했겠는가? 물론 시음에는 이 이상의 여러 방법이
있으며, 다음 페이지에서 바른길로 차근차근 안내하겠다.
위스키 시음의 '해설서'를 따르다 보면 위스키의 극락세계에 이르는
길이 펼쳐질 것이다. 무엇보다 좋은 점은 실제로
시음을 제대로 하게 된다는 것이다.

위스키 시음 시 체크리스트

이 책을 최대한 활용해 위스키 시음 경험을 향상하려면 몇 가지 기본적인 도구를 갖추길 권한다. 다음은 제대로 시음하는 데 필요한 것과 알아야 할 것들이다. 자신만의 체크리스트를 만들 수도 있지만, 초보자라면 다음을 토대로 시작해보자.

01
잔

잔은 잡기 편해야 하지만 입구가 좁아야 한다. 텀블러는 입구가 너무 넓어서 향이 빠져나가기 쉽다.

글렌캐런 시음용 잔이 이상적이지만 원뿔형의 작은 와인 잔도 괜찮다. 시음 한 회차(플라이트, flight)마다 새로운 잔을 사용해야 한다. 위스키가 잔에 붙어 그 잔여물이 이후의 맛에 영향을 미칠 수 있기 때문이다. 위스키의 맛을 저해할 수 있는 요소는 적을수록 좋다.

02
시음 공간

잔과 병들을 놓아둘 충분한 공간을 확보해야 한다. 당연한 소리 같지만, 막상 여러 위스키 병과 시음에 필요한 도구를 배치하고 나면 예상보다 많은 공간이 필요하다는 사실에 놀랄 것이다.

03
시음 시간

속이 빈 상태에서 위스키를 시음하지 마라. 이상적으로는 시음 한 시간 전쯤 속을 채워두는 게 좋다. 다만 너무 많이 먹지 않도록 주의해야 한다.

04
간식거리

무염이나 저염 귀리 케이크처럼 중립적이고 미각을 정돈해주는 간식거리가 좋다. 빵도 괜찮지만 무염이나 저염이어야 한다. 과식하지 않도록 주의하고, 항상 위스키에 집중해야 한다.

05
물

위스키에 정수를 더하고, 탄산수로는 수분을 보충하고 미각을 정돈한다. 광천수보다는 일반 생수가 좋다. 천연이든 아니든 미네랄 같은 첨가물이 적은 순수한 물이어야 미각에 미치는 영향이 거의 없다.

06
혼자 혹은 여럿?

친구들과 함께 시음해도 괜찮다. 그들이 당신의 목적을 제대로 이해한다면 말이다. 둘에서 넷까지는 괜찮다. 어쨌든 위스키는 값이 비싸고 쉽게 구하기도 어려우니까.

07
펜과 노트

필기 앱이 있는 태블릿이나 휴대전화를 비롯해 무엇이든 메모할 것을 챙겨라. 다만 전자기기를 액체 가까이 두어선 안 된다.

08
시음 순서

책 읽는 것처럼 왼쪽에서 오른쪽 순서로 시음하라. 이상적인 방식은 병을 가린 채 맛을 보는 것이다. 처음 한 모금 마시기 전에 병의 색이나 모양, 디자인을 보면 영향을 받을 수 있기 때문이다.
　시음 매트에 번호를 매겨두면 마지막에 위스키의 정체가 밝혀지기 전까지 어떤 위스키인지 파악하는 데 도움이 된다.

09
시음량

시음 분량은 15ml가 적당하다. 만약 위스키 잔을 여러 개 가지고 있다면 시음 시작에 앞서 모든 샘플을 미리 따라두어라. 위스키는 독하므로 적당히 마셔야 한다는 점을 명심하자.

10
건강한 시음

감기를 비롯해 몸이 좋지 않다면 시음하지 마라. 제대로 시음하려면 미뢰가 손상되지 않은 상태여야 한다. 같은 맥락에서 적어도 시음 한 시간 전에는 담배를 피우지 않아야 한다. 이 또한 미각을 둔하게 하기 때문이다.

11
마지막 점검

시작할 준비가 되었으면 마지막으로 시음 도구를 재점검하라. 펜의 잉크가 떨어졌다거나 집어먹을 간식이 부족해서 중간에 멈추는 것만큼 시음의 흐름에 방해가 되는 건 없다.

12
천천히 여유 있게

이제 천천히 신중하게 맛을 음미해보자. 먼저 위스키를 눈으로 감상한 뒤 향을 맡아보고, 한 모금 마신 뒤 맛과 향을 이루는 모든 요소를 떠올리며 음미한다. 충분히 감상했다 싶을 때 다음 잔으로 넘어간다.

시음 시작하기

시음용 잔에 위스키를 약 2cm 정도 붓는다. 시음하려는 모든 위스키를 같은 높이로 따른다. 이는 위스키의 특징을 평가하는 데 유용한 기준이 된다.

1

색 감상하기

잔을 들어 흰 배경에 댄다. 색은 위스키가 어떤 캐스크에서 얼마나 오래 숙성되었는지 알려주는 단서다. 대체로 잔여물 없이 깨끗한데, 그렇지 않다면 지방산을 제거하기 위해 냉각여과하지 않았기 때문이다.

2

위스키 잔 돌리기

위스키를 잔에 붓고 부드럽게 잔을 돌린다. 알코올 함량이 높거나 캐스크 스트렝스 제품이라면 천천히 '눈물'을 남길 것이다. 눈물은 잔의 면에 달라붙는 기름 자국이다. 이렇게 하면 위스키가 흔들리면서 아로마가 잔 위로 올라오게 된다.

3

부드럽게 냄새 맡기

잔을 코에 가져와서 부드럽게 그 향을 흡입해본다. 위스키는 알코올 함량이 높으며, 비막으로도 흡수된다는 점을 명심해야 한다. 후각기관이 알코올에 익숙해지면 더 깊이 향을 맡고 특정 향을 찾아보자.

색은 위스키가
어떤 캐스크에서 얼마나 오래
숙성되었는지 알려주는 단서다.

피펫, 사용할까 말까?

피펫은 물의 양을 정확히 넣는 데 유용한 도구다. 처음에 소량을 넣고 마음에 들 때까지 더 넣어보자. 피펫을 사용하지 않고 눈대중으로 넣을 수도 있지만 그렇게 하면 물의 양을 정확히 제어하기 어렵다.

4

한 모금 마시기

혀를 적실 만큼 위스키를 마신다. 입안에 굴리면서 가능한 한 많은 감각 부위를 적신다. 냄새와 그 맛이 일치하는가? 추가적인 맛을 발견했는가? 지금 맛본 게 마음에 드는가?

5

소량의 물 첨가하기

소량의 생수나 정제수를 첨가한다. 피펫을 사용해 천천히 조금씩 넣으면 좋다. 처음에는 위스키가 너무 희석되지 않도록 몇 방울만 넣는다. 물이 들어오면 알코올에 갇혀 있던 여러 향과 맛이 방출된다.

6

마무리!

위스키에 물을 탔을 때와 그대로 마셨을 때 느껴지는 향과 입안의 질감에 주목하자. 기름기가 느껴지는가, 벨벳처럼 부드러운가, 왁스 같은가? 피니시 단계에서 경험을 아름답게 마무리하면 조금 더 마시고 싶어지게 된다.

위스키 세계의 언어

확신컨대 위스키는 세계에서 가장 복잡한 술이다. 따라서 그 맛을 표현하는 것 또한 정말 어려운데, 처음 시음할 때는 특히 더 그렇다. 하지만 일단 위스키의 '언어'에 통달하게 되면 맛에 대한 표현력 또한 한층 다양해질 것이다.

언어 배우기

본격적으로 시작하기에 앞서 기억해둘 것이 있다. 이 책에서 하는 행위는 음주가 아닌 시음이라는 점이다. 위스키를 더 잘 이해하고 즐기려면 향미와 향을 설명하는 단어를 알아야 한다.

처음에는 애를 먹겠지만 어느새 처음에는 우스꽝스럽고 과장된 것처럼 느껴졌던 단어와 표현을 말하는 자신을 발견할 수 있다. 이렇게 하면서 위스키의 향미 요소를 알아내는 법을 배워가는 것이다. 긴장을 풀고, 마음이 가는 대로 자유롭게 표현해보자.

개인적인 취향

사용하는 단어가 맞고 틀린 건 없다. 친구들과 다른 맛을 느낄 수 있고, 그 반대의 경우도 가능하다. 사람들의 취향과 경험은 저마다 다르기 때문이다. 그러므로 자신의 시음 노트 내용이 다른 시음자의 것과 달라도 걱정하지 마라. 당연히 다를 수밖에 없다. 이것이 바로 핵심이다. 위스키 시음은 개인적인 경험이니까.

자신의 단어 선택하기

가장 훌륭한 시음 노트는 시음자의 상상력에서 생겨나 위스키와 '실제로' 대화를 나누었음을 보여주는 것이다.

단순히 향미가 어떤지 나열해놓은 것이 아닌, 그 위스키가 그 사람에게 어떤 의미이며 그 이유는 무엇인지 보여주는 창이다.

중요한 것은 개인적이면서도 다른 사람들도 공감할 수 있도록 표현하는 것이다.

그러면 어떻게 시작할까? 단순하면서도 폭넓은 의미를 담고 있는 단어로 시작해보자.

- 신선한
- 과일 느낌
- 맥아 느낌
- 스파이시
- 스모키

기본 그 이상

반드시 전부 알아둘 필요는 없지만 이와 같은

▲ **위스키의 표현**
시음회에 자주 등장하는 표현이다. 이러한 표현을 사용하되 자신만의 용어도 덧붙여보자.

청량한 피트 향이 나는
달콤한 부드러운
스파이시 점성이 강한
미디엄-롱스

> 가장 훌륭한 시음 노트는 시음자의 상상력에서 생겨나 위스키와 '실제로' 대화를 나누었음을 보여주는 것이다.

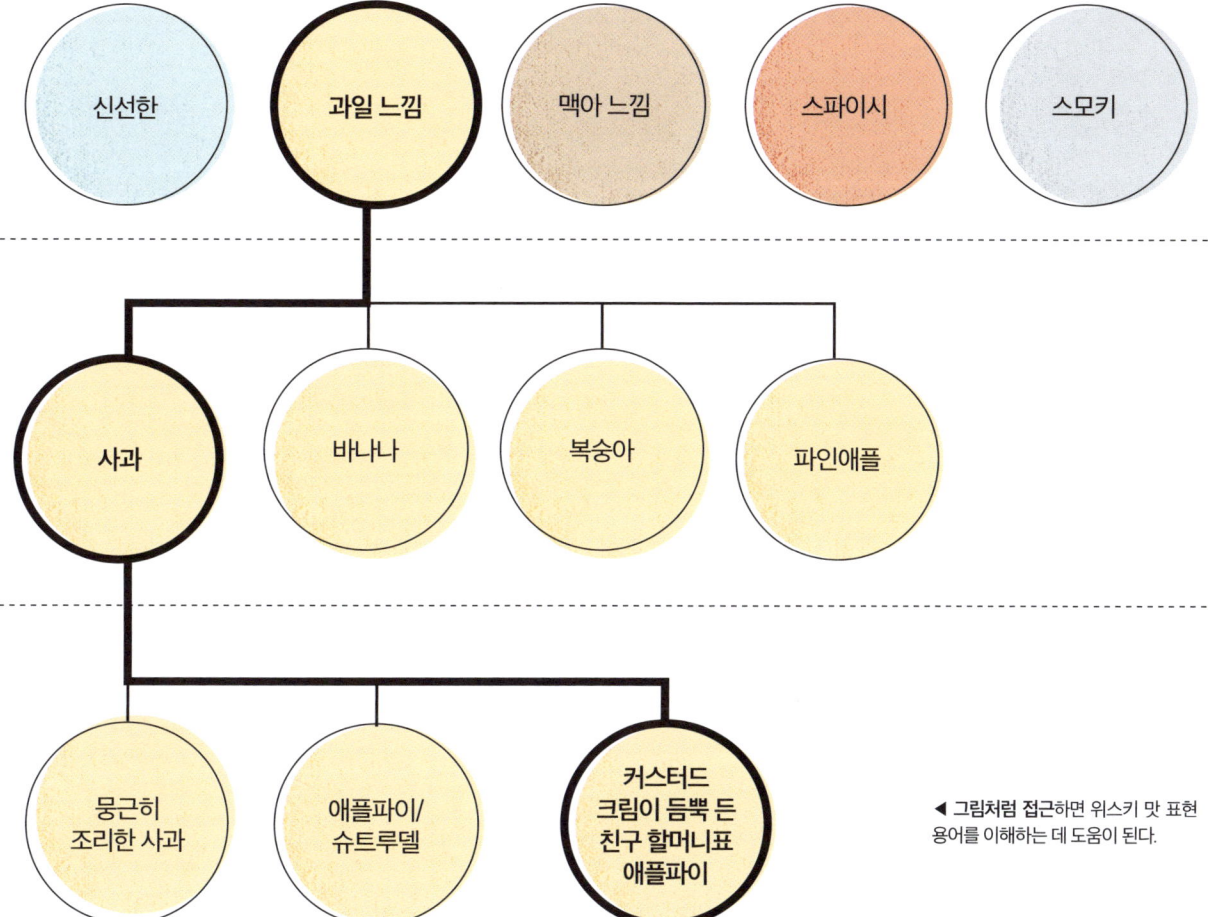

◀ 그림처럼 접근하면 위스키 맛 표현 용어를 이해하는 데 도움이 된다.

기본적인 맛은 시음하는 모든 위스키에서 발견될 것이다. 일단 위스키 맛의 카테고리를 정하면, 그 카테고리를 더 깊이 탐색해보자.

예를 들어 잔에서 과일 맛을 느꼈다면 어떤 과일이 떠오르는지, 거기에서 느껴지는 대표적인 맛은 어떤지 생각해보는 것이다.

다음 중 하나로 연습해보자.

- 사과
- 바나나
- 복숭아
- 파인애플

사과 맛이라면 어떤 느낌인가? 신선한 맛, 설탕에 코팅한 맛, 조리된 맛, 향신료가 더해진 맛? 이제 그 느낌을 토대로 다음처럼 차근차근 맛을 찾아가보자.

- 과일 느낌
- 사과
- 뭉근히 조리한 사과
- 애플파이/슈트루델
- 커스터드 크림이 듬뿍 든 친구 할머니표 애플파이

자신만의 방식으로

경험이 쌓이면서 자신만의 '언어'가 발전하기 마련이지만, 시작 단계에서 이상의 카테고리와 하위 카테고리 체계를 토대로 하면 도움이 될 것이다.

기록 보관하기

시음 노트를 작성하는 '공식적인' 방법은 없다.

다만 기본적으로 시음한 위스키의 이름과 그 시간을 기록하고, 다음으로 위스키의 색과 향, 맛이나 입안에서의 느낌, 피니시의 길이를 비롯해 일반적인 느낌을 자신만의 언어로 묘사하면 된다.

비 하 인 드 스 토 리 …

위스키와 물

물을 넣느냐 마느냐, 그것이 문제로다. 귀중한 술 한 잔에 H₂O가 첨가되면 어떤 작용이 일어나는지,
그리고 언제, 왜 첨가해야 하는지 살펴보자.

> 위스키에
> 외부의 맛을
> 더하지 않으려면
> 되도록
> 순수한 물이어야 한다.

맛을 풀다

알코올은 미각 수용체를 둔하게 하고 마비시킨다. 위스키는 보통 알코올 함량 40% 이상의 독한 술이므로 도수를 낮추는 것도 의미가 있다.

대부분의 위스키에 물 한 방울을 더하면 마법 같은 일이 일어난다. 알코올 분자의 활동성이 활발해져 위스키에 내재된 모든 향미가 살아난다. 소용돌이처럼 돌던 위스키의 기름층이 물을 만나면 액체와 분리되는 현상을 볼 수 있다.

위스키를 희석하면 감각에도 도움을 주어, 갇혀 있던 향들이 해일처럼 일어나 수문을 연다.

그러나 모든 위스키가 그런 것은 아니다. 숙성연수가 길거나 섬세한 맛을 가진 가벼운 위스키에 물을 넣으면 맛이 흩어져버릴 수도 있다. 이를 알아내려면 직접 시도해보는 수밖에 없다. 일단 위스키의 향을 맡고 물을 섞지 않은 채 한 모금 마셔보라. 그 느낌이 좋으면 그대로 마시는 편이 나을 수도 있다. 하지만 물을 첨가해서도 마셔보라. 그러면 향미가 더 좋아질 수도 있으니 말이다.

얼마나 넣어야 할까?

적정량은 시행착오를 거치며 찾아내야 한다. 작은 피펫을 준비하면 위스키에 조금씩 일정한 양의 물을 넣을 수 있으며 매번 기록하기에도 용이하다. 물을 더할 때마다 향을 맡고 맛을 느끼기를 반복하다 보면 최고의 맛을 찾아낼 수 있을 것이다.

어떤 물을 넣을까?

위스키에 외부의 맛을 더하지 않으려면 되도록 순수한 물이어야 한다. 품질 좋은 생수거나 정

◀ **작은 물병**에는 **투자**할 가치가 있다. 위스키의 향미를 돋우는 데는 물 몇 방울이면 충분한데, 그 정도는 위스키 타입과 개인의 취향에 따라 다르다.

수기에서 여과된 물도 좋다. 위스키를 생산한 증류소 지역의 물이 이상적이지만, 사실상 거의 불가능하니 논외로 하자. 다만 광천수는 피하자. 물에 녹아 있는 화합물의 특성이 위스키의 맛에 영향을 미칠 수 있기 때문이다.

얼음을 넣는 건 어떨까?

일본 등의 일부 국가와 문화권에서는 질 좋은 싱글 몰트에 얼음과 소다수를 섞어 길쭉한 잔에 담아 마시는 산뜻하고 맛있는 하이볼을 만들어냈다. 따뜻한 지역에서는 강한 위스키를 즐길 때 얼음 한두 조각을 넣으면 좋다. 하지만 시음이 목적이라면 신중해야 한다. 얼음은 미각을 둔하게 하고, 위스키의 향미를 '가둬서' 감상을 어렵게 하는 이중 차단 작용을 하기 때문이다.

▲ 위스키를 시음하기에 앞서 항상 눈으로 먼저 감상해야 한다. 시음 전문가라면 위스키의 외형적 특징을 확인하는 데서 감상이 시작된다.

눈으로 감상하는 위스키

위스키의 색과 시각적 특징은 얼마나 중요할까? 잔을 들어 마시기 전에 그것으로부터 무엇을 알 수 있을까? 위스키를 시각적으로 감상하는 것은 '시음' 과정의 필수적인 부분이므로 소홀히 해서는 안 된다.

허브 요법

위스키는 처음부터 우리가 알고 있는 위스키 색이 아니었다. 오늘날 우리가 알고 있는 증류주가 되기 전, 그러니까 나무 캐스크에 보관되기 전인 초기의 위스키는 색의 농담이 다양했다. 색이 '다양했던 이유는 증류가 정식 과정이 되기 전인 초기에는 맛을 내기 위해 색이 우러나는 허브와 향신료를 첨가했기 때문이다. 게다가 초기 증류 장비는 상당히 원시적인 수준이어서 (그리고 아주 청결하지도 않아서) 여과도 거의 이루어지지 않았다.

우연한 발견

18세기 후반 들어 위스키 보관과 운송에 나무통이 사용되면서 큰 변화가 찾아왔다. 아마도 나무가 위스키의 색에 미치는 영향은 우연한 발견이었을 것이다. 어느 창고 주인이 오랫동안 잊고 있던 통을 발견하고 열어 보았는데 통 안의 위스키가 놀라울 만큼 짙은 색이 되어 있었던 것이다.

물론 오늘날 우리는 오크통이 위스키의 색과 맛에 어떤 영향을 미치며, 그러한 변화가 어떻게 일어나는지 잘 이해하고 있다. 현대의 증류소를 방문한 많은 관광객은 갓 증류를 마친 '뉴메이크'가 투명한 것을 보고 깜짝 놀란다. 위스키는 오크통에서 보관되는 동안 우리가 아는 색을 띠게 된다.

색 더하기

위스키에 색을 더하는 요소는 하나 더 있다. E150a라는 증류주 캐러멜 색소인데, 상업적인 목적에서 색상의 일관성을 유지하기 위해 스코틀랜드와 일부 지역 위스키에 사용되기도 한다. 맛에는 영향을 미치지 않지만 캐러멜 색을 만들어낸다. 미국의 버번 위스키와 라이 위스키에는 사용이 금지되어 있으며, 극소량 사용되고 맛에 미치는 영향이 없다 해도 사람들 대부분은 위스키에 사용하지 않는 것을 선호한다.

'눈물'과 '다리'

와인의 '다리'라는 표현을 들어봤을 것이다. 이는 잔을 돌릴 때 잔의 벽에 남는 흔적이다. 와인의 경우, 다리를 통해 알코올 함량과 점성을 추정할 수 있다. 위스키를 비롯한 대부분의 증류주는 다리를 통해 술의 특징을 파악하기 쉽지 않다. 위스키는 기본적으로 알코올 함량이 높기 때문이다. 그러나 위스키 업계 용어로 잔 벽에 생기는 '눈물'이 천천히 흘러내린다면 알코올 함량이 높다고 추정할 수 있다. 하지만 이것이 제품의 품질을 측정할 기준이 되지는 못한다.

◀ 위스키의 '눈물'은 대부분 물 성분인데, 표면장력이 더 높아서 알코올보다 '접착력'이 좋다.

진처럼 투명한 / 화이트 와인 / 연한 볏짚색 / 라이트 골드 / 페일 골드
황금빛 볏짚색 / 옐로 골드 / 연한 호박색 / 황금빛 호박색 / 짙은 호박색
리치 골드 / 강렬한 호박색 / 광택낸 구리색 / 체스트넛/올로로소 셰리 / 러셋/머스캣(오렌지빛 갈색)
황갈색 / 오번(적갈색) / 마호가니 / 암갈색 / 올드 오크
브라운 셰리 / 당밀

▲ 위스키 색상표
이 책에서는 위스키의 다양한 색을 설명하는 데 위와 같은 표현을 사용한다. 이는 위스키를 시음할 때 널리 사용되는 용어다.

시음 노트 01 / 20 — 눈으로 감상하기

위스키를 시음할 때 시각에 속을 수 있을까? 그렇기도 하고, 아니기도 하다. 시각은 최전방 감각으로, 시음을 시작하기 전 의견을 형성하는 데 영향을 미친다.

어떻게 해야 할까

밝은색 위스키는 버번 캐스크, 짙은 색은 셰리 배럴, 장밋빛이나 골동품처럼 짙은 구리색은 포트와인 캐스크에서 숙성되었다는 의미다. 만약 위스키의 색이 탁하다면 단백질이나 지방산을 여과하기 위해 냉각여과 처리를 하지 않았다는 의미이며, 손을 잔 위에 올렸을 때 거품이 얼마나 오래 남아 있는지 보면 강도를 알 수 있다. 그러면 왼쪽부터 오른쪽 방향으로 시음해보자.

무엇을 배울까

여기서 가장 중요한 점은 위스키 시음이란 일련의 과정을 거쳐야 한다는 사실을 깨닫는 것이다. 당장 잔을 들어 벌컥 마시고 싶겠지만 천천히 시간을 갖고 음미하는 편이 좋다. 그러면 위스키를 시각적으로 감상하는 데서 시작하자. 색상에 따라 시음을 진행하면 많은 것을 배울 수 있다. 위스키를 많이 볼수록 더 많은 것을 '알게' 된다.

> 여기서 가장 중요한 점은
> 위스키 시음이란 일련의 과정을
> 거쳐야 한다는 사실을 깨닫는 것이다.

거반
NO.4 APPS
싱글 그레인
42% ABV

비슷한 스타일로는, 킬베간 8년산

중량감 1 — 1963년 설립된 스코틀랜드 그레인 위스키 증류소로 윌리엄 그랜트 앤드 선즈 소유.

 화이트 와인

 매우 은은하며 부드러운 캐러멜; 밀크 초콜릿

 달콤하며 섬세한 바닐라; 허브 노트; 레몬

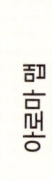 섬세하고 은은한 긴 피니시

향미 휠: 나무 향, 과일 향, 꽃 향, 곡물 향, 향신료 향, 피트 향

이건 어떨까? 베인스 케이프 위스키

아드벡	메이커스 마크	글렌드로낙
아일레이 싱글 몰트 10년산	버번	하이랜드 '오리지널' 싱글 몰트 12년산
46% ABV	45% ABV	43% ABV

비슷한 스타일로는,	비슷한 스타일로는,	비슷한 스타일로는,
탈리스커 57° 노스 싱글 몰트	이글 레어 버번 10년산	모틀락 레어 올드 싱글 몰트

중량감 5	세계에서 가장 묵직한 피티드 싱글 몰트 위스키 중 하나.	중량감 4	메이커스 마크는 1954년부터 버번을 생산해왔다.	중량감 4	셰리 캐스크 위스키 팬들 사이의 컬트 클래식.

연한 볏짚색	황금빛 호박색	황금빛 호박색

이탄습지 위에 불타는 맹렬한 불길! 달콤한 향도 감돈다.	풍부한 달콤함; 캐러멜, 토피; 콜라맛 사탕	말린 살구, 사과 슈트루델, 계피, 정향

강한 연기 향; 유칼립투스, 스위트 민트, 시트러스	감미로움; 향신료로 조리한 과일; 칠리 초콜릿	달콤한 무화과; 서양배 크럼블; 크리미한 라이스 푸딩

길고 스모키하며 달콤한 피니시	끈적이며 스파이시한 달콤함의 여운이 길게 남음	조금 드라이하며 알싸함이 감도는 화려하고 긴 피니시

이건 어떨까? 라프로익 10년산	이건 어떨까? 포어 로제스 싱글 배럴	이건 어떨까? 글렌 마레이 셰리 피니시

▲ 산토리 야마자키 증류소의 수석 블렌더 코시미즈 세이치가 코로 향을 맡고 있다.

위스키 아로마 탐색하기

코는 마음에 드는 위스키를 고를 때 매우 중요한 역할을 한다. 따라서 코의 생리 작용을 이해함으로써 이를 시음에 활용하는 법을 배우는 것이 중요하다. 후각은 자신의 위스키로 향하는 '입구'인 셈이다.

위스키를 시음하기 전에 향을 맡는 행위가 직관에 반하는 것처럼 보일 수 있다. 그러나 이는 타당한 행위이며, 제대로 시음하기 위한 필수적인 첫 단계다.

아로마나 향미를 파악하기에 앞서, 후각이 정보를 어떻게 처리해 각 요소를 식별할 수 있게 하는지 그 원리를 살펴보자.

감각 이해하기

가장 중요한 점은 어느 감각을 활용하는지 인지하는 것이다. 그래야 시음할 때 이 정보를 적용할 수 있다. 맛을 느낄 때 가장 많은 데이터를 모으는 예민한 부분은 바로 후각기관이다. 각각 하나의 후각 뉴런으로 이루어져 있으며, 비강에 자리하고 있는 후각 수용체 신경 세포는 주위의 아로마 분자에 자극받고 운동한다.

여름철 잔디밭이든 단골 카페든, 우리가 가는 모든 곳에는 저마다의 독특한 향기가

입과 혀는 기본적인 향미를 제외한
다른 맛은 잘 감지하지 못하는
비효율적인 기관이다.

배어 있다. 일단 향이 감지되면 뉴런이 그 냄새를 파악해 뇌로 전달하면 뇌가 이 정보를 처리하고 분류한다. 수용체보다 훨씬 많은 향미가 존재하기 때문에 수용체는 특정한 향을 식별하기 위해 협업한다.

이러한 수용체가 위치한 첫 번째 경로는 냄새가 지나는 콧구멍이고, 보통 인식하지 못하는 두 번째 경로는 혀 뒤에 존재한다. 무언가를 맛보면 향미 분자가 목구멍 뒤쪽에서 섭취하는 음식이나 음료의 이동 방향과 반대로 움직여 후각 수용체로 이동한다. 감기에 걸려서 이러한 수용체가 막히면 미각도 저하된다. 위스키 시음 용어 가운데 후각기관을 이용해 아로마를 감지하는 것을 '시향(nosing)'이라고 한다.

코로 시음하기

입과 혀는 짠맛, 단맛, 쓴맛 같은 기본적인 향미를 제외한 다른 맛은 잘 감지하지 못하는 비효율적인 기관이다. 하지만 이러한 맛은 후각기관이 감지할 수 없는 것이므로, 시음을 하다 보면 코와 혀, 입이 서로 연결되어 작용한다는 사실을 깨닫게 된다. 다시 말해, 이처럼 아로마와 맛이 합쳐진 것이 바로 향미인 것이다.

시향 팁

위스키를 시음할 때는 미각을 깨끗이 하듯 시향할 때마다 후각기관을 '교정'해야 한다.

강한 맛은 피하라

시음 한 시간 전에 향미가 강한 음식을 먹거나 담배를 피우지 마라. 두 경우 모두 미각을 마비시켜 미묘한 아로마를 감지하는 걸 어렵게 한다.

위기를 모면하려면

여러 위스키를 시음해서 미각이 제대로 작동하지 않는다고 느껴지면, 시계를 차지 않은 손목의 냄새를 맡아라. 그러면 후각기관이 '리셋'될 수 있다.

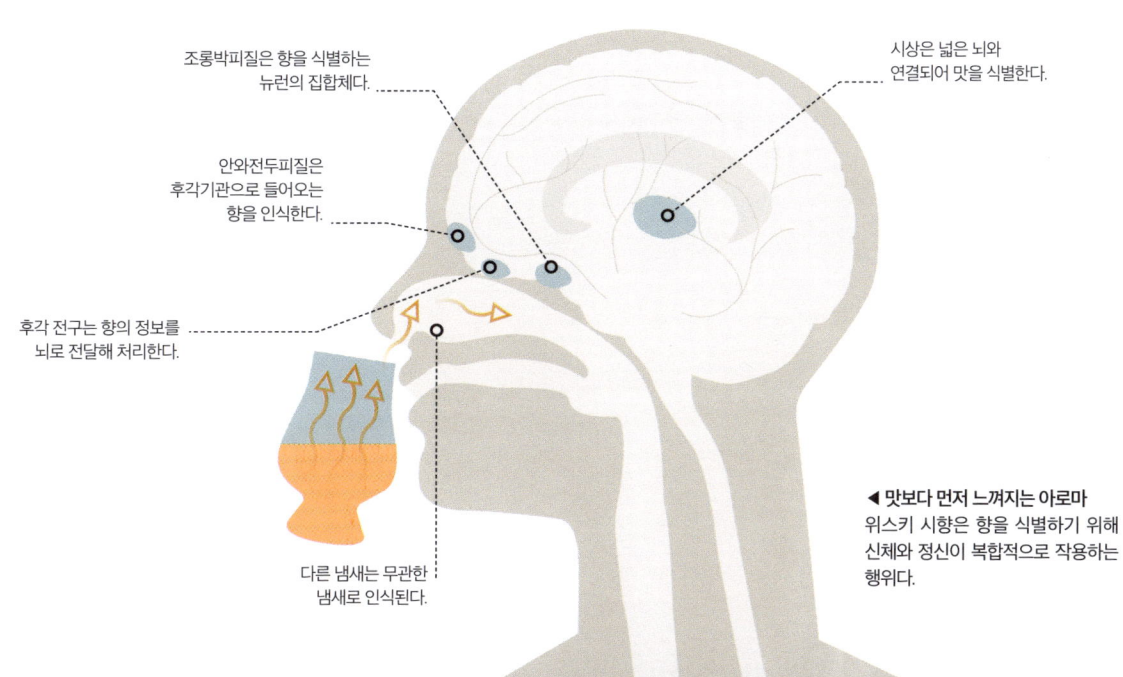

조롱박피질은 향을 식별하는 뉴런의 집합체다.

안와전두피질은 후각기관으로 들어오는 향을 인식한다.

후각 전구는 향의 정보를 뇌로 전달해 처리한다.

다른 냄새는 무관한 냄새로 인식된다.

시상은 넓은 뇌와 연결되어 맛을 식별한다.

◀ **맛보다 먼저 느껴지는 아로마**
위스키 시향은 향을 식별하기 위해 신체와 정신이 복합적으로 작용하는 행위다.

코로 감상하기

시음 노트 02 / 20

후각이 향을 감지하는 데 가장 중요한 역할을 한다는 사실을 알았으니 이젠 시험해볼 차례다. 이번 단계에서는 코를 이용해 아로마와 향미를 감지하는 데 집중해보자.

어떻게 해야 할까

이번에는 시향에 집중하자. 위스키의 향을 맡고 아로마를 구분해보는 것이다. 각각의 위스키 원액의 향을 맡은 뒤, 물을 몇 방울 더 넣고 다시 시향하며 향을 기록한다. 물을 더 넣어가며(위스키를 더 넣지 않으면 50/50까지 희석될 것이다) 각 단계별로 기록한다. 보통 이렇게 많은 물을 넣지는 않지만 여기서는 가능한 한 많은 아로마를 찾아내기 위한 목적이다.

무엇을 배울까

이번 시음의 목적은 후각의 중요성을 인식하고, 이를 활용하는 방법을 익히는 것이다. 그렇게 되면 위스키의 핵심 향미를 찾아낼 수 있다. 또한 아로마를 끌어내기 위해 물을 사용하는 중요성도 알게 될 것이다. 매번 이렇게 분석적일 필요는 없지만 이렇게 하면 향미를 최대한 찾아낼 수 있을 것이다!

> 각각의 위스키 원액의 향을 맡은 뒤, 물을 몇 방울 더 넣고 다시 시향해보자.

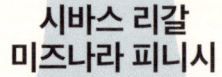

시바스 리갈 미즈나라 피니시

블렌디드 스카치
40% ABV

비슷한 스타일로는,
히비키 하모니

중량감 3

이 시바스 리갈의 변종은 일본산 미즈나라 오크 캐스크에서 마무리된 것이다.

 황금빛 볏짚색

 허브향; 벚꽃; 후추와 토피

 가벼우며 아주 조금 오일리한 질감

 가볍고 산뜻한 피니시

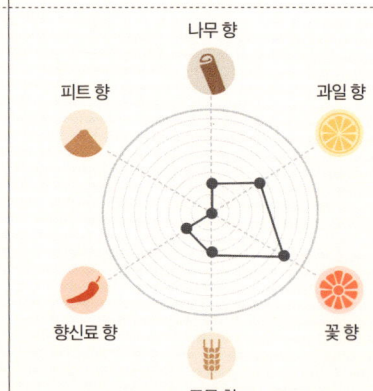

아로마 휠: 나무 향, 과일 향, 꽃 향, 곡물 향, 향신료 향, 피트 향

 이건 어떨까? 발렌타인 17년산

발베니 SB 12년산

스페이사이드 싱글 몰트
47.8% ABV

비슷한 스타일로는,
나포그 캐슬 12년산

중량감	
2	1892년 그랜트 가문에서 글렌피딕에 이어 두 번째로 설립한 싱글 몰트 증류소.

페일 골드

데이지와 미나리아재비;
바삭한 빵 위에 뿌린 신선한 꿀 향

꿀처럼 달콤함;
따스하며 벨벳처럼 부드럽게 입을 감싼다.

달콤하며 긴 피니시

이건 어떨까? 글렌킨치 12년산

사제락 라이

켄터키 라이
45% ABV

비슷한 스타일로는,
짐 빔 라이

중량감	
5	다수의 수상 이력이 있는 켄터키 주 버펄로 트레이스 증류소에서 생산된다.

광택낸 구리색

짭짤한 육포, 프로슈토, 바비큐 연기,
향긋한 견과류

달콤함, 스파이시, 후추와 크림

다소 드라이하며 스파이시한 피니시

이건 어떨까? FEW 라이

라가불린 16년산

아일레이 싱글 몰트
43% ABV

비슷한 스타일로는,
아드벡 우가달

중량감	
5	강렬한 '식후주' 스타일로 유명한 대표적인 아일레이 싱글 몰트

황금빛 호박색

낡은 가죽 안락의자, 담배, 초콜릿, 계피;
피트 연기

황금빛 시럽 같은 질감

스모키하며 긴 피니시

이건 어떨까? 윔즈 피트 침니

41

시음 노트 02

위스키의 주요 향미

어떤 위스키에서도 맛을 구분할 수 있게 하는 정교한 표가 있다. 이 아로마 휠을 사용하면 위스키의 주요 향미를 '한눈에' 파악한 다음, 더 깊은 단계에서 맛의 미묘한 차이를 탐색할 수 있다.

똑같은 맛을 가진 위스키란 존재하지 않는다. 설령 같은 증류소에서 생산되었다 해도 미세하거나 큰 차이가 있기 마련이다.

시작하기

용어와 서술 표현이 끊임없이 확장되면서 시음 언어가 유창해질수록 시음하는 위스키 각각에 담긴 향을 하나하나 표현해낼 수 있게 된다.

이럴 때 도움이 되는 유용한 도구가 바로 '아로마 휠'이다. 오른쪽 예를 참고하면 자신의 시음 노트를 기록하는 데 도움이 될 것이다. 이 표는 명확하게 규정된 '도표'가 아니므로 얽매이진 말자. 어쨌거나 가장 흥미로운 노트는 자신의 상상력이 발휘된 표현이 담긴 것이니 말이다.

시간이 지나면 이런 도움에 의존하지 않고도 시음 노트를 작성할 수 있게 될 것이다. 그때까지 위스키의 향미가 어떻게 분류되는지 생각하는 훈련 차원에서 아로마 휠을 참고하면 도움이 될 것이다.

> 향미는 주요 여섯 가지
> 맛의 범주로부터 방사형으로 확산되며
> 점점 구체화된다.

대표적인 여섯 가지 향미

아로마 휠을 사용하면 편리하게 위스키의 주요 향미를 정확히 분류할 수 있다.

위스키 세계에서는 향미를 크게 여섯 가지로 분류한다.

- 나무 계열
- 과일 계열
- 꽃 계열
- 곡물 계열
- 향신료 계열
- 피트(이탄) 계열

일단 마음속에서 분류하면 이해의 폭이 넓어지며 기분에 따라 느낌이 달라지는 이 멋진 술이 만들어내는 심오한 미스터리의 세계를 더욱 잘 탐색할 수 있을 것이다.

위스키도 상할까?

일반적으로 위스키는 꽤 독한 증류주지만 간혹 상하는 경우도 있다.

위스키에서 '상한' 향미를 느낄 경우는 와인보다 훨씬 드물지만, 실제로 일어나긴 한다. 특히 코르크 마개를 사용하는 위스키의 경우에서 발생 확률이 높다. 와인과 마찬가지로 코르크가 오염되면서 이런 현상이 일어나는 것이다. 농약과 방부제의 주성분인 클로로페놀 화합물이 코르크에 흡수되어 트리클로로아니솔(TCA)로 전환되어 병 안의 위스키와 반응해 퀴퀴하고 역겨운 향을 만들어낸다. 건강에 심각한 해를 미치진 않겠지만 맛은 분명 고약할 것이다. 위스키에서 이런 이상한 냄새가 난다면 마시지 않는 게 바람직하다.

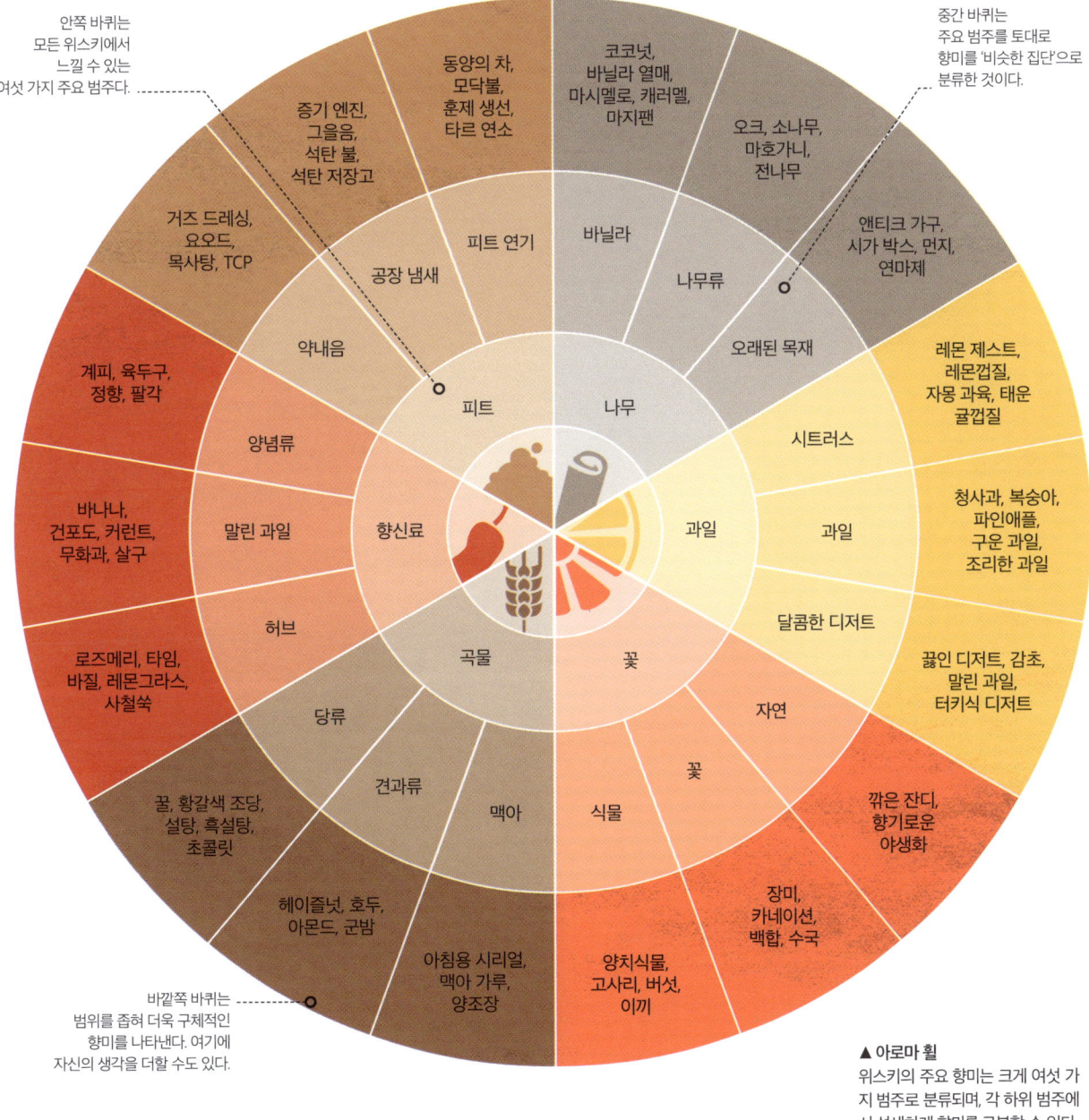

▲ 아로마 휠
위스키의 주요 향미는 크게 여섯 가지 범주로 분류되며, 각 하위 범주에서 섬세하게 향미를 구분할 수 있다.

아로마 휠의 작동 방식

바퀴의 바큇살처럼 향미는 주요 여섯 가지 맛의 범주로부터 방사형으로 확산되며 점점 구체화된다. 예를 들면 '피트 향 나는' 위스키의 하위 범주는 단 하나가 아니다. '피트'는 약내음이나 스모키함, 심지어 '공장 느낌' 혹은 금속성의 느낌을 의미하기도 한다. 그리고 이 세 가지 하위 범주 안에는 더 탐색해야 할 많은 맛이 존재한다. 따라서 단계별로 아로마 휠을 이용하면 복잡한 위스키 향미를 밝히는 데 큰 도움이 될 것이다.

시음 노트 03 / 20 — 혀로 감상하기

시바스 리갈 미즈나라 피니시
블렌디드 스카치
40% ABV

연속성을 위해 앞서 시음했던 위스키를 다시 시음한다. 이번에는 미각과 후각이 어떻게 결합하는지에 집중해 복합 감각적으로 느껴지는 향미와 아로마를 감상해보자.

비슷한 스타일로는,
히비키 하모니

중량감 3

1850년대 애버딘의 식료품 업자 시바스 형제는 위스키 블렌딩을 시작했다.

어떻게 해야 할까

옆에 제시된 위스키를 왼쪽에서 오른쪽 방향으로 시음한다. (알코올 도수에 따라 다르지만) 병입된 위스키 그대로 시음하다 보면 미각이 마비되어 다음 위스키 시음이 어려워진다. 처음에는 각 위스키에 물을 몇 방울 첨가한다. 이렇게 시음한 뒤 물을 몇 방울 더 넣으면서 향미와 알코올이 균형을 이루며 '정점'에 이르렀다고 느껴질 때까지 이 과정을 반복한다.

무엇을 배울까

앞에서 이 위스키를 코로 감상했으면, 이번에는 입으로 감상하며 후각에서 느껴지는 아로마와 혀에서 느껴지는 향미의 차이를 느껴보자. 그러다 보면 향미를 더 다양하고 뚜렷하게 느낄 수 있게 된다. 이렇게 조금씩 향미를 식별하고 구분하는 능력을 훈련하는 것이다.

> 이렇게 향미를 식별하고 구분하는 능력을 훈련하는 것이다.

 황금빛 볏짚색

 달콤하고 향긋한 허브; 벚꽃; 후추와 토피

 포도의 달콤함; 오렌지꽃 꿀; 향신료; 귤, 복숭아껍질

 가볍고 약간 오일리한 질감

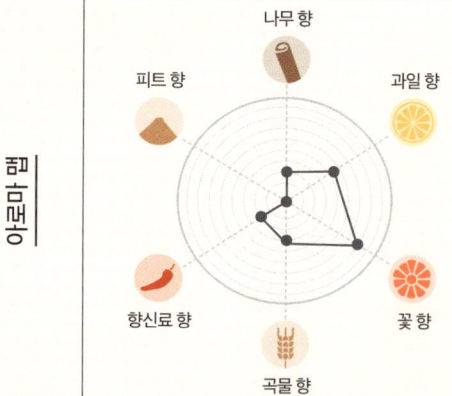

 이건 어떨까? 발렌타인 17년산

발베니 SB 12년산	사제락 라이	라가불린 16년산
스페이사이드 싱글 몰트 47.8% ABV	켄터키 라이 45% ABV 	아일레이 싱글 몰트 43% ABV
비슷한 스타일로는, 나포그 캐슬 12년산	비슷한 스타일로는, 짐 빔 라이	비슷한 스타일로는, 아드벡 우가달
중량감 2 — 현지에서 생산된 보리를 몰팅하는 마지막 스코틀랜드 증류소 중 하나.	**중량감 5** — 뉴올리언스에서 탄생한 사제락 칵테일의 베이스로 사용된다.	**중량감 5** — 아일레이 최고의 피트 위스키 중 하나.
페일 골드	광택낸 구리색	황금빛 호박색
데이지와 미나리아재비, 벌집에서 갓 짜낸 신선한 꿀	진하고 묵직함, 스파이시함; 육포, 프로슈토, 바비큐 연기; 향긋한 견과류	가죽, 담배, 초콜릿, 계피; 피트 연기
바닐라; 레몬 커드. 커스터드 도넛. 물을 더하면 느껴지는 부드러운 시트러스 맛	향신료와 허브, 신선한 사과. 달콤한 캐러멜, 버터스카치, 향긋한 과일	토스트에 얹은 살구잼, 허브, 아니시드, 계피; 피트 연기 향이 느껴지는 퍼지
달콤하며 긴 피니시	꽤 드라이하고 스파이시한 긴 피니시	편안하게 스모키한 긴 피니시

이건 어떨까? 글렌킨치 12년산   이건 어떨까? FEW 라이   이건 어떨까? 윔즈 피트 침니

45 시음 노트 03

보디감과 피니시

위스키의 보디감과 피니시라는 표현은 어떤 의미로 사용될까? 위스키 시음의 마지막 요소가 모든 감각에 걸쳐 어떻게 표현되고 경험을 마무리하는지 살펴보자.

'보디감' 이해하기

위스키를 묘사하는 데 사용되는 모든 용어 중에서 '보디감'은 정확히 설명하기 가장 어려우면서도, 가장 이해하기 쉬운 용어이기도 하다. 이는 감각적으로 느끼는 과정을 통해 체득할 수 있다.

보디감은 기본적으로 위스키가 입안에 닿는 느낌으로, 향미와는 거의 무관하다. 위스키가 말 그대로 입안에서 얼마나 무겁거나 가볍게 느껴지는지에 대한 표현으로, 이러한 맥락에서 '중량감'이나 '입안촉감'이라는 단어를 사용할 수도 있다. 걱정할 필요는 없다. 몇 번 시음을 경험하면서 무엇을 느껴야 하는지 알게 되면 위스키의 보디감도 훨씬 더 쉽게 이해할 수 있을 것이다.

보디감은 품질을 나타내는 지표가 아니

▼ 위스키를 감상할 때 먼저 위스키의 색과 향을 즐긴 뒤 맛을 보고, 그다음으로 입안에 닿는 촉감과 피니시를 느껴보자.

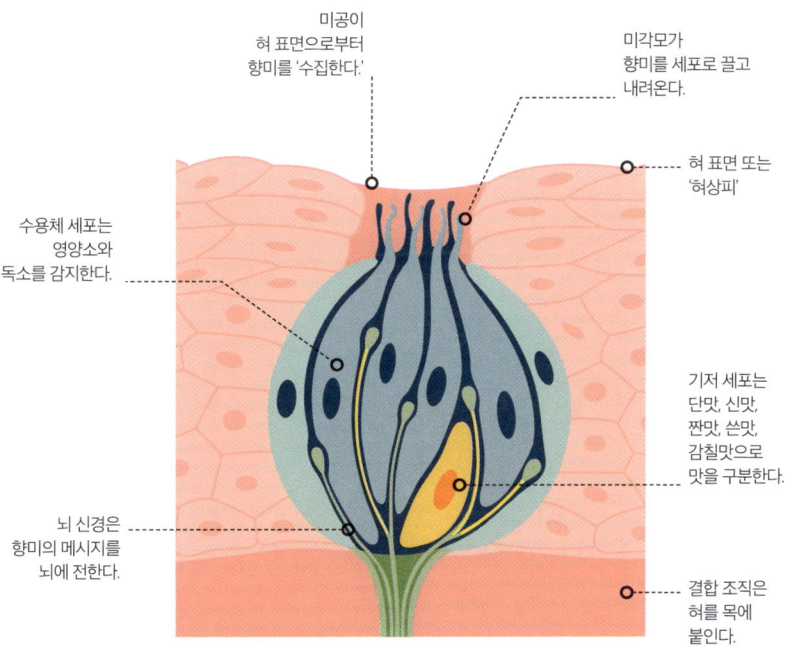

- 미공이 혀 표면으로부터 향미를 '수집한다.'
- 미각모가 향미를 세포로 끌고 내려온다.
- 혀 표면 또는 '혀상피'
- 수용체 세포는 영양소와 독소를 감지한다.
- 기저 세포는 단맛, 신맛, 짠맛, 쓴맛, 감칠맛으로 맛을 구분한다.
- 뇌 신경은 향미의 메시지를 뇌에 전한다.
- 결합 조직은 혀를 목에 붙인다.

▲ 우리의 입과 목에는 약 8,000개의 미뢰가 있으며, 대부분 혀에 위치한다. 각 미뢰는 감각을 처리하는 미세한 '공장'이다.

다. 보디감은 가볍지만 묵직한 위스키에 뒤지지 않는 멋진 위스키도 많다.

'피니시' 알아보기

피니시는 시음 퍼즐의 마지막 조각이다. 향과 맛은 놀라울 정도로 훌륭한데 피니시는 실망스러운 경우도 드물지 않다.

보디감이나 입안촉감과 마찬가지로 피니시도 위스키를 몇 번 마셔보지 않았다면 설명하거나 수치화하기 어려운 표현이다.

다른 시음 과정처럼 이 역시 긴장을 풀고 남을 의식하지 않아야 한다. 무언가 느껴지면 말하라. "오일리?" "꽉 차는 느낌?" 물론 몇 가지 더 있지만 보디감과 피니시는 보통 이런 식으로 표현한다. 피니시에서 우리가 찾는 느낌은 시음을 마무리하며 모든 향미를 결론짓는 무형의 것이다.

피니시가 이러한 역할을 잘하는 한, 피니시가 얼마나 오래 지속되는지는 그리 중요하지 않다. 순식간에 끝나지만 않는다면 말이다. 그것은 위스키를 시음할 때 가장 실망하는 부분 중 하나다.

> 보디감은 기본적으로
> 위스키가 입안에 닿는 느낌으로,
> 향미와는 거의 무관하다.

외부의 영향

위스키의 중량감 또는 입안촉감에 영향을 미칠 수 있는 요소는 다음과 같다.

- **위스키 캐스크 종류와 '신선한 정도.'** 예를 들면 새로운 버번 오크 캐스크는 여러 번 사용된 캐스크보다 리그닌을 비롯한 추출물이 더 많이 나오므로 자연히 꽤 오일리해진다.

- **단식 증류.** 좀 더 납작하고 넓은 형태의 구리 냄비 모양의 증류기는 구리와 증류주 사이의 접촉 기회가 적어서 일반적으로 '고기 향이 더 느껴지는' 오일리한 위스키가 된다.

- **알코올 함량.** 모두 그렇지는 않지만 일반적으로 ABV가 높으면 위스키의 보디감이 더 묵직해진다.

- **피트 연기.** 이 또한 위스키에 묵직한 보디감을 준다. 물론 모두 그렇지는 않다.

다른 시음 요소와 마찬가지로 보디감 역시 지극히 개인적인 느낌이다. 다른 사람의 표현을 정확히 알아듣지 못해도 걱정하지 말자. 시음한 감상을 공유하는 것은 재미일 뿐이니까.

시음 노트 04 / 20

보디감과 피니시 감상하기

이번에도 앞서 시음한 네 가지 위스키를 대상으로 입안촉감과 피니시를 비롯해 위스키가 입과 목구멍에서 느껴지는 모든 느낌을 감상해보자.

어떻게 해야 할까

이번에는 위스키가 미각을 넘어 목구멍으로 넘어갈 때 느껴지는 질감을 분석해보자. 이것이 보디감과 피니시를 평가하는 것이다. 향미가 어떻게 다른지, 얼마나 오래 지속되는지와 같은 느낌이 바로 피니시다. 물을 사용해도 되지만 질감이 희석될 수도 있다는 점은 알아두자. 그러므로 처음에는 물을 섞지 않고 시도해본다.

무엇을 배울까

이번 단계에서는 앞서 살펴본 위스키의 향과 맛에 이어 보디감과 피니시를 느껴보면서 시음 경험을 완성한다. 이제 여러분은 위스키의 '맛'이 무엇인지, 그리고 위스키 맛의 프로필을 어떻게 조합하는지 완전히 이해할 수 있을 것이다.

이제 위스키의 '맛'을 완전히 이해하게 될 것이다.

시바스 리갈 미즈나라 피니시

블렌디드 스카치
40% ABV

비슷한 스타일로는, 히비키 하모니

중량감 3 — 대부분의 시바스 리갈은 스페이사이드의 스트라스 아일라 증류소에서 생산된다.

👁 황금빛 볏짚색

👃 싱싱한 허브향; 벚꽃, 후추, 토피

👄 포도의 달콤함; 오렌지꽃 꿀; 향신료; 귤, 복숭아

달콤하며 살짝 오일리한 질감에 꿀과 시트러스의 여운이 이어지는 피니시

향미 프로필: 나무 향, 과일 향, 꽃 향, 곡물 향, 향신료 향, 피트 향

이건 어떨까? 발렌타인 17년산

발베니 SB 12년산	사제락 라이	라가불린 16년산
스페이사이드 싱글 몰트	켄터키 라이	아일레이 싱글 몰트
47.8% ABV	45% ABV	43% ABV
비슷한 스타일로는, 나포그 캐슬 12년산	비슷한 스타일로는, 짐 빔 라이	비슷한 스타일로는, 아드벡 우가달
중량감 2 — 글렌피딕, 키닌비와 함께 그랜트 사 몽키 숄더의 원료로 사용된다.	**중량감 5** — 이글 레어, 반 윙클, 블랜튼과 같은 켄터키 위스키 가문에서 생산된다.	**중량감 5** — 라가불린은 게일어로 '방앗간이 있는 분지'라는 뜻 이며, 아일레이의 아름다운 해안선에 자리 잡고 있다.
페일 골드	광택낸 구리색	황금빛 호박색
데이지와 미나리아재비, 벌집에서 갓 짜낸 신선한 꿀 향	진하고 묵직함, 스파이시함; 육포, 바비큐 연기; 향긋한 견과류	가죽, 담배, 초콜릿, 계피; 피트 연기
스파이시 바닐라, 레몬 커드, 캐러멜, 커스터드; 슈거파우더, 시트러스	향신료와 허브; 신선한 사과. 버터스카치, 캐러멜, 향긋한 과일	버터를 발라 노릇하게 구운 토스트 위에 얹은 살구잼. 아니시드, 계피, 말린 허브
바닐라, 따뜻한 향신료. 달콤하며 감미로운 피니시. 벨벳처럼 부드럽고 크리미한 질감	감초와 계피에 이어 정향과 바닐라 맛이 느껴짐. 점성이 느껴지는 오일리한 질감	피트 연기; 인도의 향신료; 멘톨이나 유칼립투스; 아마씨유 같은 질감

이건 어떨까? 글렌킨치 12년산 | 이건 어떨까? FEW 라이 | 이건 어떨까? 윔즈 피트 침니

시음 노트 04

49

CHAPTER 3

스타일에 따른 맛

위스키는 경이로울 정도로 다양한 증류주다. '스카치'는
싱글 몰트, 싱글 그레인, 블렌디드 위스키를 하나로
아우르는 단어다. 미국 위스키 또한 아이리시 위스키만큼 다양하다.
그 외에도 캐나다, 일본, 세계 각국의 위스키는 말할 것도 없다.
이번 장에서 위스키의 생산지가 아닌 생산 방식과 그에 따른
대표적인 스타일을 살펴보려는 이유이기도 하다. 그러면
몰트 위스키와 블렌디드, 버번, 라이, 콘, 휘트 위스키의
차이점과 유사점 등을 살펴보자.

스코틀랜드식 위스키

싱글 몰트 위스키라면 가장 먼저 떠오르는 곳이 바로 스코틀랜드다. 스코틀랜드산 싱글 몰트의 스타일은 아일레이의 라가불린(왼쪽) 같은 유명 피트 위스키를 비롯해 부드러운 것부터 보디감이 묵직한 것까지 매우 다양하다. 거기에 그레인 위스키도 있다. 스코틀랜드는 이를 받아들이면서 세계 위스키 시장을 장악하게 되었다. 그레인 위스키는 블렌디드 위스키, 나아가 버번과 그 밖의 미국 위스키가 성장하는 발판이 되었다. 스코틀랜드에서 생산되는 블렌디드 위스키는 전 세계 스카치 위스키 판매량의 90% 가까이 차지하고 있으며, 이렇게 많은 수치만큼 다른 나라에서 생산된 위스키와는 비교할 수 없는 스카치 위스키만의 독특한 특징이 만들어졌다.

▲ 그림으로 보는 싱글 몰트 위스키
독자의 이해를 돕기 위해 싱글 몰트 위스키가 어떻게 제조되는지 간략히 정리한 그림이다.

싱글 몰트 위스키란?

많은 사람들이 싱글 몰트를 위스키의 최고봉으로 꼽는다. 현재 싱글 몰트는 스코틀랜드를 비롯해 전 세계에서 생산된다. 싱글 몰트란 정확히 무엇이며, 왜 그렇게 높은 평가를 받는 것일까?

싱글 몰트의 정체

싱글 몰트 제조에 대한 모든 규칙을 세세히 다루기는 어렵다. 위에 소개한 간략한 이미지가 이해에 도움이 되기를 바란다. 싱글 몰트 위스키의 핵심은 100% 맥아만 사용해야 한다는 것이다. 싱글 몰트 한 병에는 여러 배치가 담길 수는 있지만, 반드시 단일 증류소에서 생산된 것이어야 한다. 싱글 몰트의 '싱글'은 바로 이런 의미다. 스코틀랜드에서는 전통적으로 하이랜드와 인근 섬, 롤런드, 아일레이, 스페이사이드, 캠벨타운 등 주요 위스키 생산지 다섯 곳에서 생산된다.

어떤 특별함이 있을까?

싱글 몰트는 다음과 같은 몇 가지 이유에서 상징적인 지위를 갖는다.

- **기원**   싱글 몰트는 위스키의 '원형'으로, 다른 종류 위스키의 원천이다. 수백 년 전 위스키가 처음 등장한 이래 외형과 맛은 분명히 달라졌지만 역사적 혈통은 이어지고 있으며, 생산 방식은 오늘날 싱글 몰트로 직접 계승되었다.
- **장소**   싱글 몰트 증류소는 대부분 믿기지

100곳이 넘는 스코틀랜드의
싱글 몰트 증류소에서는
저마다 다른 향미의 위스키를 생산한다.

않을 정도로 아름다운, 거의 신화 속 세계와 같은 지역에 위치한다. 위스키 생산지의 낭만성은 확실히 술의 인기도 함께 높인다. 특히 마케팅 담당자라면 이 점에 적극 동의할 것이다. 하지만 장소의 특징이 위스키의 맛에 영향을 미치는지에 대해서는 논란의 여지가 많다.

- **향미의 다양성** 100곳이 넘는 스코틀랜드의 싱글 몰트 증류소에서는 저마다 다른 향미의 위스키를 생산한다. 기본적으로 동일한 기법을 따르지만 사용하는 보리의 종류 혹은 발효 시간이 각각 다르다. 매싱, 발효, 증류 장비의 크기나 모양이 다를 수도 있다. 사용하는 캐스크 종류는 말할 것도 없다. 증류소에서는 여러 단계의 공정을 거치며 상당히 다양한 스타일을 가진 독특한 제품을 만들어낸다. 그 결과 스타일과 향미의 무한한 조합이 탄생하게 되었고, 바로 이 점이 싱글 몰트의 매력으로 작용한다.

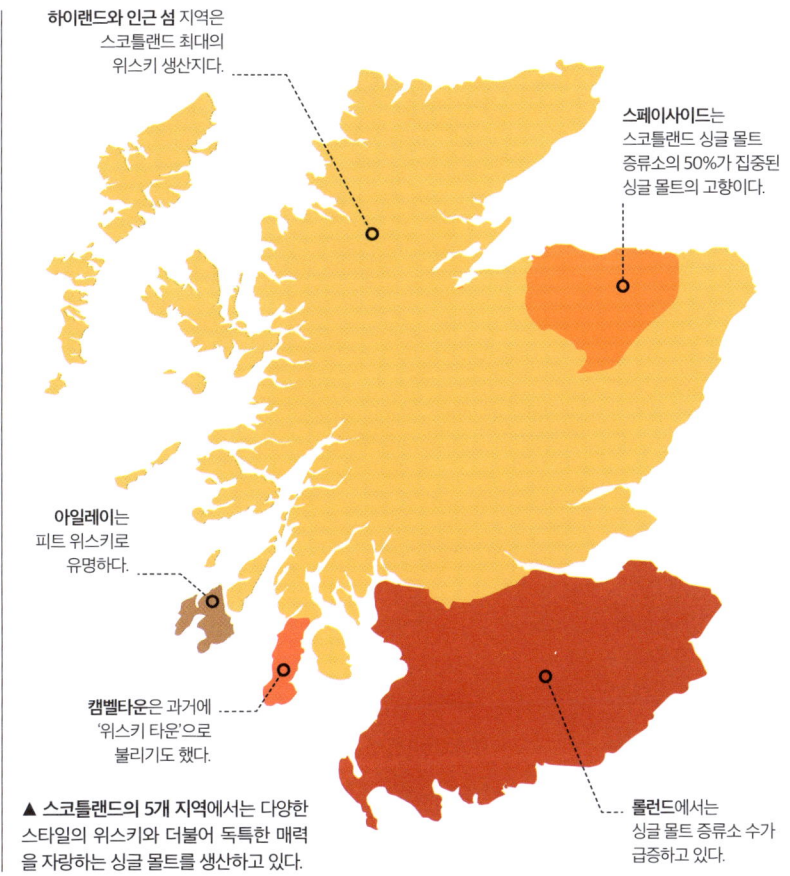

▲ 스코틀랜드의 5개 지역에서는 다양한 스타일의 위스키와 더불어 독특한 매력을 자랑하는 싱글 몰트를 생산하고 있다.

- **하이랜드와 인근 섬** 지역은 스코틀랜드 최대의 위스키 생산지다.
- **스페이사이드**는 스코틀랜드 싱글 몰트 증류소의 50%가 집중된 싱글 몰트의 고향이다.
- **아일레이**는 피트 위스키로 유명하다.
- **캠벨타운**은 과거에 '위스키 타운'으로 불리기도 했다.
- **롤런드**에서는 싱글 몰트 증류소 수가 급증하고 있다.

선두 주자를 따르다

스코틀랜드가 지금까지 역사적으로나 상업적으로 가장 중요한 싱글 몰트 생산 지역이라는 인식에는 변함이 없지만, 현재 싱글 몰트는 전 세계에서 생산되고 있다.

일본의 싱글 몰트는 '세계 최고' 상을 받으며 인기와 명성이 높아지고 있다. 인도와 타이완을 비롯한 아시아 지역에도 싱글 몰트 증류소가 세워졌고 유럽과 북아메리카, 남아프리카, 오세아니아 역시 유명한 싱글 몰트 위스키를 생산하고 있다.

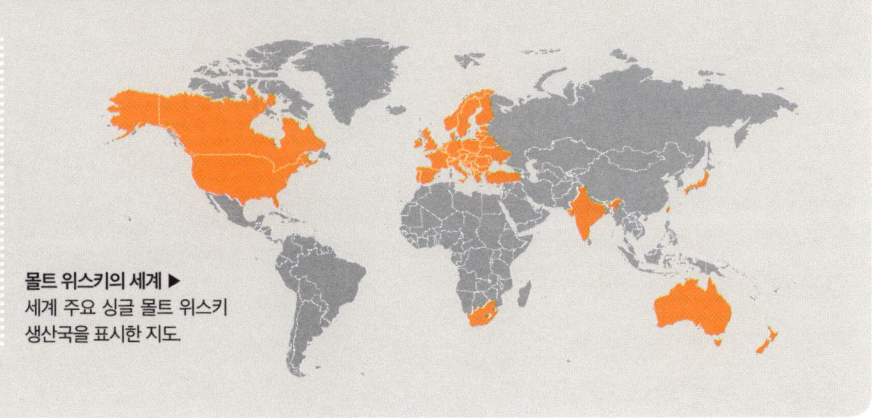

몰트 위스키의 세계 ▶
세계 주요 싱글 몰트 위스키 생산국을 표시한 지도.

시음 노트 05 / 20

스코틀랜드 싱글 몰트 위스키

스코틀랜드 싱글 몰트는 스코틀랜드산 위스키의 최고봉이라고 하는데, 그 맛 또한 매우 다양하다. 이번에는 네 종류의 싱글 몰트를 시음하면서 얼마나 다양한지 직접 느껴보자.

어떻게 해야 할까

왼쪽에서 오른쪽 순서로 시음한다. 향미의 강도에 따른 배치이므로 왼쪽이 가볍고 오른쪽이 더 무겁다. 물을 넣지 않고 시향과 시음을 한 다음, 물을 넣고 다시 해본다. 물을 넣었을 때와 넣지 않았을 때 각각 향과 맛이 어떻게 다른가? 물론 이 노트는 가이드일 뿐이며 여러분이 느낀 맛이 더 중요하다.

무엇을 배울까

이번 시음의 목적은 싱글 몰트가 얼마나 다양한지 직접 느끼는 것이다. 싱글 몰트가 모두 달콤하고 꽃 향이 나거나 강하고 피트 향이 짙은 것은 아니다. 증류소마다 '고유의 스타일'이 있지만, 이조차도 제품마다 맛이 다양하다. 이번 시음에서 마음에 드는 위스키를 만났다면, 향미 구성이 비슷한 스타일의 위스키를 찾아보고 그 과정 끝에서 마침내 자신의 인생 싱글 몰트를 만날 수 있을 것이다.

**물을 넣지 않고
시향과 시음을 한 다음,
물을 넣고 다시 해본다.**

오큰토션 12년산
롤런드 싱글 몰트
40% ABV

비슷한 스타일로는, 글렌모렌지 10년산

중량감 2 | 글래스고 외곽의 증류소에서 3회 증류한 싱글 몰트 위스키.

 황금빛 볏짚색

 달콤하고 향긋한 인동, 바닐라와 은은한 시트러스

 섬세하고 달콤하며 편안함. 아삭한 사과, 복숭아와 크림

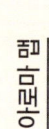 가볍고 과일 향이 느껴지며 여운이 긴 피니시

향미 구성:
- 나무 향
- 과일 향
- 꽃 향
- 곡물 향
- 향신료 향
- 피트 향

 이건 어떨까? 달위니 15년산

57

글렌파클라스 15년산	글렌 스코샤 15년산	보모어 12년산
스페이사이드 싱글 몰트	캠벨타운 싱글 몰트	아일레이 싱글 몰트
43% ABV	46% ABV	40% ABV

비슷한 스타일로는,
글렌드로낙 12년산 / 스프링뱅크 10년산 / 쿨 일라 12년산

중량감 4	가족 기업으로 운영되는 글렌파클라스는 셰리와인 캐스크를 사용하는 것으로 유명하다.	중량감 4	최근 멀 오브 킨타이어에 증류소를 재개장해 활기를 되찾았다.	중량감 4	가장 유서 깊은 아일레이 증류소에서 생산된 미디엄 피트 위스키.

황금빛 호박색 / **황금빛 볏짚색** / **황금빛 볏짚색**

가벼운 계피 향이 감도는 건포도와 말린 커런트	옛날식 사탕이 가득 찬 주머니. 파도의 비말처럼 톡 쏘는 향	바람 부는 해안가를 산책할 때의 상쾌함. 피트 연기와 파인애플 통조림
화려하고 오일리한 입안촉감; 크리스마스 푸딩과 브랜디 버터	톡 쏘는 복합적인 맛, 살구잼, 누가, 마지팬; 은은한 피트 향	피트 향이 감도는 서양 배; 가벼운 허브와 시트러스
길고 건조하며 스파이시한 피니시	다소 달콤쌉쌀하며 긴 피니시	스모키한 시트러스 향이 느껴지는 중간보다 조금 긴 피니시

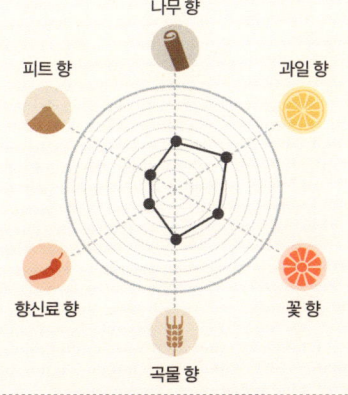

이건 어떨까? 아벨라워 12년산 / **이건 어떨까?** 오번 14년산 / **이건 어떨까?** 탈리스커 10년산

시음 노트 05

싱글 그레인 위스키란?

싱글 그레인 위스키는 위스키 산업이 200여 년에 걸쳐 진화하면서 이루어낸 가장 중요한 성과물이라 할 수 있다. 그러면 싱글 그레인 위스키란 무엇이고, 어떻게 버번과 같은 새로운 스타일의 탄생을 이끌었을지 살펴보자.

싱글 그레인 위스키의 정체

아래 그림은 복잡한 제조 과정을 간략히 도식화한 것이다. 유의해야 할 점은 싱글 그레인 위스키가 그 이름과 달리 맥아에 밀, 호밀, 옥수수 등 다른 곡물을 섞어 연속 증류한 것이라는 사실이다. 여기서 '싱글'이란 이 모든 과정이 단일 증류소에서 일어난다는 의미다.

싱글 그레인 위스키의 역사

그레인 위스키가 개발되기 전까지 스코틀랜드에는 싱글 몰트 위스키와 블렌디드 몰트 위스키, 아일랜드에는 싱글 포트 스틸 위스키만 있었다. 당시 스코틀랜드에서는 몰팅 과정 중 보리를 건조하는 데 주로 이탄을 사용했기 때문에 싱글 몰트가 오늘날보다 피트 향이 더 강하고 스모키했다.

그레인 위스키의 생산은 세 사람에 의해 촉진되고 완성되었다. 1822년 아일랜드인 앤서니 페리에 경은 보리 이외의 곡물을 증류에 사용 가능한 '연속식' 위스키 증류법의 특허를 받았다. 이는 1828년 스콧 로버트 스타인이 자신의 '특허'를 개발하는 데 영감을 주었고, 아일랜드의 전직 세관원인 아이네아스 코피는 1830년 페리에와 스타인의 발명을 토대로 2개의 기둥으로 이루어진 연속식 증류기로 특허를 획득했다. 코피 스틸 또는 다단식 증류기는 오늘날에도 그레인 위스키와 버번 스타일 위스키를 제조하는 데 널리 사용되고 있다.

어떻게 만들까?

코피가 설계한 증류기에서는 증류 과정 중 여러 번의 환류 작용이 일어나므로 알코올 함량이 높은 술을 얻을 수 있다. 그러나 그레인 위스키의 알코올 함량은 94.8% ABV, 미

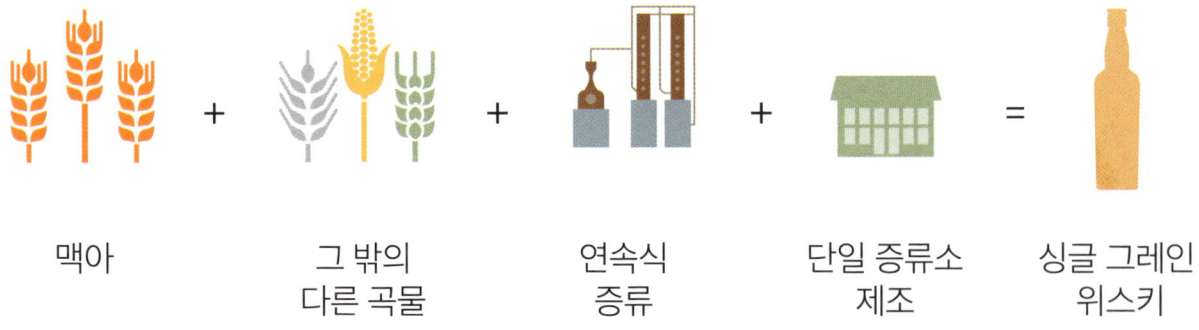

맥아 + 그 밖의 다른 곡물 + 연속식 증류 + 단일 증류소 제조 = 싱글 그레인 위스키

▲ 그림으로 보는 싱글 그레인 위스키
싱글 그레인 위스키는 여러 곡물을 혼합해 단일 증류소에서 연속식으로 증류해 제조한다.

◀ 다단식 증류기(연속식 증류기)
복잡한 장비처럼 보이지만 액체가 관을 통해 흐르며 응축되고 증류되는 구조다.

블렌디드 그레인 위스키

이와 같은 위스키 종류는 잘 알려지지 않았지만 '원칙적'으로 존재한다.

이는 증류업자들이 전혀 다른 두 가지 그레인 위스키를 혼합한 뒤 '싱글 그레인'이라고 부르는 것을 방지하기 위해 나온 용어다. 그러나 컴퍼스 박스 위스키 사의 '히더니즘' 라인처럼 흥미로운 블렌디드 그레인 위스키는 주목할 만한 가치가 있다.

국에서는 89% ABV 이하로 제한되어 있다.

연속식 증류기의 등장으로 이전의 단식 증류에 비해 대량 생산이 가능해졌다. 코피의 증류기가 위스키 제조 방식과 속도에 있어 혁명을 일으킨 것이다.

어떤 곡물을 사용할까?

스코틀랜드에서는 대부분 밀, 미국에서는 옥수수를 주로 사용한다. 대체로 10%가량의 맥아를 혼합하는데, 맥아의 효소가 발효에 도움을 주기 때문이다. 그레인 위스키는 제조 과정이 싱글 몰트보다 덜 복잡하며, 증류 과정에서 향미의 대부분이 알코올로 대체된다. 따라서 향미를 내기 위해 버번 오크통에서 숙성한다. 숙성연수가 어릴 때는 신선하고 크리미하며 다소 자극적이지만, 숙성 기간이 길어지면 풍부한 토피, 향신료 등 다양한 향미가 층층이 쌓이게 된다.

그레인 위스키가 개발되기 전까지는
싱글 몰트 위스키와
블렌디드 몰트 위스키만 존재했다.

블렌디드 스카치 위스키란?

블렌디드 스카치 위스키는 스코틀랜드 위스키 중 세계에서 가장 인기 있는 스타일이다. 어떻게 블렌딩하는지, 누가 블렌딩을 지휘하는지가 흥미로운 화제이며, 어떻게 이토록 큰 인기를 끌게 되었는지에 대한 이야기 역시 그렇다.

블렌디드 스카치 위스키의 정체

블렌디드 스카치는 하나 이상의 싱글 몰트와 하나 이상의 그레인 위스키를 혼합한 것이다. 다른 스카치 위스키와 같이 블렌디드 스카치 위스키도 최소 3년 이상 숙성한 뒤 40% ABV 이상의 상태에서 병입해야 한다.

블렌디드 위스키의 역사

1800년대 중반까지 대부분의 스카치 싱글 몰트 위스키는 피트 처리된 맥아로 제조되었다. 매우 독특한 스타일이지만 보편적으로 수용될 맛은 아니었다. 여기에 새로 발명된 연속식 증류기로 만든 그레인 위스키를 혼합했더니 전혀 새로운 위스키가 탄생했다. 위스키 제조자들은 이 새롭고 무난한 위스키를

> 블렌딩의 목적은
> 원료가 된 위스키보다
> 더 나은 위스키를 만들어내는 데 있다.

더 복잡하고 향미가 풍부하며 스모키한 싱글 몰트와 혼합해 부드럽고 '누구나 좋아할 법한' 위스키를 만들었다. 이 위스키는 금세 인기를 끌었다. 블렌디드 위스키 개척자 중 상당수는 식료품업자나 커피, 차, 향신료 같은 당시의 사치품을 취급하던 공급업자였다. 킬마녹의 존(조니) 워커, 애버딘의 존과 제임스 시바스 형제, 글래스고의 조지 발렌타인이 대표적이다. 그들의 창조물은 지금도 여전히 주변에 존재하며 누구나 알고 있는 세계적인 브랜드가 되었다.

◀ 간단하다고?
블렌디드 스카치 위스키 제조는 믿기지 않을 만큼 간단하다. 하지만 관건은 적절한 혼합 비율을 찾아내는 데 있다.

싱글 몰트 + 싱글 그레인 = 블렌디드 스카치

인기를 끌게 된 이유

블렌디드 스카치 위스키가 세계를 지배하기까지 여러 요인이 작용했다.

- 1800년대 중반 스카치 위스키 업계가 연속식 증류법을 도입하면서 생산량과 속도가 증가하게 되었다.
- 반면 아일랜드는 1900년대까지 연속식 증류법의 도입을 거부했다.
- 1800년대 후반 포도나무를 죽이는 해충 필록세라가 서유럽 포도밭을 황폐화시켜 코냑 생산에 차질을 빚었다.
- 베리 브라더스를 비롯한 여러 회사들이 미국 '수입업자'들이 쉽게 접근할 수 있도록 커티 삭과 같은 블렌디드 위스키를 캐나다와 바하마로 수출했기 때문에 미국의 금주법은 문제가 되지 않았다.

블렌딩은 어떻게 할까?

블렌딩의 목적은 원주보다 더 나은 위스키를

▲ 2016년 출시된 조니워커의 **블렌더스 배치 레드 라이 피니시**. 이름 그대로 라이 위스키 캐스크에서 추가 숙성을 거친 제품이다.

만들어내는 데 있다. 증류소마다 맥아와 곡물의 비율은 다르지만, 상업용 블렌드에 함유된 몰트 위스키는 20~25% 정도다. 일반적으로 비싼 블렌디드 위스키일수록 몰트 위스키 함유량과 숙성연수가 높다. 위스키를 어떤 비율로 혼합할지 결정하는 사람을 마스터 블렌더라고 한다. 그는 매년 수천 개 샘플의 향을 맡아 하나의 배치를 만든다. 일단 '미니어처'로 혼합한 뒤 이 비율대로 최종 산물을 만든다.

타인의 불행이 나의 기회로

위스키는 포도밭을 파괴하는 치명적인 진드기 사태의 의도치 않은 수혜자였다.

1800년대 후반, 프랑스 포도밭에 포도나무뿌리진디가 창궐했다. 이 작은 벌레로 인해 몇 년 동안 와인과 브랜디 생산이 사실상 불가능해졌다. 포도를 원료로 한 술의 재고가 바닥나자 유럽 내 위스키 판매량이 급증하게 되었다.

▲ 포도나무의 **병충해**로 와인, 샴페인, 브랜디 판매량이 70%까지 감소하면서 1880년대 '위스키 붐'이 일어났다.

▲ 몽키 숄더는 '겨우' 세 가지 싱글 몰트를 혼합한 것이다. 다른 제조자들은 훨씬 더 많이 혼합하며 16종에 이르는 경우도 있다.

블렌디드 몰트 위스키란?

몰트 위스키를 블렌딩한다니 직관에 반하는 행위 같지 않은가. 대체 왜 몰트 위스키를 혼합하는 것일까? 위스키의 새로운 맛을 찾는 것이 무엇보다 중요한 이 시대, 이 위스키의 인기는 나날이 높아지고 있다.

블렌디드 몰트 위스키의 정체

이 스타일의 위스키는 오늘날 주류를 이루는 블렌디드 스카치 위스키 훨씬 이전부터 존재했다. 원래는 싱글 몰트만 있었지만 새로운 맛을 만들어내기 위해선 두 가지 이상의 싱글 몰트를 혼합하는 수밖에 없었다. 간단히 말해, 블렌디드 몰트 위스키란 두 곳 이상의 증류소에서 만든 두 가지 이상의 싱글 몰트를 블렌딩한 것이다.

자신만의 블렌디드 몰트 위스키를 만들고 싶다면, 싱글 몰트 병에 다른 증류소에서 제조한 다른 싱글 몰트를 붓기만 하면 된다. 자, 홈메이드 블렌디드 몰트가 탄생했다!

블렌딩을 하는 이유

과거 싱글 몰트는 피트 향이 강하고 스모키한 것이 특징이었다. 이를 밀, 옥수수, 호밀 같은 다른 곡물로 만든 위스키와 섞은 이유는 더 '부드럽게' 만들어 접근 가능성을 높이기 위해서였다.

싱글 몰트를 블렌딩하면
보다 새로운 매력적인 위스키를
만들 수 있다.

오늘날의 싱글 몰트는 향미의 폭이 넓어서 싱글 몰트를 블렌딩하면 본연의 특징을 유지하면서도 보다 새로운 매력적인 위스키를 만들 수 있다.

싱글 몰트의 달콤함을 좋아하지만 색다른 모험을 즐기고 싶다면 블렌디드 싱글 몰트가 좋은 선택지가 되어줄 것이다.

누가 만들까?

몇 가지 주목할 만한 예외가 있지만, 대체로 대형 증류업자들은 블렌디드 몰트 위스키에 크게 투자하지 않는다. 대신 자체 증류소가 없지만 위스키를 캐스크째 구입해 자체 브랜드로 병입하는 독립병입업자들의 활약이 두드러지는 영역이다.

독립병입업자는 이러한 작업 방식을 통해 대형 증류소와 달리 위험을 감수하고 실험적인 블렌딩을 시도해볼 수 있다.

그 결과, 몽키 숄더와 더글러스 랭처럼 좋은 평가를 받는 제조사가 등장하면서 블렌디드 몰트 위스키는 꾸준한 인기를 얻고 있다.

타이완 위스키

타이완에 살지 않는 한, 여러분이 사는 동네 주류 판매점에서 타이완산 블렌디드 몰트를 발견하기란 쉽지 않다.

타이완은 블렌디드 몰트 위스키의 최대 시장으로, 난터우 증류소의 위샨 등 자체 제품도 생산한다. 블렌디드 몰트에 대한 이 나라의 관심은 1984년 난터우 증류소가 스카치 위스키를 수입해 자체적으로 블렌딩하면서 시작되었다. 난터우는 2008년부터 현지에서 생산한 위스키도 출시하기 시작했다. 이제 신흥 위스키 제조 강국으로 성장한 타이완은 뛰어난 싱글 몰트도 생산하는데, 카발란 솔리스트 비노 바리크는 2015년 세계 위스키 어워즈에서 '세계 최고'로 선정되었다.

▼ 글래스고 근처 글렌고인 증류소가 운영하는 자체 견학 프로그램인 '몰트 마스터 투어' 중에는 방문객들이 직접 위스키를 섞어볼 수 있는 시간도 마련되어 있다.

▲ 2016년 출시된 타이완산 블렌디드 몰트 위샨은 버번 캐스크와 셰리 캐스크에서 숙성된 위스키를 혼합했다.

비 하 인 드   스 토 리 …

나만의 스타일로 블렌딩하기

위스키를 블렌딩하는 것은 마치 신성모독 행위를 저지르는 것 같지만, 마스터 블렌더는 이를 직업으로 삼고도 멀쩡하다. 블렌딩은 수년 동안 수련 과정을 거쳐야 하는 기술이다. 그렇다고 해서 직접 해볼 수 없는 것은 아니다.

블렌딩의 기원

블렌딩은 1800년대 중반 피트 향이 강했던 싱글 몰트에 그레인 위스키의 가볍고 중립적인 향미를 더해 향미의 균형을 맞추기 위해 시작되었다.

시간이 지나며 블렌딩은 마스터 블렌더가 실험실과 같은 환경에서 자신의 감각과 더불어 특수 장비를 활용해 위스키를 혼합하는 과학으로 발전했다. 하지만 본질적으로 블렌딩의 목적은 개별 위스키보다 자신의 입맛에 더 잘 맞는 위스키를 만들어내는 것이다. 따라서 여러분이 마스터 블렌더든, 열정 넘치는 아마추어든 결과를 판단하는 기준은 똑같다. 최종적인 맛에 만족하는가?

블렌딩 키트

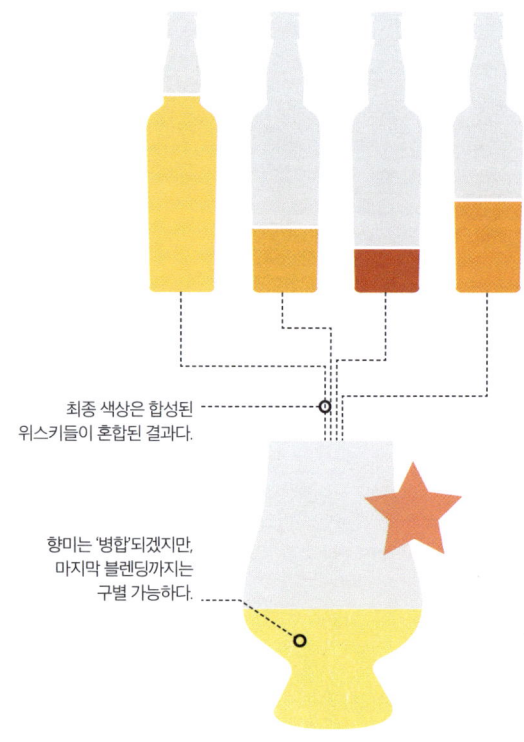

최종 색상은 합성된 위스키들이 혼합된 결과다.

향미는 '병합'되겠지만, 마지막 블렌딩까지는 구별 가능하다.

▲ **당신의 선택**
각 블렌드는 위스키의 개수와 비율을 직접 조절해 만든 100% 개인 맞춤화된 결과물이다.

블렌딩 작업에 필요한 준비물은 다음과 같다.

- 약 50ml 정도의 작은 계량컵
- 약 500ml 정도의 큰 계량컵
- 코르크/캡 뚜껑이 달린 빈 병 몇 개
- 눈금 피펫 1~2개
- 시음용 잔 6개
- 메모용 펜과 노트
- 접착식 라벨
- 중량감과 스타일이 다른 싱글 몰트 (최대 6개)
- 8~12년산 정도의 어린 싱글 그레인 위스키

모든 블렌딩 실험에 그레인 위스키가 반드시 필요한 것은 아니다. 다만 여기서는 위스키를 블렌딩할 때 탁월한 '베이스'가 되어주기 때문에 사용하는 것이다.

블렌딩하기

먼저 결정할 것은 어떤 스타일을 원하느냐이다. 아래의 예는 시작할 때 참고용으로, 세 가지 다른 스타일을 만들 때 필요한 위스키 혼합 비율을 정리한 것이다.

블렌딩에 규칙은 없다. 그러므로 창의력을 발휘해보자. 먼저 피펫을 사용해 가장 가벼운 스타일의 위스키를 작은 계량컵에 넣는다. 그리고 비율과 시향 결과를 기록하며 다른 위스키를 조금씩 추가한다.

만족스러운 향미를 얻으면 그 비율을 노트에 기록하고 이에 따라 큰 계량컵에서 블렌딩한다. 그런 다음 빈 병에 붓고 라벨을 붙이면 끝. 이제 음미할 차례다.

위스키는 향미가 결합하면서 병 안에서 변화한다(좋은 방향이길 기대한다). 다음에 비슷한 시도를 하면서 조정할 경우를 대비해 이 변화 과정은 꼭 기록해두어야 한다.

블렌딩이란
자신의 입맛에 더 잘 맞는
위스키를 만들어내는 것이다.

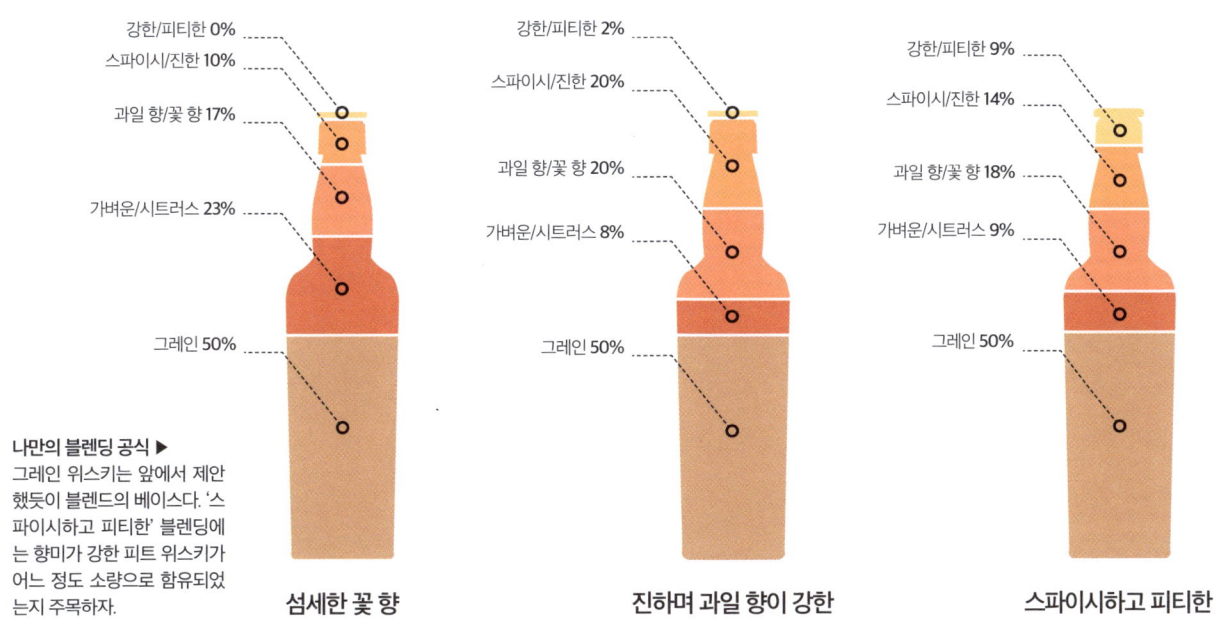

나만의 블렌딩 공식 ▶
그레인 위스키는 앞에서 제안했듯이 블렌드의 베이스다. '스파이시하고 피티한' 블렌딩에는 향미가 강한 피트 위스키가 어느 정도 소량으로 함유되었는지 주목하자.

시음 노트 06 / 20 | 스카치 위스키

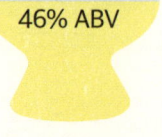

로크 로몬드 싱글 그레인

싱글 그레인 위스키
46% ABV

사실 '스카치 위스키'라는 종류는 없다.
스카치 위스키는 스타일과 향미, 맛이 다양하다.
여기서는 각 범주를 대표하는 위스키를 알아본다.

비슷한 스타일로는,
거반 '패턴트 스틸'

중량감
1

이 싱글 그레인은 맥아만을 원료로 하여 연속식 증류기로 제조한 것이다.

어떻게 해야 할까

이번 시음의 목표는 비교해보는 것이다. 대부분의 사람들은 여러 스카치 위스키를 비교해 시음하는 건 고사하고 다양한 스타일의 스카치 위스키가 존재한다는 사실조차 모른다. 몰트 위스키와 그레인 위스키는 상당히 다르므로 입안촉감과 피니시까지 잘 기록해두자.

무엇을 배울까

이번 기회를 통해 스카치 위스키가 얼마나 다양한지 알게 될 것이다. 그레인 위스키와 몰트 위스키의 큰 차이를 알아차리지 못한다면 감각이 둔하다고밖에 할 수 없다! 이번 시음은 위스키를 싫어하는 친구들과 함께하기에 완벽한 조합이다. 스카치 위스키, 아니 모든 위스키의 맛이 똑같지 않다는 사실을 깨닫게 될 테니 말이다.

 페일 골드

 달콤하고 신선한 시트러스가 달큰한 복숭아 통조림 향으로 이어짐

 가볍고 섬세한 맛으로 시작해 잘 익어 과즙이 풍부한 열대과일이 느껴짐

 시트러스와 크림 소다. 중간 길이의 피니시와 부드러운 입안촉감

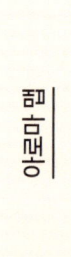

나무 향 / 과일 향 / 꽃 향 / 곡물 향 / 향신료 향 / 피트 향

 이건 어떨까? 노포크의 '파치드'

이번 시음은 위스키를 싫어하는 친구들과 함께하기에 완벽한 조합이다.

애런 10년산

섬 지역 생산 싱글 몰트

46% ABV

비슷한 스타일로는,
스카파 스키렌

| 중량감 2 | 1995년 설립된 스코틀랜드의 1세대 '뉴웨이브' 싱글 몰트 제조사. |

페일 골드

따뜻한 바닐라 향이 시트러스와
갓 딴 청사과 향으로 이어짐

청량하고 신선한 첫 느낌에 이어 가벼운
바닐라와 부드럽고 따스한 향신료의 맛

전반적인 시트러스 향이
가벼운 향신료의 느낌으로 마무리

이건 어떨까? 토마틴 12년산

컴퍼스 박스 '그레이트 킹 스트리트' 아티스트 블렌드

블렌디드 위스키

43% ABV

비슷한 스타일로는,
조니워커 블랙 라벨

| 중량감 3 | 컴퍼스 박스는 자체 증류소가 없는 블렌딩과 병입사다. |

연한 볏짚색

신선한 레드 베리류, 서양배 사탕,
아주 은은한 훈연향

베이크웰 타르트 위의
스파이시하고 스모키한 커스터드.
가볍고 은은하며 산뜻한 레몬

탄탄하게 균형 잡혔으며
꽤 섬세하고 드라이한 피니시

이건 어떨까? 커티삭 '프로히비션'

윔즈 '스파이스 킹' 12년산

블렌디드 몰트 위스키

46% ABV

비슷한 스타일로는,
더글러스 랭 '스캘리웩' 10년산

| 중량감 4 | 2014년 독립병입자 윔즈는 신생 증류소인 킹스반스에 투자했다. |

페일 골드

달콤짭짤한 캐러멜, 화이트 초콜릿,
향기로운 파인애플

입안을 가득 채우는, 향신료로 조리한
사과. 계피를 뿌린 따끈한 건포도빵

길고 드라이하며 후추향이 느껴지는
피니시

이건 어떨까? 컴퍼스 박스 '스파이스 트리'

아이리시 위스키

아이리시 위스키는 스카치 위스키와 거의 같은 방식으로 만들어지지만, 몇 가지 중요한 차이점이 있다. 그중 가장 중요한 것은 아이리시 위스키는 매시빌 상 맥아와 발아시키지 않은 보리를 함께 사용한다는 점이다. 그리하여 아일랜드만의 독특한 싱글 포트 스틸 위스키가 만들어졌다. 3회 증류 역시 아이리시 위스키만의 독특한 특징 중 하나로, 제임슨과 부시밀즈가 이런 공정을 거친다 (이런 방식을 따르는 스코틀랜드 증류소도 한두 곳 있다). 현재 아일랜드 전역에 새로 등장한 증류소들은 전통적 방식대로 싱글 포트 스틸 위스키의 재생산만을 고수하지 않고 각자의 노선에 따라 스카치 스타일을 선택하기도 한다. 이제 아일랜드 위스키 산업의 흥미로운 시대가 펼쳐지고 있다.

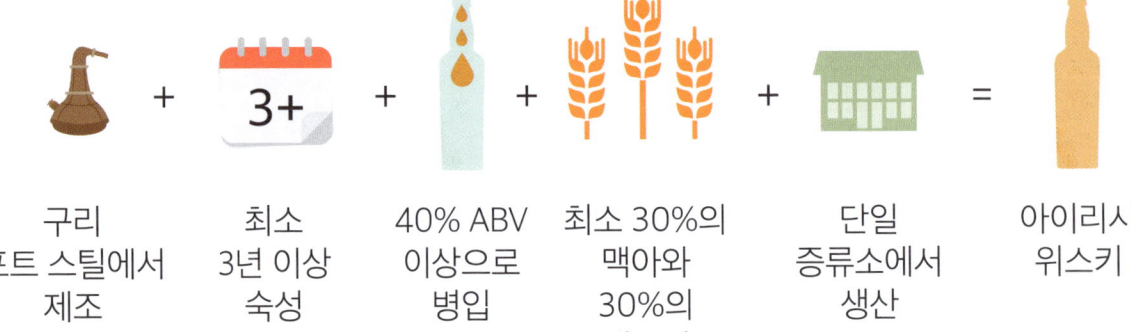

구리 포트 스틸에서 제조 + 최소 3년 이상 숙성 + 40% ABV 이상으로 병입 + 최소 30%의 맥아와 30%의 생보리 + 단일 증류소에서 생산 = 아이리시 위스키

▲ 아이리시 위스키
전통적으로 싱글 포트 스틸 위스키라고도 부른다. 스카치 위스키와 비슷하지만 몇 가지 큰 차이점이 있다.

아이리시 위스키란?

기본적으로 최근까지 아이리시 위스키와 싱글 포트 스틸(SPS) 위스키는 동의어였다. 근래에는 아이리시 위스키의 스타일이 다양해졌지만, 여기서는 아일랜드산 위스키의 대명사인 싱글 포트 스틸 위스키에 집중하겠다.

싱글 포트 스틸 위스키의 정체

위 그림은 아이리시 싱글 포트 스틸 위스키의 제조 방식을 요약한 것이다. '싱글'이라는 명칭이 붙은 다른 위스키와 마찬가지로 단일 증류소에서 전통적인 구리 포트 스틸로, 싱글 몰트 위스키와 같은 방식으로 제조되었다는 뜻이다.

위의 매시빌에서 보인 맥아, 생보리와 더불어 옥수수와 밀, 호밀 같은 곡물을 최대 5%까지 포함할 수 있다. 두 보리의 비율은 보통 50:50으로 한다.

생보리를 사용하는 이유

1785년 아일랜드에 맥아 세금이 도입되면서 많은 이가 감당할 수 없을 만큼 위스키 생산 비용이 상승했다. 이에 증류업자들은 이윤을 유지하기 위해 저렴한 생보리에 눈을 돌려 매시빌의 구성을 바꾸었다. 하지만 발효를 돕고 향미를 내기 위해 맥아도 일정 비율 유지했다.

이렇게 곡물을 추가해 만들어진 위스키는 싱글 몰트보다 더 향긋하고 부드러운 향미를 낸다.

성공과 쇠락

1800년대 초까지 아일랜드산 싱글 포트 위스키는 세계적으로 인기를 누렸다. 1835년 무렵에는 대략 93곳의 싱글 포트 스틸 증류소가 있었으며, 특히 더블린 위스키가 인기였다.

그러나 대규모 아이리시 위스키 제조업자들은 1800년대 중반 발명된 혁명적인 연속식 증류기를 받아들이려 하지 않았다. 이렇

최고급 싱글 포트 위스키는 굉장히 달콤하고 오일리하며, 풍부한 허브향이 느껴진다.

게 생산된 제품은 '진짜' 위스키가 아니라는 이유에서였다. 이와 더불어 대기근, 아일랜드 독립전쟁, 미국 금주법의 영향을 겪으며 아이리시 위스키에 대한 수요는 점차 감소했고, 마침내 1970년대에는 단 두 곳의 증류소만 남게 되었다.

다시 제자리로

2000년대 들어 싱글 포트 스틸 위스키가 부활하고 있다. 새로 생긴 증류소들은 아일랜드 위스키의 영광스러운 과거를 되돌아보며 다시 그 스타일로 증류하고 있으며, 싱글 몰트의 제조도 병행한다.

최고급 싱글 포트 스틸 위스키는 굉장히 달콤하고 오일리하며, 한마디로 표현하기 어려운 풍부한 허브향이 느껴진다. 그 특징을 알아내려면 늘 그렇듯 직접 시음해보는 것이 최선이다.

3차 증류

대부분의 위스키 역사에서 많은 사람이 보통 두 번 증류하는 스카치 위스키와 구분되는 아이리시 위스키만의 특징이 이 세 번째 증류라고 생각해왔다.

하지만 싱글 포트 스틸 위스키의 개성은 맥아와 생보리를 혼합해 세 차례 증류하면서 생겨난 것이라고 하는 편이 정확하다. 어쨌거나 세 번 증류하는 스코틀랜드 증류소도 있으니 말이다. 아일랜드와 스코틀랜드 둘 다 단식 증류기를 사용하고, 코크에 기반을 둔 제임슨 증류소에는 세계에서 가장 큰 단식 증류기가 있다(아래 사진).

◀ 2016년 출시된 **쿠퍼스 크로즈**는 제임슨의 수석 통 제조사(cooper) 게르 버클리의 솜씨를 기리기 위해 그의 이름이 붙은 제품이다.

시음 노트 07 / 20

'전통' 아이리시 위스키

부시밀즈와 제임슨은 아이리시 위스키의 부침을 함께 겪으며 굳건히 자리를 지켜왔다. 아일랜드가 '새롭게' 찾아온 위스키 붐을 즐기는 동안, 아이리시 위스키 업계의 이 두 기둥이 어떤 역할을 해야 하는지도 살펴볼 때다.

어떻게 해야 할까

북아일랜드의 부시밀즈는 맥아를 3회 증류하고, 아일랜드공화국의 제임슨은 맥아와 생보리를 3회 증류한다. 이번에는 전통적인 방법으로 생산된 아이리시 위스키의 맛을 탐험하는 시음이다. 왼쪽부터 오른쪽 방향으로 진행하자.

무엇을 배울까

오늘날 모든 아이리시 위스키 제조자들이 3회 증류를 하는 것은 아니다. 3회 증류하면 알코올 함량이 높아지고 향미 프로필은 가벼워진다. 여기서 2회 증류한 위스키와의 차이점을 감지해보자. 싱글 몰트와 싱글 포트 스틸 위스키는 크게 대비되는 특징이 있는데, 그 차이도 느껴보자.

> 3회 증류로
> 알코올 함량이 높아지고
> 향미 프로필은 가벼워진다.

부시밀즈 10년산
싱글 몰트 위스키
40% ABV

비슷한 스타일로는,
콰이어트 맨 10년산

중량감 2

2008년 아일랜드 은행은 새 지폐에 올드 부시밀즈 증류소 도안을 넣었다.

 페일 골드

 부드럽고 달콤한 벌꿀 향; 가볍고 향긋한 레몬과 풀내음

 싱싱하고 아삭한 사과; 약간의 향신료; 은은한 바닐라와 레몬 커드

 톡 쏘며 달콤쌉쌀함, 약간의 산도가 느껴지는 중간 정도 길이의 피니시

향미 프로필

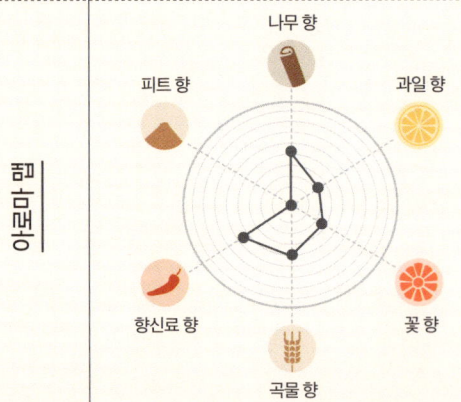

 이건 어떨까? 부시밀즈 16년산

부시밀즈 블랙 부시
블렌디드 위스키
40% ABV

비슷한 스타일로는, 부시밀즈 오리지널

| 중량감 3 | 부시밀즈는 제임슨의 그레인 위스키와 혼합한다. |

연한 호박색

톡 쏘면서 달콤하고 스파이시한 배 절임; 복숭아와 파인애플

잘 익은 붉은 과일; 블랙베리 크럼블과 커스터드; 약간의 산미와 후추

과일의 신맛과 톡 쏘는 맛이 기분 좋게 느껴지는 상당히 긴 피니시

미첼스 그린 스폿
싱글 포트 스틸 위스키
40% ABV

비슷한 스타일로는, 라이터스 티어스

| 중량감 2 | 코크에 위치한 제임슨의 미들턴 증류소에서 생산되는 싱글 포트 스틸 위스키. |

황금빛 볏짚색

향긋한 사과와 배 향이 버터 향이 돌면서 스파이시한 바닐라와 파인애플로 이어짐

열대과일과 오크 향, 약간의 산뜻한 민트가 편안한 느낌을 부여함

과일과 향신료의 여운을 남기는 가볍고 빠른 피니시

레드브레스트 12년산
싱글 포트 스틸 위스키
40% ABV

비슷한 스타일로는, 파워스 존스 레인 12년산

| 중량감 3 | 아이리시 위스키 어워즈에서 2013년 '올해의 위스키'로 선정. |

리치 골드

향기로운 허브 정원; 달콤하고 향긋한 로즈힙 꿀

모카커피와 마시멜로. 잘 익은 복숭아와 살구, 생크림

쌉쌀함이 감도는 가볍고 달콤한 피니시; 벨벳처럼 부드러운 입안촉감

이건 어떨까? 틸링 더 블렌드

이건 어떨까? 틸링 포트 스틸

이건 어떨까? 레드브레스트 15년산

북미 위스키

미국 위스키는 역동적이다. 언제나 혁신에 열정적이었고
300여 년에 걸쳐 위스키 제조 경험을 쌓아온 이 광대한 나라에는
앞으로 끌어내고 쌓아갈 노하우가 풍부하게 축적되어 있다.
버번은 미국 위스키의 상징이자 폭넓은 인기를 누리는
중요한 위스키지만, 이 외에도 다양한 미국 위스키가 존재한다.
옥수수, 호밀, 밀을 비롯해 몰트 위스키도 인기를 얻고 있다.
이러한 바람에 일조한 것은
마이크로 증류소와 크래프트 위스키의 성장세다.
테네시와 켄터키처럼 전통적인 위스키 산지의 입지는 여전하지만
이 자유의 땅 도처에 증류소가 생겨나고 있다.

미국 정부가 규정한 미국 위스키의 주요 종류는 다음과 같다.

증류. 스카치 생산자들은 그레인 위스키를 증류할 때 미국과 똑같이 연속식 증류법을 사용하지만 증류액의 알코올 함량 허용 수치가 미국은 80% ABV인 반면, 스코틀랜드는 94.8% ABV다. 이는 사소한 차이로 보이지만 알코올 함량을 높이기 위해 더 많이 정제하고 증류함에 따라 향미가 감소할 수 있다.

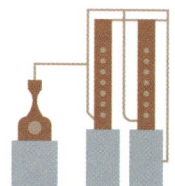

'미국' 위스키란?

미국 위스키라는 스타일은 없다. 다만 콘, 라이, 휘트 등의 종류가 있으며, 여기에서 여러 변종과 하위 범주가 파생된다. 그러면 어떻게 제조되고, 그 차이점은 무엇일까?

미국 위스키의 역사

1600년대 후반 스코틀랜드, 아일랜드, 독일인은 아메리카 대륙에 이주하자마자 위스키를 만들기 시작했다. 이 이민자들은 유럽의 증류주 제조 기술을 익숙한 곡물뿐 아니라 신세계에서 찾은 낯선 곡물에도 적용했다.

처음에는 조악한 단식 증류기를 이용해 가정에서 필요한 만큼만 만들었다. 증류기는 휴대가 가능해서 그 주인들이 뿌리내릴 곳을 찾아 대륙을 떠돌 때도 함께했다.

1800년대 중반 아일랜드인 아이네아스 코피의 '연속식' 증류법이 도입되면서 미국 위스키의 대규모 상업적 생산이 시작되었다.

미국 위스키의 종류

미국 법령에서 인정하는 다섯 가지 종류는 다음과 같다.

- 버번 위스키
- 라이 위스키
- 휘트 위스키
- 몰트 라이 위스키
- 콘 위스키

이상의 각 종류마다 '스트레이트'라는 하위 범주가 있는데, 대표적인 것이 '스트레이트 버번'이다. 이는 별도로 숙성연수를 표시하지 않았어도 병입된 증류주가 2년 이상 숙성되었다는 보증이자, 품질에 대한 '표식'이기도 하다. 물론 처음 도입되었을 때는 별도 범주화하려는 목적이었다.

저가형 주류 판매점을 대상으로 하는 종류도 많은데, '라이트 위스키'와 '블렌디드 위스키(여기서는 위스키의 철자에서 e를 빼고 표기한다)'가 대표적이다.

미국 위스키 중에서 잘 알려지지 않은 종류 중 하나가 '보틀드 인 본드(Bottled-in-bond)'다. 이는 1897년 아무런 불순물도 섞이지 않은 위스키임을 인증하기 위해 미국 정부가 도입한 제도다. 1800년대 후반 일부 증류업자들은 싸구려 곡물 증류주, 요오드, 심지어 담배까지 위스키에 섞었다. 보틀드 인 본드 위스키는 단일 증류소에서 생산되어 정부가

곡물. 미국 위스키에서 가장 많이 사용되는 곡물은 옥수수, 밀, 호밀이다. 최근 몰트 위스키 수요가 높아지면서 보리 사용도 증가하고 있다.

캐스크. 콘 위스키를 제외한 모든 미국 위스키는 차링한 새 오크 캐스크만 사용한다. 이는 최종 향미에 극적인 영향을 미친다.

기후. 미국의 덥고 건조한 기후는 캐스크에 담긴 증류액의 숙성을 가속화한다.

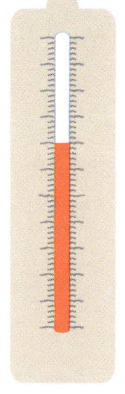

통제하는 창고(보세 창고)에서 최소 4년 이상 숙성되어야 한다. 이런 식으로 위스키를 생산한 제조자들은 구매자들에게 제품의 순수함을 입증할 수 있었다.

원산지를 강조하는 보틀드 인 본드 위스키가 크래프트 위스키 붐에 힘입어 재기의 움직임을 보이고 있다. 이와 함께 싱글 몰트처럼 미국 내에서 '비전통적인' 위스키도 최근 널리 생산되는 추세 속에서 '미국' 위스키의 정체성에 대한 의문이 확장되고 있다.

왜 'WHISKEY'일까?

어째서 아일랜드와 미국 업계는 whisky에 e를 넣는 표기를 선호하는지 아무도 정확한 이유는 모른다. 널리 알려진 설에 따르면 아일랜드인이 당시 '질 떨어지는' 스코틀랜드산 그레인 위스키와 구분하기 위해 철자를 바꾸었고, 미국이 이를 계승했거나 따라 했다는 것이다. 하지만 순전히 추측일 뿐이다. 믿거나 말거나.

▲ **규정**
미국 위스키는 유형에 따라 '해당' 곡물이 지정된 최소량 이상을 차지해야 한다. 버번과 콘 위스키의 가장 큰 차이점은 숙성 방식이다.

생산량은 얼마나 될까?

미국은 매년 약 3,700만 상자, 약 4억 4,400만 병의 위스키를 생산한다. 스코틀랜드의 연간 생산량 12억 병에는 못 미치지만 최근 미국 위스키는 그 어느 때보다 인기를 끌면서 매출이 성장하고 있다.

> 콘 위스키를 제외한
> 모든 미국 위스키는
> 차링한 새 오크 캐스크만 사용한다.

콘 위스키란?

미국 위스키의 대표격인 콘 위스키는 밀레니엄 이래 성장일로를 걷고 있다. 이는 가벼운 위스키를 선호하는 흐름과 더불어 미국 크래프트 위스키 시장이 급부상한 데 따른 영향도 빼놓을 수 없다.

콘 위스키의 정체

콘 위스키는 원료의 80% 이상이 옥수수여야 한다. 나머지는 밀이나 호밀 같은 곡물로 구성될 수 있다. 전통적으로 발효를 촉진하는 효소를 얻기 위해 약 10%의 맥아를 사용한다. 콘 위스키의 경우 반드시 숙성을 거칠 필요는 없지만 차링하지 않은 새 오크통이나 차링한 재사용 오크통에 보관되어야 한다. 콘 위스키를 차링한 새 오크통에 넣으면 버번이 된다.

위스키의 선구자

콘 위스키는 버번의 조상이다. 스코틀랜드와 아일랜드계 이민자들은 새 정착지의 위도가 고향보다 북쪽이었기에 처음에는 호밀을 이용해 위스키를 만들기 시작했고, 점차 남부와 서부로 이주하면서 현지에서 널리 재배되는 곡물인 옥수수가 주원료가 되었다.

현대의 미숙성 콘 위스키의 조상인 이 초창기 위스키는 맛을 내기 위해 과일이나 향신료를 더해 마시곤 했다.

콘 위스키와 버번은 동일하다?

콘 위스키와 버번은 밀접한 관계가 있다. 둘 다 옥수수가 주원료이며 증류 방식도 동일하다. 큰 차이점은 보관 방식이다. 미국 법령에 따라 버번은 반드시 새 오크통에 보관·숙성되어야 하며, 콘 위스키는 이러한 제한이 없다. 그래서 소규모의 크래프트 위스키 제조자들은 콘 위스키를 선호하는데, 이 법령에 따르면 콘 위스키는 증류 즉시 음용이 가능하므로 시장에 빠르게 출시할 수 있기 때문이다.

어떤 맛일까?

콘 위스키는 숙성 제한 규정이 유연하고 다른 곡물도 혼합되기 때문에 특징적인 향미를 정확히 표현하기 어렵다. 오크통 숙성을 거치지 않으면 산뜻하고 달콤하며, 버터 맛이

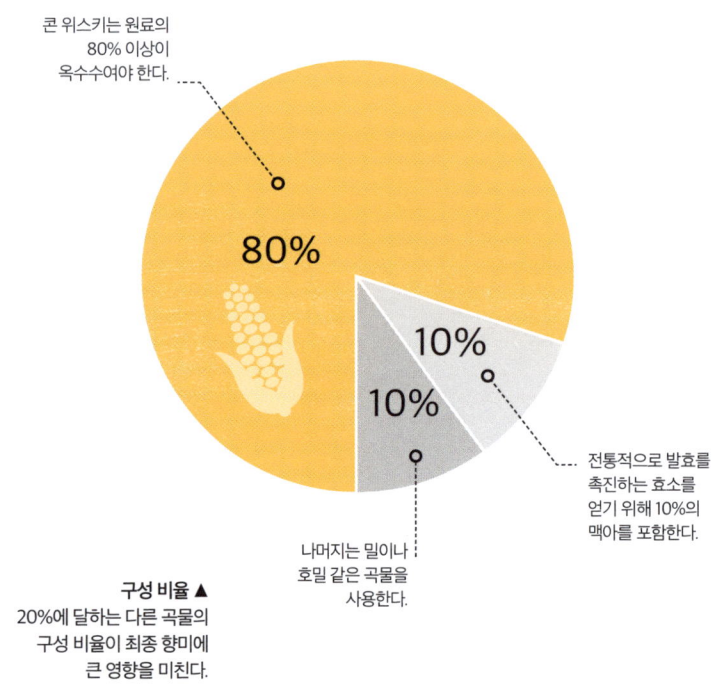

구성 비율 ▲
20%에 달하는 다른 곡물의 구성 비율이 최종 향미에 큰 영향을 미친다.

- 콘 위스키는 원료의 80% 이상이 옥수수여야 한다.
- 나머지는 밀이나 호밀 같은 곡물을 사용한다.
- 전통적으로 발효를 촉진하는 효소를 얻기 위해 10%의 맥아를 포함한다.

느껴지기도 한다. 반면 오크통에서 2년여의 숙성을 거치면 달콤하지만 더 복잡하고 알싸한 향미가 난다.

어떤 옥수수를 사용할까?

콘 위스키는 시중에서 흔히 볼 수 있는 노란색 옥수수로 만드는 것이 아니다. 그 옥수수는 발효되기에는 수분 함량이 높고 녹말은 부족하다. 대부분의 콘 위스키는 백옥수수로

▲ 버번은 반드시 차링한 새 캐스크에서 보관되어야 한다. 콘 위스키는 재사용 캐스크나 차링하지 않은 캐스크 모두 가능하다.

만드는데, 일부 크래프트 증류소에서는 청옥수수나 홍옥수수 같은 다른 품종으로 실험을 하기도 한다. 옥수수의 색이 위스키의 색에 영향을 미치진 않지만 미세하게 다른 향미를 만들어낸다. 와인 스타일에 따라 다른 포도 품종을 사용하는 것과 크게 다르지 않다.

> ### 옥수수의 색
>
> 콘 위스키가 처음 제조되던 시절, 불법 밀주 '문샤인'이라고도 불리던 콘 위스키는 색이 없이 투명해서 '화이트 위스키'로 널리 알려졌다.
>
> 위스키를 포함해 갓 증류된 모든 알코올은 맑고 색이 없으며, 이론적으로는 바로 병입할 수 있다. 콘 위스키의 색은 오크통에서 보낸 시간과 비례한다. 색이 짙을수록 배럴에서 오랜 숙성을 거친 것이다.

**콘 위스키와 버번은 밀접한 관계가 있다.
둘 다 옥수수가 주원료이며 증류 방식도 동일하다.**

버번은 미국에서 생산되는 술이며, 옥수수와 다른 곡물(주로 호밀, 가끔 밀)로 구성된 매시빌에 따라 제조된다.

51%

매시빌 상 51% 이상의 옥수수를 원료로 해야 한다.

단식 증류기나 연속식 증류기에서 증류되며, 이 둘을 혼합해 사용하기도 한다. 보통은 연속식 증류법을 따르지만, 많은 증류소들이 단순한 단식 증류기(혹은 더블러)에서 2차 증류를 한다.

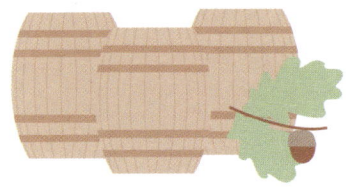

차링한 새 오크통에서 숙성해야 한다.

버번 위스키란?

보통 미국 위스키라면 버번을 떠올린다. 버번은 무엇이고, 어디에서 어떻게 생산되며, 다른 미국 위스키와는 어떻게 다를까? 이를 이해하면 버번이 어떻게 전 세계적인 인기를 누리게 되었는지 알 수 있을 것이다.

버번의 역사

프랑스 부르봉 왕가는 한때 프랑스 식민지였던 미국 남부에 흔적을 남겼다. 뉴올리언스의 버번 스트리트나 켄터키의 버번 카운티가 바로 그것이다. 이들 지역은 19세기 후반 최초로 근대적 형태의 버번 위스키를 제조한 뒤 (정확하진 않지만) 미국 다른 지역에서 생산된 라이 위스키와 구별하기 위해 해당 제품에 이 지역의 이름을 붙였을 것이다.

기원만큼이나 수수께끼로 남아 있는 것은 누가 차링한 새 오크통에 보관할 생각을 했느냐이다. 아마도 토스팅한 캐스크에 코냑을

◀ 버번에는 다양한 향미가 있다. 미국의 베스트셀링 위스키 중 하나인 메이커스 마크는 진한 달콤함이 특징이다.

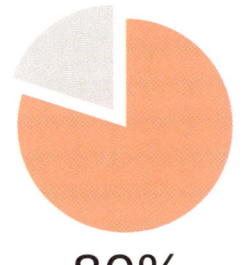
80%
증류액은 80% ABV 이하여야 한다.

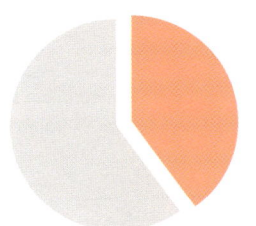
40%
병입된 제품은 40% ABV 이상이어야 한다.

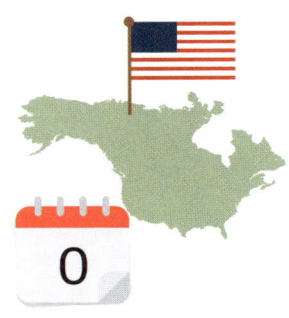
0
'스트레이트' 위스키를 제외하고, 지켜야 할 최소 숙성연한 규정이 없다.

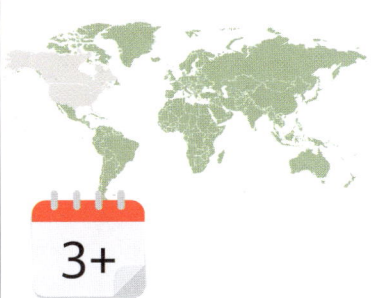
3+
EU에서는 3년 이상 숙성해야 하며, 그 외 지역은 규정이 다양하다.

숙성시킨다는 것을 알고 있던 프랑스 이민자 후손들이 그 노하우를 버번에 적용했을 것으로 추정된다. 다양한 향미가 있지만, 강하게 차링한 새 오크통을 사용하면 버번 특유의 매우 달콤하고 풍성하며, 스파이시하면서도 바닐라 향이 짙은 향미가 형성된다.

테네시 위스키

켄터키의 이웃인 테네시 주는 많은 이가 버번이라고 착각하는 위스키를 생산한다. 세계에서 가장 많이 팔리는 미국 위스키인 잭 다니엘스를 비롯한 테네시 위스키는 숙성 전 숯 여과 과정을 거치기 때문에 버번보다 더 부드럽고 '순수한' 향미를 낸다고 한다. 이를 '링컨 카운티 공정'이라고 부르는데, 2013년부터 버번 생산과 차별화하기 위해 미국 법으로 성문화되었다. 이 공정을 거치지 않는 테네시 위스키는 버번이라고 부를 수 있다.

전통과 신흥 제조사들

켄터키는 버번의 '고향'으로, 짐 빔과 헤븐 힐의 생산량이 미국 위스키 생산량의 절반을 차지한다. 그러나 크래프트 증류소가 성장하면서 미국 전역에서 버번이 생산되고 있다. 많은 '최고의' 버번 리스트는 뉴욕, 시카고, 유타, 미시건, 오하이오 등 미국 남부와 멀리 떨어진 지역에서 선정된 것이다.

이제 버번은 켄터키, 아니 '남부'에서만 생산되는 술이 아닌, 전역에서 생산되는 진정한 미국의 술이 되었다.

> 켄터키는 버번의 '고향'으로, 짐 빔과 헤븐 힐의 생산량이 미국 위스키 생산량의 절반을 차지한다.

버번의 이모저모

1964년 미국 의회는 버번이 미국 '고유의' 증류주임을 선언했다. 이 덕분에 버번 증류소와 미국 경제가 수혜를 입었다.

켄터키 주의 증류소 수가 2009년부터 2018년 사이에 8개에서 68개로 증가했고, 켄터키 주에서만 약 2만 명이 위스키 관련 기업에 고용되었다. 이는 미국 전체 증류주 업계 일자리의 3분의 1에 해당하는 수치다.

세계에 유통되는 버번의 95%가 켄터키 주에서 생산된다. 2018년에는 170만 배럴이 생산되었는데, 최근 50년간 가장 높은 수치다. 2017년에는 미국 위스키 매출이 8.1% 증가한 34억 달러를 기록했다.

비 하 인 드 스 토 리 …

캐스크

캐스크는 위스키 생산에 있어서 절대적으로 중요한 요소다. 캐스크가 위스키 맛에 영향을 미치지 않았더라면 위스키의 세계는 매우 달라졌을 것이다. 그렇다면 캐스크는 무엇으로 만들며, 위스키에 잘 어울리는 캐스크를 만들기 위해 원자재를 어떻게 이용하는지 알아보자.

▲ 아메리칸 화이트 오크. 다 자란 참나무가 미주리와 아칸소, 오클라호마에 걸쳐 있는 오자크 산에서 벌채되고 있다.

새 아메리칸 오크 캐스크

새 오크 캐스크의 주요 시장은 미국이며 버번과 라이, 휘트 위스키 제조 과정에 사용된다. 이 세 종류의 위스키는 법적으로 아메리칸 화이트 오크로 만들어 내부를 차링한 새 캐스크에만 보관해야 한다. 갓 차링된 캐스크에서 나오는 바닐린과 리그닌 성분은 켄터키의 뜨겁고 건조한 기후와 어우러져 버번 스타일 위스키에 달콤하고 스파이시하며 강렬한 향미를 만들어낸다. 반대로 스카치 스타일 위스키 제조자들은 새 오크통이 향미에 강한 영향을 미치므로 거의 사용하지 않는다.

한 번 이상 사용된 버번 캐스크

스카치, 스카치 스타일, 아이리시 위스키 증류소는 사용된 버번 캐스크의 큰 고객이다. 미국 위스키 제조자가 캐스크에서 강한 향미를 추출해냈지만 미묘한 잔여물이 다량 남는다. 버번 캐스크에 처음으로 담는 것을 '퍼스트 필'이라고 하며, 한 차례 숙성과 병입 과정을 거친 캐스크에 다시 담는 것을 '세컨드 필'이라고 한다. 그리고 향미에 영향을 미치는 캐스크의 성분이 모두 우러나올 때까지 사용한다. 재사용된 캐스크는 주기적으로 다시 차링해 되살려내기도 한다.

유러피언 오크와 와인 캐스크

셰리 캐스크에서 숙성된 스카치는 스파이시하고 풍성해 버번 캐스크에서 숙성된 것과는 상당히 다른 향미를 자랑한다. 셰리 캐스크는 주로 유럽산 로부르참나무를 사용하지만 아메리칸 오크의 사용도 증가하고 있다. 차링보다는 주로 토스팅 처리하는데, 숙성 과정 동안 나무에 배어든 셰리 향을 보존하기 위해서다. 이 잔여물은 셰리 캐스크에서 숙성되는 위스키의 향미에 영향을 미친다. 똑같은 원리가 포트와인, 마데이라 와인,

그 밖의 와인 캐스크에도 적용된다.

셰리 캐스크가 비싸기 때문에 버번 캐스크에서 최대 10년까지 1차 숙성한 뒤 셰리 캐스크에서 6~24개월 동안 마무리 숙성을 거치기도 한다. 그러면 위스키에 향미를 부여하면서도 셰리 캐스크의 사용 기간을 늘릴 수 있다. 이를 '우드 피니싱' 또는 '2차 숙성'이라고 한다.

일본산 오크

'미즈나라 오크'라고도 불리는 일본산 오크는 달콤하고 향긋한 향이 특징이다. 하지만 향이 오래 지속되지 않으므로, 스코틀랜드에서 버번과 셰리 캐스크로 2차 숙성을 거치듯 이 오크통은 마무리 숙성에 이용하는 경우가 많다.

◀ 점검 중인 버번 캐스크. 일단 버번 제조의 임무를 다한 캐스크는 대부분 스코틀랜드로 가서 몰트와 그레인 위스키 숙성에 사용된다.

캐스크의 형태와 크기

혹스헤드, 버트, 파이프 같은 말을 들어봤겠지만 캐스크 사이즈를 뜻하는지 모르는 이들이 많다.

통 크기에 따라 8개의 '표준'이 있는데, 보통 다음 네 가지가 가장 많이 사용된다.

200리터 (44갤런)
아메리칸 스탠더드 배럴
(미국, 기타 국가)

250리터 (55갤런)
버번 혹스헤드
(스코틀랜드, 아일랜드, 기타 국가)

500리터 (110갤런)
셰리 버트
(스코틀랜드, 아일랜드, 기타 국가)

600리터 (132갤런)
포트 파이프
(스코틀랜드, 아일랜드, 기타 국가)

시음 노트 08 / 20

버번

이번에는 개성이 다른 네 가지 버번을 탐색하면서
미국 위스키의 대표이자 가장 잘 팔리고 있는
이 위스키의 특징과 맛을 이해하는 시간을 가져보자.

어떻게 해야 할까

버번은 제조와 숙성 방식 때문에 스코틀랜드 싱글 몰트보다 '지역적' 특징이 덜하지만, 차이는 존재한다. 이번에 시음할 버번은 왼쪽부터 오른쪽으로 하나는 밀, 둘은 옥수수, 나머지는 호밀의 특징이 강하다. 시음 후에는 얼음을 추가해 마셔보자. 원래 버번은 그렇게 마시는 술이다.

무엇을 배울까

이 위스키들은 모두 강렬하기 때문에 향미를 분석해 특징을 찾아내는 게 쉽진 않다. 그러니 각 제품 간의 차이가 잘 느껴지지 않아도 걱정할 필요 없다. 버번은 본질적으로 비슷하지만 저마다 개성이 있다. 우리는 그 미세한 차이를 즐겨보려는 것이므로, 미각이나 위스키를 찬찬히 느껴보면 된다.

> 버번은 본질적으로
> 비슷하지만
> 저마다 개성이 있다.

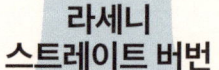

라세니 스트레이트 버번

켄터키 주 바즈타운

46% ABV

비슷한 스타일로는, 메이커스 마크

중량감 3 | 옥수수 68%, 밀 20%, 맥아 12%

 연한 호박색

 부드러운 아니시드; 달콤하고 절제된 바닐라와 향신료. 가볍게 스치는 산뜻한 나뭇잎 향

 감초를 씹는 듯한 달콤쌉쌀함; 말린 허브; 섬세하게 잘 배합된 향신료

 꽤 드라이하지만 톡 쏘면서도 산뜻하며 중간 길이의 피니시

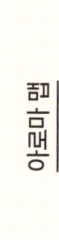

나무 향 · 과일 향 · 꽃 향 · 곡물 향 · 향신료 향 · 피트 향

 이건 어떨까? 올드 피츠제럴드 1849

조지 디켈 NO.12 테네시 위스키	믹터스 US*1 버번	포어 로제스 SB 버번
테네시 주 툴라호마	켄터키 주 루이빌	켄터키 주 로렌스버그
45% ABV	50% ABV	50% ABV
비슷한 스타일로는, 잭 다니엘스 젠틀맨 잭	비슷한 스타일로는, 에반 윌리엄스 싱글 배럴	비슷한 스타일로는, 불릿 버번
중량감 3 / 옥수수 75%, 호밀 13%, 맥아 12%	중량감 4 / 옥수수 79%, 호밀 11%, 맥아 10%	중량감 4 / 옥수수 60%, 호밀 35%, 맥아 5%
광택낸 구리색	짙은 호박색	황금빛 호박색
구운 마시멜로; 새콤한 체리; 미세한 구두약 향!	가벼운 매니큐어 향; 달콤한 초콜릿과 캐러멜; 은은한 향신료	짙은 당밀, 식후 입가심용 민트; 후추; 꽃; 크리미한 코코아
톡 쏘는 신맛이 강한 체리, 씁쓸한 다크 초콜릿과 백후추	시가 연기; 알코올에 담근 체리와 댐슨자두; 크림을 얹은 에스프레소	스파이시한 과일 절임에 이은 민트 초콜릿과 드라이한 흑후추
짧고 달콤하며 후추 맛이 느껴지는 피니시	길고 스파이시한 피니시; 오일리하고 향이 풍부한 입안촉감	길고 드라이한 피니시; 풍부한 향신료 향미가 입안에 감돈다.

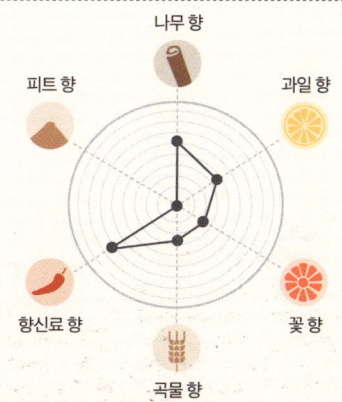
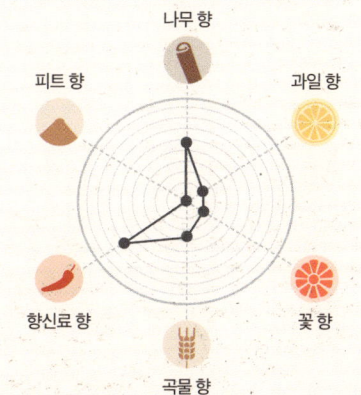

이건 어떨까? 잭 다니엘스 싱글 배럴   **이건 어떨까?** 일라이자 크레이그 스몰 배치   **이건 어떨까?** 우드포드 리저브

라이 위스키는 캐나다, 덴마크, 네덜란드, 독일에서도 제조되지만 대표 산지는 미국이다. 미국의 환경적 특성에 초점을 맞춘 것이기 때문이다.

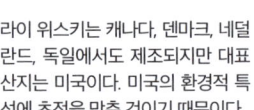

라이 위스키는 호밀과 다른 곡물(보통 옥수수와 맥아)로 구성된 매시빌에 따라 만든다. 매시빌 상 호밀의 비율은 51% 이상이어야 한다.

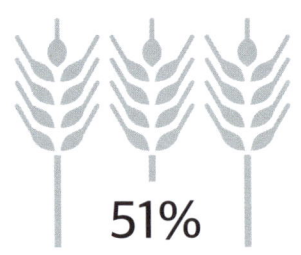

단식 증류기나 연속식 증류기를 사용하며, 둘을 조합해 사용하기도 한다.

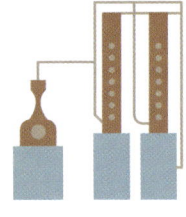

차링한 새 오크통에서 숙성되어야 한다.

라이 위스키란?

최근까지 버번과 다른 미국 위스키들과의 관계는 그리 좋지 않았다. 하지만 현대식 라이 위스키 제조자들의 성장과 더불어 그 어느 때보다 우호적인 관계를 이어가고 있다.

라이 위스키의 역사

라이 위스키는 유럽 이주민들이 미국에 정착해 만든 최초의 위스키다. 호밀은 냉대 기후에서 잘 자라는데, 펜실베이니아와 메릴랜드 같은 북동부 지역이 호밀 농사에 적합한 환경이었다. 유럽에서는 호밀이 널리 재배되는 작물이라 이주민 대부분은 호밀 농사를 해본 경험이 있었다. 강 이름을 딴 머논가힐라 라이 위스키는 펜실베이니아 지역에서 유래했으며 매시빌에 호밀이 많이 들어간다. 메릴랜드 라이 위스키는 이보다 옥수수 비중이 높아 더 가볍고 달콤하다.

버번은 오늘날 미국을 대표하는 위스키로 여겨지지만, 라이 위스키야말로 미국 고유의 위스키로 많은 인기를 누리는 술이다. 조지 워싱턴 대통령도 1797년 버지니아 주 마운트 버논의 사유지에서 직접 라이 위스키를 제조했으며, 그 장소는 오늘날 그대로 복원되어 있다.

라이 위스키의 몰락

1791년 북동부 지역의 주류에 특별소비세가 부과되면서 이 지역의 라이 위스키 제조업자들은 켄터키 주로 생산을 전환할 수밖에 없었다. 1800년대 들어서 미국의 옥수수 농가는 농업보조금 혜택을 받았지만, 호밀 농가는 대상에서 배제되었다. 호밀 생산은 1920년 금주법이 도입되면서 더 큰 타격을 입었다. 불법으로 술을 마셔야 했던 미국 술꾼들이 법을 피해 손에 넣을 수 있는 술은 더 가벼운 스카치, 캐나디안, 블렌디드 아메리칸 위스키였다. 이런 시간을 거쳐 1933년 금주법

▲ **조지 워싱턴**은 미국 대통령직에서 은퇴하던 해 상업적인 라이 위스키 증류 사업을 시작했다.

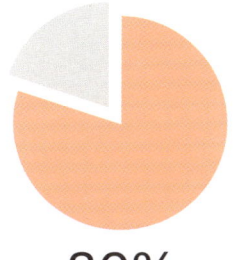
80%
증류액은 80% ABV 이하여야 한다.

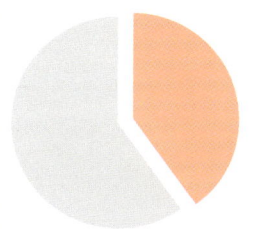
40%
40% ABV 이상으로 병입되어야 한다.

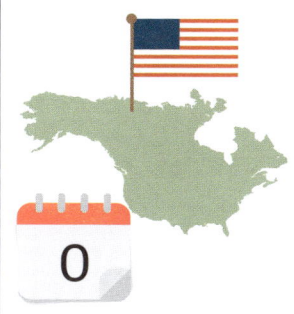
0
미국과 캐나다에는 최소 숙성연한 규정이 없다.

3+
EU에서는 3년 이상 숙성해야 하며, 규정은 다양하다.

버번은 오늘날 미국을 대표하는 위스키로 여겨지지만, 라이 위스키야말로 미국 고유의 위스키로 많은 인기를 누리는 술이다.

이 폐지되었을 때 라이 위스키는 이미 대중의 관심에서 벗어난 지 오래였다.

라이 위스키의 부활

오늘날 라이 위스키는 다시금 소비자들의 관심을 받고 있는데, 이는 미국에 국한되지 않는다. 크래프트 위스키 제조자들이 그 길을 닦았고, 켄터키의 대형 증류소들이 그 뒤를 따랐다.

그렇다고 해도 라이 위스키가 과거처럼 버번이나 테네시 위스키의 아성을 위협할 만큼 성장할 것 같지는 않지만, 이 역사적인 미국 위스키의 대표적 특징인 후추 향미와 흙 내음이 다시 소비자의 미각을 자극하게 되었다는 사실은 대단한 의미가 있다.

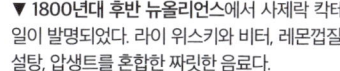
▼ 1800년대 후반 뉴올리언스에서 사제락 칵테일이 발명되었다. 라이 위스키와 비터, 레몬껍질, 설탕, 압생트를 혼합한 짜릿한 음료다.

시음 노트 09 / 20

라이 위스키

라이 위스키는 미국에서 주로 마시지만, 아메리카 대륙 밖에서도 인기가 높아지고 있다. 이번에는 이 스파이시하고 흥미로운 위스키의 향미를 탐색해보자.

어떻게 해야 할까

라이 위스키의 인기가 높아지고 있는 지금, 아직까지 이 위스키를 맛보지 못했다면 지금이 바로 적기다. 특히 과거 어느 때보다 미국 밖에서 라이 위스키를 구하기 쉬운 시대이니 말이다. 원액의 향과 맛을 느낀 뒤 얼음을 넣어도 좋다. 이런 식으로 마시도록 만들어진 술이니까.

무엇을 배울까

이번에 시음할 위스키들은 그 차이를 알아차리기 쉽지 않을 수도 있다. 그러나 걱정 마라. 경험이 풍부한 이들에게도 어려운 일이니 말이다. 우선은 라이 위스키의 공통적인 독특한 특징인 매콤하고 알싸한 향미를 알아차리는 데 집중하자. 이러한 지배적인 향미 외에 다른 향미를 감지하기까지는 시간이 걸릴 것이다.

라이 위스키는 공통적으로 매콤하고 알싸한 향미를 갖는 독특한 '계열'이다.

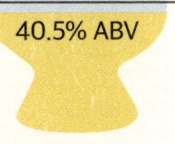

와일드 터키 라이 위스키

켄터키 주 로렌스버그

40.5% ABV

비슷한 스타일로는, 파이크스빌 라이

| 중량감 3 | 호밀 51%, 옥수수 37%, 맥아 12% |

👁 연한 호박색

👃 라이 위스키 특유의 매콤 알싸한 향을 배경으로 느껴지는 크리미한 바닐라와 시트러스

👄 은은하고 드라이하며 후추 향. 달콤한 과일과 부드러운 바닐라

 달콤한 바닐라 향이 오래 지속되는 중간 길이 피니시

향미 평가

 이건 어떨까? 피어리스 라이

리튼하우스 보틀드 인 본드 스트레이트 라이	FEW 스피리츠 라이 위스키	리저부아 라이 위스키
켄터키 주 바즈타운	일리노이 주 에반스턴	버지니아 주 리치먼드
50% ABV	46.5% ABV	50% ABV
비슷한 스타일로는, 캐톡틴 크릭 라운드스톤 라이 92	비슷한 스타일로는, 러셀스 리저브 6년산	비슷한 스타일로는, 소노마 디스틸링 Co. 라이
중량감 4	중량감 4	중량감 5
호밀 51%, 옥수수 35%, 맥아 14%	호밀 70%, 옥수수 20%, 맥아 10%	호밀 100%
연한 호박색	짙은 호박색	황갈색
달콤하며 알코올 향이 느껴지는 댐슨자두. 바닐라 향이 은은하게 감도는 민트와 시트러스	향긋하고 복합적인 견과류. 마지팬. 달콤함과 균형을 이루는 부드러운 시트러스	풍부하고 향긋한 향신료. 계피, 아니시드. 강렬한 딸기 콩포트
부드러운 견과류에 이어 느껴지는 티라미수; 다크 칠리 초콜릿 코코넛. 백후추	레몬 커드; 산뜻한 민트 혹은 유칼립투스. 카다멈, 구운 아몬드, 후추	입안을 가득 채움. 후추 맛과 균형을 이루는 갓 구운 달콤한 잼도넛 맛
길고 산뜻한 피니시. 벨벳처럼 부드러운 입안촉감	길고 복합적인 피니시. 달콤함과 드라이함의 적절한 균형감	긴 피니시와 함께 과일의 산미에 후추 향이 가볍게 감도는 오일리함

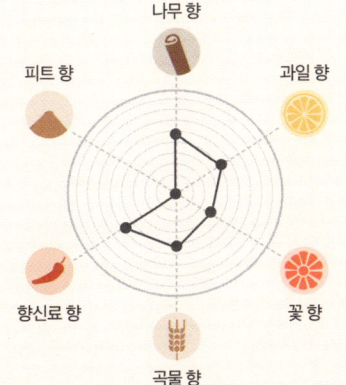

이건 어떨까? 잭 다니엘스 라이 | 이건 어떨까? 뉴욕 래그타임 라이 | 이건 어떨까? 코발 라이

◀ 온타리오의 딜런스는 라이 위스키 '쓰리 오크스'를 세 종류의 오크 캐스크에서 3년 이상 숙성시킨다.

캐나다와 유럽의 라이 위스키

라이 위스키는 미국 위스키일까? 그렇다. 하지만 미국에 독점권이 있지는 않다. 캐나다와 유럽 위스키 업계에도 라이 위스키의 오랜 역사가 있으며, 최근 인기를 얻고 있다.

캐나디안 라이 위스키

캐나다는 1700년대 후반, 유럽에서 온 이민자들이 럼을 증류하면서 증류주 생산의 역사가 시작되었다. 이민자들이 서쪽으로 이주하면서 위스키를 주로 생산하게 되자, 카리브해 지역으로부터의 럼 생산용 당밀 수입은 점차 쇠퇴하게 되었다.

밀은 원래 가볍고 단맛을 내는 성질 때문에 선택적으로 사용하던 곡물이었는데, 좀 더 개성 있는 술을 찾던 술꾼들의 요청에 따라 알싸한 맛을 내는 호밀이 점차 레시피에 도입되었다. 그리고 이 술이 '라이 위스키'로 불리기 시작했고, 캐나다 위스키에 있어서 엄밀히 따졌을 때 캐나디안 라이 위스키가 곧 캐나다 위스키가 되었다.

공식적으로 캐나디안 라이 위스키는 곡물로 구성된 매시빌에 따라 '스몰 우드'에서 3년 이상 숙성되어야 하는 증류주로 규정되어 있다. 하지만 흥미롭게도 미국과 달리 매시빌 상 호밀의 비중이 높을 필요가 없기 때문에 캐나다 위스키는 호밀 함량이 매우 다양하다.

미국으로

이와 상관없이 캐나디안 라이 위스키는 미국

캐나디안 라이 위스키는
미국 위스키 술꾼들의 사랑을 받으며,
미국 내에서 미국산 위스키보다 더 많이 팔리고 있다.

> **산지에서 재배한 호밀?**
>
> 라이 위스키 중 와일드 터키보다 미국적인 것은 없다.
>
> 마개를 열고 향을 맡아보라. 켄터키 라이 위스키의 특징이 고스란히 느껴진다. 그런데 놀랍게도 와일드 터키는 독일산 호밀을 수입해 만든다. 이러한 사실이 크래프트 위스키 붐과 더불어 독일 위스키 제조자들이 산지의 호밀로 자체 라이 위스키 생산을 시작하는 데 일조했을 것이다.

위스키 술꾼들의 사랑을 받으며 금주법 시기는 물론이고 그 후에도 미국 내에서 미국산 위스키보다 더 많이 팔리고 있다. 이는 덜 강렬하고 가벼운 캐나다 위스키의 특징 때문으로, 특히 금주법 시대 이후 개발된 칵테일 레시피에 활용되기에 적합했던 것이다.

유러피언 라이 위스키

아마도 최초의 라이 위스키는 유럽에서 제조되었을 것이다. 호밀의 원산지가 유럽인 만큼, 미국이나 캐나다보다 훨씬 전부터 호밀을 증류했다. 호밀은 다른 작물에 비해 가혹한 기후와 질병에 강하다. 그럼에도 널리 인기를 얻지 못한 이유는 맥아를 베이스로 한 스코틀랜드와 아일랜드 위스키가 세계를 지배하면서 설 자리를 잃었기 때문일 수도 있다.

취급주의

호밀은 다루기 어려운 곡물로도 악명이 자자하다. 제대로 다루지 않으면 끈적한 덩어리가 되어 증류를 할 수 없게 된다. 와인 용어로 말하자면 다루기 까다로운 위스키계의 피노 누아인 셈이다.

그러나 이러한 어려움에도 불구하고, 북미 이외의 지역에서 라이 위스키가 부활하고 있다. 유럽의 증류업자(심지어 스코틀랜드에도 일부 있다)들은 이러한 위험을 감수할 만하다고 판단했다. 오스트리아의 J. H. 디스틸러리는 지난 20여 년간 라이 위스키를 생산해왔고, 독일의 스프리우드도 그 대열에 합류했다. 옥스퍼드 아티잔 디스틸러리(TOAD)와 노포크의 잉글리시 위스키 Co. 등의 잉글랜드 증류소 또한 호밀로 실험하고 있다. 위스키의 맛이 계속해서 다양해지고 새로워지면서 라이 위스키가 이러한 변화의 수혜를 입은 것이다.

◀ 노포크 라우담의 세인트 조지스 디스틸러리는 2017년 한정판 호밀 베이스의 싱글 그레인 몰트 앤 라이를 출시했다.

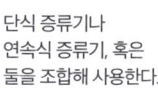

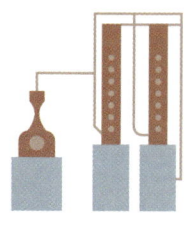

단식 증류기나 연속식 증류기, 혹은 둘을 조합해 사용한다.

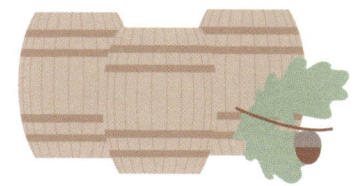

차링한 새 오크 배럴에서 숙성해야 한다.

밀은 스코틀랜드 그레인 위스키에 주로 사용되는 원료지만, 여기서 주목하는 것은 미국의 휘트 위스키다.

휘트 위스키는 밀과 다른 곡물(주로 옥수수와 맥아)로 구성된 매시빌을 따르며, 매시빌 상 밀 함유량이 51% 이상이어야 한다.

휘트 위스키란?

버번이나 라이 위스키와 달리, 휘트 위스키는 비교적 새로운 개념으로 미국 내 크래프트 증류소의 성장과 더불어 발전했다. 그리고 전통적인 위스키 제조사들도 동참하면서 그 인기가 높아지고 있다.

휘트 위스키의 역사

매시빌 상 밀의 비중이 높은 위스키를 상업적으로 생산한다는 생각은 최근에 대두되었지만 밀은 오랫동안 미국 위스키, 특히 버번의 원료로 사용되어왔다.

밀이 옥수수나 호밀만큼 널리 사용되지 않은 주된 이유는 가격이 비싸기 때문이다. 게다가 밀가루와 빵에 대한 수요가 높았기 때문이기도 하며, 지금도 그렇다. 위스키는 원래 남은 곡물로 만들어진 농업의 부산물이었다는 점을 기억하자. 농부 입장에서 밀처럼 귀한 곡식을 위스키 만드는 데 '낭비'한다는 건 비상식적인 일이었을 테니까.

◀ 밀은 1에이커당 약 1톤이 수확되며, 톤당 최대 400리터의 위스키가 생산된다. 이는 750ml 위스키 533병에 달하는 수치다.

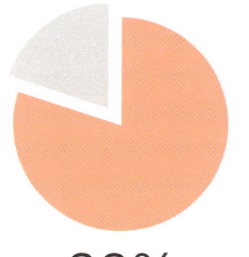
80%
증류액은 80% ABV 이하여야 한다.

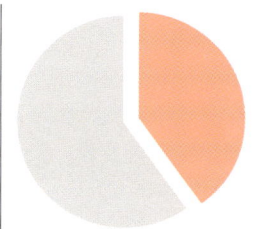
40%
40% ABV 이상의 상태에서 병입해야 한다.

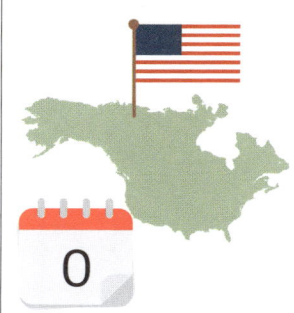
0
미국과 캐나다에는 최소 숙성연한 규정이 없다.

3+
북미 이외 지역에서 판매되려면 3년 이상 숙성되어야 한다.

밀의 성장

밀은 오랫동안 메이커스 마크, 헤븐 힐스 올드 피츠제럴드, 버펄로 트레이스에서 생산하는 패피 반 윙클 같은 유명 브랜드의 매시빌 상 중요한 원료였다.

이 위스키들 다수가 높은 수요를 자랑하는데, 많은 사람이 호밀 기반의 매시빌보다 더 가벼우며, 호밀에 비해 '도전적인' 맛이 덜 한 밀 비중이 높은 레시피를 선호하기 때문이다.

누가 제조하고 있을까?

실제로 휘트 위스키는 버번이나 라이 위스키에 비해 희귀한 편이다. 대형 켄터키 증류소 중 단 한 곳만 휘트 위스키 한 종을 생산하는데, 바로 헤븐 힐스의 베른하임 '오리지널'이다. 휘트 위스키의 주요 생산자는 다양한 종류의 곡물로 실험하려는 소규모 크래프트 증류소들로, 워싱턴 주의 드라이 플라이와 캘리포니아 주의 소노마 카운티 디스틸링이 대표적이다.

한두 곳은 밀과 호밀의 교배종인 라이밀처럼 특이한 곡물로 실험하기도 한다. 휘트 위스키는 아직 주류는 아니지만, 결국 그렇게 될 것이다.

어떤 맛일까?

휘트 위스키는 라이 위스키에 비해 가볍고 달콤하다. 이렇게 맛의 진입장벽이 낮기 때문에 사람들이 '어울려 마시기 좋은' 술을 찾는 흐름을 타고 대중적인 인기를 얻게 되었다. 전반적으로 그윽한 향미와 더불어 부드러운 과일이나 버터 느낌의 달콤한 맛을 낸다.

▼ **워싱턴 주의 드라이 플라이 증류소는** 다양한 스타일의 위스키를 생산하는데, 캐스크 스트렝스 스트레이트 휘트 위스키가 베스트셀러다.

휘트 위스키의 주요 생산자는 다양한 종류의 곡물로 실험하려는 소규모 크래프트 증류소다.

비 하 인 드 스 토 리 …

크래프트 위스키 열풍

세계적으로 크래프트 위스키 바람이 불고 있다는 소식을 들어보았을 것이다. 그렇다면
크래프트 위스키란 무엇이고, 상업용 위스키와의 차이점은 무엇일까?

▲ **불법 비즈니스** 크래프트 위스키는 완벽히 합법적이지만 과거 금주법 시대 미국의 밀주업자들을 떠오르게 한다.

크래프트 위스키는 활기차고 역동적인 시장으로 '문샤인' 같은 느낌도 들지만, 다른 위스키들처럼 합법적이며 이와 똑같은 증류와 숙성 규정을 적용받는다.

크래프트 위스키란?

공식적인 정의는 없지만 일반적으로 기술적인 경계를 넘거나 과거의 위스키를 재창조하려는 열정적인 증류소에서 소규모로 생산된 위스키를 의미한다. 한편으로 '크래프트 위스키'라면 유명 증류소에서 위스키를 사들여 병입한 뒤 펑키한 라벨을 붙여 의심 없는 고객들에게 판매해 한밑천 챙기려는 비즈니스를 뜻하기도 한다.

재정적 지원이 없는 크래프트 위스키 제조사들은 본업을 제쳐두고 진이나 보드카를 생산하기도 한다. 이 술들은 제조에서 판매까지 짧은 기간에 이루어지기 때문에 수익을 창출하고 위스키가 숙성되는 동안 브랜드를 구축하는 데 도움이 된다.

미국의 주도

크래프트 위스키는 위스키 생산을 두고 실험을 거듭하던 소수의 개별 제조자들로부터 시작했다. 그들이 만들어낸 증류주는 자신들이 속한 주는 물론 전통적인 미국 위스키와도 달랐다. 많은 이가 버번이 인기임에도 싱글 몰트를 만드는 데 집중했다. 2010년에는 미국 전역에 약 200여 개의 크래프트 증류소가 있었지만 2017년에는 그 수가 1,500개를 상회한다. 대부분의 미국 크래프트 증류소는 방문객 센터에서

제품을 판매하는데, '순정품'임을 강조하는 이러한 방식이 사업적 확장을 방해하는 요인으로 작용하기도 한다. 따라서 크래프트 위스키는 지역 밖으로는 잘 알려지지 않는다. 그럼에도 텍사스 주의 발콘스, 시카고의 코발, 유타 주의 하이 웨스트, 일리노이 주의 FEW처럼 전국적이며, 세계적인 명성을 얻는 경우도 있다.

세계적인 크래프트 위스키 붐

크래프트 위스키는 유럽에서도 인기지만, 유럽 대륙의 증류소들은 자신들을 '크래프트' 위스키 제조자라고 하지 않는다. 언젠가는 주류에 합류할 것이라는 바람의 표시일 것이다. 독일은 소규모 위스키 제조의 중심지다. 베를린의 스프리우드, 북부 하르츠 지방의 해머슈미데 증류소를 비롯해 200개가 넘는 제조자들이 있다. 영국에는 파이프 지방의 다프트밀, 코츠월드 지방의 코츠월드 디스틸러리, 단 두 곳이 성장세인 '크래프트' 위스키 네트워크의 일원이다.

▲ **개척정신.** 스프리우드는 베를린 지역에서 가장 오래된 위스키 증류소이자 독일 최초로 라이 위스키를 증류한 곳이기도 하다.

◀ **기술과 노동.** 크래프트 증류에는 능숙하게, 어쩌면 노련하게 증류에 사용될 곡물을 준비하는 과정도 포함된다.

시음 노트 10 / 20

북미의 주요 위스키 스타일

이번 시음은 꽤 흥미로울 것이다.
미국 위스키의 대표적인 네 가지 스타일을 차례로
시음한 뒤 그 차이를 스스로 찾아보자.
다양한 맛을 체험해볼 수 있는 절호의 기회다.

어떻게 해야 할까

콘, 버번, 휘트, 라이 위스키는 저마다의 역사와 생산 방식, 독특한 맛을 가지고 있다. 이번 시음의 주안점은 각 위스키의 독특한 개성을 느끼고 구분해보는 것이다. 왼쪽부터 시작해서 먼저 향을 맡은 뒤 맛을 보고, 뒤이어 물이나 얼음을 더해서도 시음해보자.

무엇을 배울까

개성이 두드러진 위스키는 숙성 규정을 따라야 하는 콘 위스키나 특유의 맛을 가진 라이 위스키다. 이번 시음의 핵심은 네 가지 스타일의 차이를 감지하는 것이다. 이를 대표하는 네 가지 위스키를 맛보고 차이점을 찾아내면 각 스타일의 향미 범위에 대한 통찰력을 기를 수 있다.

각 위스키의
독특한 개성을 느끼고 구분해보자.

베른하임 휘트 휘트 위스키

켄터키 주 바즈타운
46.5% ABV

비슷한 스타일로는,
드라이 플라이 워싱턴 휘트

중량감	밀 51%,
2	옥수수 37%,
	맥아 12%

 리치 골드

 갓 나온 달콤한 도넛,
향신료가 살짝 가미된 생강 케이크

하드 토피, 레드 베리류; 은은하게 짭짤한
감칠맛, 훈연하지 않은 베이컨

 짧고 건조하며 스파이시한 피니시

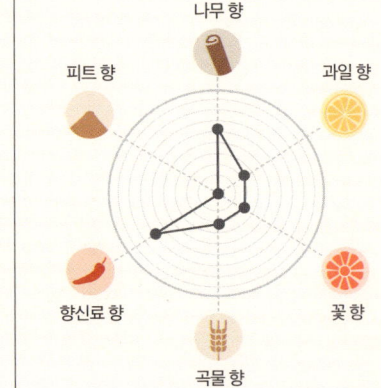

 이건 어떨까? 리저부아 휘트

멜로 콘 콘 위스키	우드포드 리저브 DS 버번	코발 라이 SB 라이 위스키
켄터키 주 바즈타운	켄터키 주 베르사유	일리노이 주 시카고
50% ABV	43.2% ABV	40% ABV
비슷한 스타일로는, 발콘스 베이비 블루	비슷한 스타일로는, 엔젤스 엔비 버번	비슷한 스타일로는, 불릿 라이
중량감 **3** — 옥수수 80%, 호밀 8%, 맥아 12%	중량감 **4** — 옥수수 72%, 호밀 18%, 맥아 10%	중량감 **5** — 호밀 100%
황금빛 볏짚색	짙은 호박색	강렬한 호박색
가볍고 상큼함, 은은한 바닐라 에센스, 달콤한 팝콘	슈거파우더, 캐러멜 코팅한 라임, 가벼운 후추와 허브 향	초콜릿 마시멜로; 양치류와 고사리를 태우는 향; 과일 향 토피
부드럽고 그윽한 달콤함, 감미롭고 가벼운 향신료	커스터드 크림, 백후추를 살짝 뿌린 벨벳처럼 감싸는 부드러운 바닐라 슬라이스	풍부한 맛, 가볍게 훈연해 향신료를 더한 배와 복숭아. 터키식 디저트 느낌
가볍고 산뜻하며 짧은 피니시	섬세하고 달콤하며 길게 이어지는 여운	길고, 달콤하고, 우아하며 후추 향이 은은하게 느껴짐

이건 어떨까? 플래트 밸리 3년산 | 이건 어떨까? 불릿 버번 10년산 | 이건 어떨까? 잭 다니엘스 라이

CHAPTER 4

지역별 시음

위스키 제조 기술은 스코틀랜드와 아일랜드의 심장부로부터 미국은 물론 신세계 국가, 그 외 다른 국가들까지 전 세계로 퍼져나갔다. 이번 장에서는 세계적인 인기를 누리고 있는 위스키를 국가와 지역별로 알아보며, 신생 스타트업과 '크래프트' 증류소부터 유명한 대형 제조사까지 최근의 위스키 세계 현황을 살펴보겠다. 그 과정에서 지역과 역사가 어떤 역할을 하는지 이해하며, 위스키의 미래가 어떻게 펼쳐질지 통찰해볼 수 있을 것이다.

스코틀랜드

위스키의 기원이 스코틀랜드인지 아일랜드인지를 둘러싼 논쟁이 계속되고 있다. 하지만 절대다수는 아닐지라도, 많은 이에게 위스키의 정신적 고향은 스코틀랜드다. 스코틀랜드 위스키의 다양성과 품질은 나머지 위스키 제조업계가 도달하고자 하는 이상적 기준이다. 그 증류 유산은 다른 나라들은 범접할 수 없는 깊이와 범주, 오랜 역사를 자랑한다. 구세대는 역사의 뒤안길로 사라지고 새로운 나라들이 등장했다. 하지만 스코틀랜드는 지위를 굳건히 유지하며 진화했다. 스코틀랜드 증류업자들은 그 이름이 주는 위력과 오랜 역사를 내세우며 수 세기 동안 과거의 관습을 답습하는 데 그칠 수 있었지만, 미래에 대한 투자도 아끼지 않았다. 기반이 탄탄한 유명 증류소와 신생 증류소 모두 세계적으로 유명한 싱글 몰트와 향미 좋은 그레인, 스코틀랜드를 세계 위스키 강국으로 만든 훌륭한 블렌디드를 개선하고 향상하는 방법을 끊임없이 고민하며 혁신해나갔다. 스코틀랜드의 주요 위스키 생산지 다섯 곳은 아름답고 험준한 계곡 지대의 하이랜드와 그 부속 섬 지역(왼쪽 글렌코), 구릉지대의 롤런드, 역사적인 캠벨타운, '위스키의 섬' 아일레이, 그리고 가장 유명한 스페이사이드다.

롤런드

롤런드는 보통 하이랜드에 비해 '저평가'되곤 하는데, 부당하게 과소평가된 이 지역은 훌륭한 싱글 몰트를 생산한다.

최초의 위스키 생산	15세기 후반
주요 생산 위스키	싱글 몰트
주요 증류소	• 오큰토션 • 블라드녹 • 글렌킨치 • 다프트밀 • 클라이드사이드
증류소 수	20개

주요 증류 방식
단식 증류

위치

싱글 몰트 12년산
오큰토션
글래스고에서 제조된 3차 증류 위스키

클라이드사이드
항만 구역에 자리한 증류소. 인근 로크 카트린의 물을 수원으로 사용한다.

블라드녹
스코틀랜드 최남단 증류소

'아델라' 싱글 몰트 15년산

다프트밀
스코틀랜드에서 가장 최근에 생겼으며 규모가 작은 증류소다.

글래스고 디스틸러리
2014년 글래스고 북서부에 설립

린도스 애비
2017년, 523년 만에 재개장했다.

에덴 밀
수상 이력이 있는 세인트 앤드루스 증류소

킹스반스
버려진 농가 건물을 개조했다.

글렌킨치
에든버러 근처의 디아지오 소유 증류소

- 클라이드 강
- 그레인지머스
- 린리스고
- 에든버러
- 기포드
- 트위드 강
- 글래스고
- 롤런드
- 메릭 — 해발 843m로 서던 업랜즈에서 가장 높은 산
- 거반
- 덤프리스
- 니스 강

서던 업랜즈에는 체비엇, 모팻, 무어풋 힐스가 속해 있다.

지리적 특징

위스키의 관점에서 롤런드는
그린녹과 던비를 경계로
하이랜드와 나뉜다.

이 가상의 경계선은 2009년 스카치 위스키 협회(SWA)에 의해 확정되었다. 인근의 '하이랜드 단층선'과 혼동하지 말자. 이 두 지역에서 서로 다른 풍경이 펼쳐지는 것은 이처럼 지질 구조상 단절되었기 때문이다. 저지대의 대부분은 평평한 농경지이며, 스코틀랜드의 몰팅용 보리 중 상당량이 쿠퍼의 농촌에 위치한 다프트밀의 땅을 비롯한 이 지역에서 재배된다.

증류소

최근까지 롤런드의
싱글 몰트 증류소 개수는
한 손으로 셀 수 있을 정도였다.

세인트 막달레나, 리틀밀, 로즈뱅크 같은 이 지역과 관련된 유서 깊은 훌륭한 증류소가 있었지만 새로운 스코틀랜드 증류소의 발전은 보다 '시류에 따르는' 지역에서 일어났다. 그리고 이제 변화가 일어났다. 2005년 현재 롤런드 '혁명'의 첫걸음을 조용히 내디딘 다프트밀에 이어 클라이드사이드 디스틸러리, 글래스고 디스틸러리, 에덴 밀, 린도스 애비, 킹스반스 등이 그 행렬에 동참했다. 그리고 오큰토션, 글렌킨치, 블라드녹은 마침내 새로운 이웃을 맞이하게 되었다.

▲ 2017년 개장한 클라이드사이드 디스틸러리는 글래스고에 100년 만에 설립된 최초의 신생 싱글 몰트 전문 증류소다.

▲ '이웃' 하이랜드의 산악지대와 극명하게 대비되는 롤런드의 드넓은 보리밭

역사적 배경

과거 롤런드는 주로
아일랜드식 3차 증류법을
사용하는 지역으로 간주되었다.

그러나 이 관습은 1886년 양조 역사가 알프레드 바너드가 스코틀랜드와 아일랜드 증류소에 대한 유명한 조사를 수행할 무렵에는 거의 사라진 상태였다. 오늘날은 오큰토션만이 3차 증류법을 사용한다. 바너드가 조사하던 당시의 소비자들은 하이랜드 싱글 몰트에 비해 더 가볍고 투박한 느낌의 롤런드 위스키에 애정을 잃은 상태였다. 결국 오큰토션과 글렌킨치만 살아남았고, 이후 1990년대 재개장한 블라드녹이 합류한 뒤 오늘날까지도 새로운 증류소가 뒤를 이어 생겨나고 있다.

▲ 오큰토션 제품은 소위 '아침 위스키'로도 불린다.

하이랜드와 인근 섬 지역

이 지역은 과거부터 명실상부한 위스키 제조의 선두주자로서, 오늘날 기존 증류소는 과거 어느 때보다 많은 위스키를 생산하고 있으며 신생 업체는 그 틈새를 공략하고 있다. 이 다양한 지역을 특별하게 만드는 요인은 무엇일까?

최초의 위스키 생산 15세기
주요 생산 위스키 싱글 몰트
주요 증류소
- 하이랜드 파크
- 탈리스커
- 글렌모렌지
- 글렌드로낙
- 올드 풀트니

증류소 수 약 40개

지리적 특징

하이랜드는 아마도 스코틀랜드에서 가장 다채로운 풍경이 펼쳐지는 지역일 것이다.

북쪽과 서쪽에는 산과 언덕이 웅장하게 펼쳐져 있으며, 그 사이로 빙하의 침식 작용으로 생긴 긴 계곡과 호수가 해안가 평지로 흐른다. 이 위스키 산지에는 오크니, 셰틀랜드, 웨스턴 아일스(아일레이 제외)를 비롯해 험준한 아름다움을 자랑하는 화산섬 스카이 섬도 포함된다. 기후는 온화하지만 '하루에 사계절이 펼쳐진다'고 할 정도로 날씨가 변화무쌍하다.

▶ 하이랜드 서부 카일 오브 로칼시의 에일린 도난 성에서는 멀리 스카이 섬까지 조망할 수 있다.

▲ 달위니는 하이랜드와 스페이사이드 경계에 있지만 하이랜드 증류소로 분류된다.

증류소

드넓은 지역에 걸쳐 40개가 넘는 몰트 증류소가 있다.

하이랜드의 위스키는 그 풍경만큼이나 다채롭다. 부드럽고 과일 향미가 두드러진 글렌고인과 달위니부터 그보다 조금 더 강렬한 올드 풀트니까지, 진하고 스파이시한 글렌드로낙부터 피티하며 종종 폭발적이기도 한 아드모어와 탈리스커까지, 선택의 폭이 넓은 다양한 위스키가 있다. 여기에 도녹 증류소를 비롯한 신생 증류소들도 포진해 있다. 그야말로 번창을 누리며 성장하는 지역인 것이다.

역사적 배경

1800년대 초반까지 하이랜드는 스카치 위스키 업계와 관계가 좋지 않았다.

차분한 롤런드와 달리, 하이랜드는 불법 증류가 판을 치는 거칠고 드센 곳이었다. 이 지방의 지형은 불법 증류업자들이 숨어서 활동하기 좋은 환경을 제공했고, 그만큼 당국은 그들을 찾아내 처벌하기 어려웠다. 그러나 위스키의 명성과 인기가 높아지면서 하이랜드의 증류업자들도 진화해야 했다. 그 과정에서 1823년 소비세법이 큰 영향을 미쳤다. 이로써 스코틀랜드에서 밀주 생산이 합법화되고, 하이랜드 싱글 몰트 위스키가 오늘날 전 세계적 명성을 얻는 발판을 다지게 되었다.

비 하 인 드 스 토 리 …

이탄과 위스키

흔히 '피트'라고 불리는 이탄과 스카치 위스키의 관계는 오래전으로 거슬러 올라간다. 그런데 흙과 석탄 그 중간인 이 유기물질은 무엇일까? 그리고 이것은 어떤 과정을 통해 위스키를 스모키하게 만드는 것일까?

▲ **잘라놓은 이탄**은 그 자리에서 쌓아 건조한다. 전통적인 이탄 가공 공정의 상당 부분처럼 이 역시도 수 세기 동안 변하지 않은 관습이다.

이탄이란?

이탄은 부패된 유기물질이 수백 년에 걸쳐 쌓이고 숙성 작용을 거쳐 형성된 화합물이다. 그 상태로 수백만 년의 시간이 흐르면 마침내 석탄이 된다. 이탄은 지표의 3%를 덮고 있는 전 세계의 습지에서 생성된다. 스코틀랜드와 아일랜드에서는 가정용 열원(지금도 일부 지역에서는 그렇다)이었으며, 산업용으로도 사용되었다. 이탄을 땅에서 캐낸 뒤 긴 막대기 모양으로 잘라 건조하면 불을 때는 연료가 된다.

초창기 스코틀랜드 위스키 증류업자들은 보리를 이탄 불에서 건조했다. 이탄은 연소할 때 짙고 농후한 연기가 나는데, 그 페놀 화합물이 젖은 보리의 표면에 흡수된다. 이 공정은 규모가 커졌을 뿐 오늘날에도 여전히 이루어진다. 보리에 이탄 연기를 입힌 뒤 당화, 발효, 증류 과정을 거치면 스카치 싱글 몰트의 유명한 특징인 스모키하고 약내음이 나는 술이 탄생한다. 스코틀랜드의 대표적인 피트 위스키는 라프로익, 보모어, 탈리스커, 아드벡, 라가불린, 쿨 일라다. 그 밖의 지역에서는 인도의 암루트, 타이완의 카발란, 일본의 요이치, 스웨덴의 마크미라가 있다.

이탄을 사용하는 증류소는?

많은 사람이 스코틀랜드 위스키는 스모키하고 피티하다고 생각한다. 사실 처음부터 보리에 피트 처리하는 것을 공정의 한 단계로 정해둔 싱글 몰트 증류소는 거의 없다. 이러한 전통은 필요에서 생겨났을 뿐 '스모키'한 위스키를 만들려는 의도가 아니었으며, 이제는 아일레이의 증류소들, 그리고 다른 섬 지역과 본토에서는 극소수 증류소에서만 따르고 있다. '피티한' 위스키를 만드는 다른 지역, 특히 아시아와 극동 지역에서는 주로 유럽으로부터 피트 처리된 보리를 수입한다. 자연산 이탄이 부족하거나 자체적으로 피트 처리할 시설을 갖추지 못했기 때문이다.

이탄 보존하기

이탄은 1년에 1mm 정도로 생성 속도가 매우 느려서 위스키 제조자들은 재생률에 촉각을 곤두세우고 있다. 아일레이 섬의 경우, 2020년대 초반이면 이탄이 고갈된다는 예측에 따라 증류소들이 위스키에 피트 처리할 대안을 적극적으로 모색하고 있으며, 아직 이탄이 덜 채취된 캐나다, 시베리아, 아프리카 콩고의 이탄 지대에서 수입하는 것도 그중 한 방법으로 모색된다.

▲ 이탄으로 가마에 불을 때 보리를 건조했고, 여기서 생기는 훈연향이 보리에 스며든다. 과거 스카치 위스키에 들어가는 모든 보리는 이런 과정을 거쳐 준비되었다.

처음부터 보리에 피트 처리하는 것을
공정의 한 단계로 정해둔
싱글 몰트 증류소는 거의 없다.

◀ 스코틀랜드 이탄 공급량이 바닥나면서 캐나다의 손상되지 않은 이탄습지(왼쪽)에 스코틀랜드 증류업자들의 시선이 향하고 있다.

시음 노트 11/20 — 피트 위스키

글렌리벳 12년산
스페이사이드 싱글 몰트
40% ABV

피트는 스카치 위스키 제조의 기본 요소 중 하나다.
그러나 특유의 '독특한' 향미를 얻기 위해
연기의 효능에 크게 의존하거나 '감미료'처럼 가볍게 사용하는 등
의존도는 저마다 다르다.

비슷한 스타일로는, 스트라스아일라 12년산

중량감 2 | 스페이사이드 최초로 증류 면허를 취득한 증류소이자 미국에서 가장 많이 팔리는 싱글 몰트

어떻게 해야 할까

피트 위스키 시음은 위스키 시음에서 가장 간단하면서도 어려운 부분이다. 피트 향은 매우 두드러지기 때문에 감지하기 쉽다는 점에서 간단하지만, 피트 위스키를 맛본 뒤에는 다른 위스키의 맛을 느끼기 힘들다는 점에서 어렵다. 강하고 스모키한 피트의 향미는 블렌디드 위스키에도 존재한다. 피트 처리되지 않은 왼쪽 위스키를 통제 샘플로 삼아 시작해보자.

무엇을 배울까

이번 시음을 통해 피트 처리된 보리의 엄청난 영향력을 느껴보기 바란다. 150여 년 전에는 대부분의 싱글 몰트가 피트 처리된 보리로 제조되었지만 오늘날은 강하게 피트 처리된 것부터 중간 정도와 그렇지 않은 것까지 선택의 폭이 넓다. 현재 스코틀랜드 전역뿐 아니라 전 세계적으로 생산되고 있으며, 이는 그 인기를 보여주는 방증이다.

> **피트 위스키 시음은 위스키 시음에서 가장 간단하면서도 어려운 부분이다.**

연한 볏짚색

여름날의 목초지; 갓 깎은 잔디밭; 바닐라

톡 쏘는 레몬그라스, 피트 향 없음. 이번 시음의 기준

길고 실키하며 드라이함

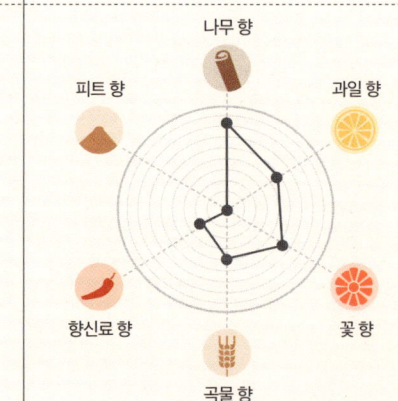
향미바퀴: 나무 향, 과일 향, 꽃 향, 곡물 향, 향신료 향, 피트 향

이건 어떨까? 닛카 미야기쿄

스프링뱅크 10년산	벤로막 피트 스모크	킬호만 '마키 베이'
캠벨타운 싱글 몰트	스페이사이드 싱글 몰트	아일레이 싱글 몰트
46% ABV	46% ABV	46% ABV

비슷한 스타일로는, 크라이겔라키 13년산	**비슷한 스타일로는,** 벤리악 큐리오시타스	**비슷한 스타일로는,** 라프로익 10년산
중량감 3 / 운영 중인 캠벨타운 증류소 중 가장 오래된 곳.	**중량감** 4 / 벤로막 증류소는 1993년 고든 앤드 맥페일에 인수된 뒤 재개장했다.	**중량감** 5 / 1881년 이후 아일레이에 처음으로 생긴 신생 증류소로 2005년에 설립되었다.
페일 골드	라이트 골드	페일 골드
사탕, 통조림 파인애플, 복숭아. 부드럽지만 뚜렷한 피트의 훈연 향	달콤하며 감미로움; 신선한 바닐라; 시트러스; 생햄	달콤하며 풍부한 비스킷 향이 피트 향으로 이어짐
시어링한 오렌지 마멀레이드; 건조한 향신료; 피트 향이 밴 과일 케이크	향신료로 조리한 사과와 배; 달콤한 레몬. 멀리서 날아온 이탄 불의 연기	물이 피트 향미를 강화. 매콤한 훈연 향에 싸인 곡물과 시트러스 향
가벼운 스모키함; 시트러스, 오일리한 질감	과일의 달콤함과 피트 향, 약간의 오일리함	길고 스모키하며 오일리함
이건 어떨까? 웨스트랜드 피티드	이건 어떨까? 아드모어 레거시	이건 어떨까? 레이첵 싱글 몰트 10년산

시음 노트 11

아일레이

스코틀랜드의 '위스키 섬' 아일레이에는 아홉 곳의 증류소가 있다. 이곳의 위스키는 강렬하고 피티한 향미로 유명하지만, 과연 그것이 아일레이 위스키의 전부일까?

최초의 위스키 생산 15세기 후반
주요 생산 위스키 싱글 몰트
주요 증류소
- 아드벡
- 보모어
- 브뤼클라딕
- 라가불린
- 라프로익

증류소 수 9개

아드나호
2019년에 개장한 아일레이에서 가장 최근에 지어진 증류소

부나하벤
이름은 '강의 하구'라는 의미를 가지고 있다.

킬호만
2005년 설립된 아일레이의 소규모 신생 증류소 중 하나

쿨 일라
1846년 설립된 아일레이 최대 증류소

포트 아스케이그
라간 강
아브하인 글라스 강
아일레이
보모어

보모어
세계에서 가장 오래된 숙성 창고 No.1 볼트가 있다.

'다키스트' 15년산

베인 바이게어
높이 491m로 아일레이에서 가장 높은 봉우리

포트 샬럿
포트나하벤

브뤼클라딕
주로 논피트 싱글 몰트와 진을 생산한다.

글레네그데일 강
포트 엘런

아드벡
'최고의 아일레이 싱글 몰트'를 증류한다는 자부심이 있다.

라프로익
1815년 농부 도널드와 알렉산더 존슨이 설립

싱글 몰트 10년산

라가불린
디아지오의 가장 중요한 아일레이 증류소

주요 증류 방식
단식 증류

위치

지리적 특징

아일레이의 지형은
이웃 섬들보다
롤런드나 캠벨타운과 더 비슷하다.

이너헤브리디스 제도 최남단에 위치한 이곳의 풍광은 아늑하며 물결치듯 구릉이 이어진다. 아일레이의 증류소 두 곳을 제외하고 모두 바닷가에 자리하고 있는데, 위스키를 배에 실어 섬 밖으로 운송하기에 편리하기 때문이다. 요즘 아일레이의 위스키는 엘런 항이나 아스케이그 항 같은 페리 항구를 통해 수출된다. 피티하고 스모키한 위스키의 생산지로 유명한 섬답게 아일레이는 보모어부터 엘런 항까지 뻗은 중심 도로를 타고 가다 보면 곳곳에서 이탄 습지를 볼 수 있다.

▶ **남쪽의 엘런 항**은 아스케이그 항과 더불어 아일레이의 주요 위스키 선적지다.

증류소

아일레이의 9개 증류소에서는
피트 위스키 외에 이와는
꽤 다른 위스키도 생산한다.

아드벡, 킬호만, 라가불린, 라프로익과 신생 증류소 아드나호는 매우 피티하며 스모키한 위스키에 집중하고 있으며, 쿨 일라와 보모어는 중간 정도 피티한 위스키를 만든다. 부나하벤과 브뤼클라딕은 더 달콤하고 과일 느낌이 강한 논피트 위스키를 생산하지만, 브뤼클라딕의 대표 제품인 옥토모어처럼 피트 위스키도 소량 생산한다.

▲ **라가불린이라는 이름**은 '방앗간이 있는 분지'라는 뜻의 게일어에서 유래했는데, 증류소가 바닷가 후미진 곳에 위치해 있기 때문이다.

역사적 배경

위스키 증류 기술이 아일랜드에서
아일레이를 거쳐 스코틀랜드로
전해졌다고 믿는 사람들도 있다.

아일레이는 북아일랜드 해안으로부터 단 14.5km밖에 떨어져 있지 않고, 스코틀랜드의 유서 깊은 증류소 상당수가 이 섬에 있다는 점에서 사실일 수도 있다. 덕분에 아일레이가 과거 어떻게 위스키를 증류했고 어떤 환경이었는지 유추할 수도 있다. 과거 모든 스코틀랜드 위스키는 피트 처리된 맥아로 제조했지만 이제 많은 위스키 제조자들이 다양성을 추구하고 있다. 그럼에도 아일레이는 줄곧 피트를 고수했고 오늘날까지 대개 이 방식을 따르고 있다.

캠벨타운

캠벨타운에는 증류소가 세 곳밖에 없지만, 스코틀랜드 위스키 제조 지역 가운데 매우 중요한 곳이다.

최초의 위스키 생산 1600년대 후반

주요 생산 위스키 싱글 몰트

주요 증류소
- 글렌가일(킬커란)
- 글렌 스코샤
- 스프링뱅크

증류소 수 3개

글렌 스코샤 — 1832년에 설립된 증류소
더블 캐스크 싱글 몰트

글렌가일 — 이곳에서 생산된 위스키의 브랜드명은 킬커란이다.

스프링뱅크 — 불법 증류소 자리에서 1828년 정식 인가를 받고 설립되었다.
싱글 몰트 10년산

주요 증류 방식 단식 증류

위치

글렌바 · 바 워터 · 카라데일 · 사델 · 루사 로크 · 캠벨타운 · 사우스 킨타이어 마힐린스 · 사우스엔드

지리적 특징

캠벨타운은 여러 면에서 스카치 위스키 제조 세계의 끝이라고 할 수 있다.

글래스고에서 차를 몰고 출발해 거대한 로몬드, 파인 호수를 지나 인버레이를 거쳐 구비구비 아름다운 길을 따라가면 캠벨타운에 이른다. 이제 더 이상 나아갈 수 없다. 이곳은 바다에 면한 아름답고 비옥한 농경지가 펼쳐진 멀 오브 킨타이어의 끝자락에 위치한다. 캠벨타운은 한때 스코틀랜드의 '위스키 타운'으로 불렸다. 작은 바닷가 마을에 30개가 넘는 증류소가 있었기 때문이다. 이제 대부분은 폐업하고 세 곳만이 남아 그 역사적 중요성을 보존하며 운영되고 있다.

▶ **캠벨타운**은 48km 길이의 킨타이어 반도 끝자락에 위치한다.

증류소

글렌 스코샤는 1832년에 개장해 1984년부터 1989년까지 잠깐 문을 닫았다가 재개장해 질 좋은 위스키를 생산하고 있다.

킬커란이라는 브랜드로 출시하는 글렌가일 증류소는 부드럽고 달콤한 스타일의 제품뿐 아니라 스모키한 제품도 생산한다. 그러나 가장 상징적인 증류소로는 스프링뱅크를 꼽게 된다. 스프링뱅크는 여전히 전통 방식에 따라 위스키를 제조하며 몰팅부터 증류, 병입까지 현지에서 모든 공정을 진행하는 유일한 기존 증류소다. 증류소일 뿐 아니라 박물관이기도 한 셈이다.

▲ **스프링뱅크**는 스코틀랜드에서 가장 오래된 가족 소유의 독립 증류소로서, 5대에 걸쳐 이어져 왔다.

역사적 배경

캠벨타운은 1800년대 중후반까지 매우 중요한 위스키 생산지였다.

30개가 넘는 증류소에서 만든 위스키는 피티하고 '공장에서 제조한' 느낌이 강했으며, 그레인 위스키와 맛이 섬세한 싱글 몰트의 도전이 시작되면서 인기가 떨어졌다. 지역 탄광의 폐쇄와 미국 금주법 시행의 여파로 증류소가 하나둘씩 문을 닫았고, 그리하여 1934년에는 스프링뱅크와 글렌 스코샤만 남기에 이르렀다. 스프링뱅크의 소유주가 2004년 글렌가일 증류소를 복원하며 캠벨타운 영광의 부활의 신호탄을 쏘아올렸다.

스페이사이드

스페이사이드는 지리적으로는 하이랜드에 속하지만 스카치 위스키 세계에서 독자적 위상을 갖는 만큼 별도의 '명칭'으로 불린다.

최초의 위스키 생산	1700년대 후반
주요 생산 위스키	싱글 몰트
주요 증류소	· 아벨라워 · 글렌파클라스 · 글렌피딕 · 글렌리벳 · 맥켈란
증류소 수	약 45개

레어 캐스크 싱글 몰트 맥켈란
한때는 숨겨진 보석, 이제는 세계적 거인

싱글 몰트 16년산 아벨라워
라워 강을 수원으로 사용한다.

벤로막
스페이사이드 싱글 몰트를 생산한다.

올트모어
게일어로 '큰 개울'이라는 뜻이며, 오킨데란 강을 수원으로 사용한다.

싱글 몰트 18년산 글렌피딕
전 세계적으로 많이 팔리는 싱글 몰트 세 가지 중 하나

크라겐모어
위스키를 시장에 운송하기 위해 자체 철도망을 깐 최초의 증류소

발베니
1889년 위대한 윌리엄 그랜트가 직접 설립

싱글 몰트 15년산 글렌리벳
1824년 밀주업자 출신 조지 스미스가 설립

글렌파클라스
이곳의 증류기 6개는 스페이사이드에서 가장 크다.

벤맥두이 산 해발 1,309m

핀드혼 강
스페이 강
엘긴
인버네스
로테스
키스
더프타운
애비모어
스페이사이드

주요 증류 방식: 단식 증류

위치

지리적 특징

스페이사이드는
케언곰 산맥 북쪽 경계와
애버딘셔 해안 사이에 위치한다.

주로 농경지로 이루어진 아름답고 아늑하며 고요한 지역으로, 힘차게 흐르는 스페이 강과 여기서 동맥처럼 뻗어나온 많은 지류가 부드럽고 복합적인 맛으로 유명한 제품을 생산하는 이 지역의 많은 증류소에 물을 공급한다. 덕분에 기존의 유명 위스키 생산지와 로테스, 더프타운, 아벨라워, 키스 같은 주변 지역들이 발전하며 스페이사이드는 세계 최고의 위스키 생산지가 될 수 있었다.

▶ **스페이사이드**는 스페이 강에서 따온 이름이며, 많은 증류소가 수로 주변의 협곡에 위치해 있다.

증류소

이 작은 지역에
50개 가까이 되는
다양한 증류소가 있다.

글렌리벳은 가볍고 꽃과 시트러스의 특징이 두드러지며, 발베니와 올트모어, 크라겐모어처럼 '미들급' 증류소는 둥글게 감기며 '꽉 차는' 질감에 과일 향이 돋보이는 제품을 생산한다. 진하고 스파이시하며 강한 스타일을 좋아하는 사람들을 위해서는 글렌파클라스와 맥켈란이 있다. 벤로막 같은 몇몇 증류소에서는 스페이사이드의 전통적인 작업 방식에 경의를 표하며 여전히 피트 처리한 맥아를 사용하고 있다.

▲ 2018년 1억 4,000만 파운드를 투자해 첨단 증류실을 갖춘 맥켈란의 새 증류소가 개장했다.

역사적 배경

스페이사이드는 지리적·정치적
기준이 아닌, 위스키 제조 스타일에
따라 분류된 지역이다.

이는 한 사람의 열정적인 노력에 의해 형성되었다. 바로 위스키 평론가 마이클 잭슨이다. 잭슨의 지지에 힘입어 SWA(스카치 위스키 협회)는 1990년대 초반 스페이사이드를 위스키 생산 지역으로 지정했다. 당시 와인처럼 싱글 몰트를 지역과 스타일에 따라 분류하려는 움직임이 있었다. 오늘날 많은 증류소가 원래의 향미 프로필을 다양화하면서 이렇듯 경직된 분류 기준은 점차 유연해지고 있다.

시음 노트 12 / 20

하이랜드 싱글 몰트

많은 사람이 스카치 싱글 몰트를 증류소가 위치한 지역에 따른 맛을 기준으로 분류할 수 있다고 믿는다. 과연 지역적 '유형'이란 게 있을까? 이번 기회에 하이랜드 싱글 몰트를 시음하면서 한번 시험해보자.

어떻게 해야 할까

이번 시음에서는 크고 작은 맛의 차이와 유사점을 찾아볼 것이다. 직접 맛을 보고 전통적인 지역 분류가 다음 위스키 선택에 어떤 영향을 미치는지 살펴보자.

무엇을 배울까

위스키의 원산지는 지역의 지형적 특성과 역사만큼이나 중요하다. 이는 모두 증류소의 기원과 밀접한 관계가 있는 요소다. 따라서 이번 시음을 계기로 삼아 새로운 시각으로 지역성을 볼 수 있게 되기를 기대한다. 맛은 개별 증류소에서 만들어내려 한 향미나 스타일과 밀접한 관련이 있다. 이를 위해 그 지역의 '전통적인' 스타일을 고수할 수도, 그렇지 않을 수도 있다.

이번 시음을 계기로 삼아 새로운 시각으로 지역성을 볼 수 있게 되기를 기대한다.

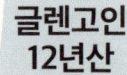

글렌고인 12년산
(하이랜드 남서부)
43% ABV

비슷한 스타일로는,
달위니 15년산

중량감 2

하이랜드와 롤런드 경계 바로 북쪽에 위치. 1833년부터 위스키 제조를 시작했다.

👁 페일 골드

👃 흐르는 꿀과 시트러스; 바닐라와 코코넛

👄 레몬 타르트, 바닐라 커스터드, 토피 사과, 쇼트브레드 쿠키

말린 과일과 계피; 중간 길이의 피니시

풍미 유형
- 나무 향
- 과일 향
- 꽃 향
- 곡물 향
- 향신료 향
- 피트 향

이건 어떨까? 카발란 '클래식'

글렌모렌지 '퀸타 루반' (로스셔 주 테인) 46% ABV	클라이넬리시 14년산 (하이랜드 북동부) 46% ABV	레이첵 10년산 하이랜드 싱글 몰트 (아일 오브 멀) 46.3% ABV
비슷한 스타일로는, 토민토울 15년산 포트 피니시	**비슷한 스타일로는,** 올드 풀트니 12년산	**비슷한 스타일로는,** 아드벡 10년산
중량감 3 — 포트 캐스크(또는 파이프)에서 몇 달간 2차 숙성을 한다.	**중량감 3** — 클라이넬리시 증류소는 1819년에 설립되었지만, 현재의 증류소는 1969년에 새로 세워진 것이다.	**중량감 5** — 1798년 설립되었으나 이후 문을 닫았다가 1982년에 재개장했다.
암갈색	페일 골드	리치 골드
겨울 향신료; 정향, 계피; 바닐라 꼬투리	시트러스, 꽃 향. 해안에 인접한 위치를 드러내는 톡 쏘는 바다 내음	강렬한 스모키함; 매혹적인 시트러스 향
술을 채운 체리; 정향과 아니시드 향신료 약간	해초와 훈연향; 청량한 시트러스, 스파이시한 꿀, 바닐라	매캐한 피트 향; 과즙이 풍부한 시트러스
꽤 드라이하며 스파이시함, 중간 길이의 피니시	길고 산뜻한 피니시; 다소 오일리한 질감	싱그럽게 맴도는 시트러스와 피트 향

이건 어떨까? 발베니 21년산 포트 피니시 | **이건 어떨까?** 하쿠슈 싱글 몰트 | **이건 어떨까?** 암루트 피티드

비하인드 스토리 …

증류기의 유형

위스키 제조에 사용되는 증류기는 단식 증류기와 연속식 증류기 두 종류로 나뉜다. 둘 다 각각 독특한 위스키를 생산하며, 기본 원리는 비슷하지만 작동 방식이 다르다. 그러면 어떻게 작동하는지 살펴보자.

단식 증류기

단식 증류기는 위스키 제조 역사에서 가장 역사가 길고 전통적인 형태의 증류기로, 싱글 몰트 제조에 주로 사용된다. 형태는 주전자 모양인데 '워시'나 '비어' 같은 발효액이 가열되면 수증기가 되어 주둥이로 올라간다. 상승한 기체는 '스완 넥'이라는 관을 통해 차가운 응축관으로 들어가 농축된 알코올로 변환된다. 단식 증류기는 보통

▲▶ 구리 단식 증류기
1830년대 다단식 증류기가 개발되어 증류 과정을 지배하기까지 수 세기 동안 위스키 증류의 근간이었다.

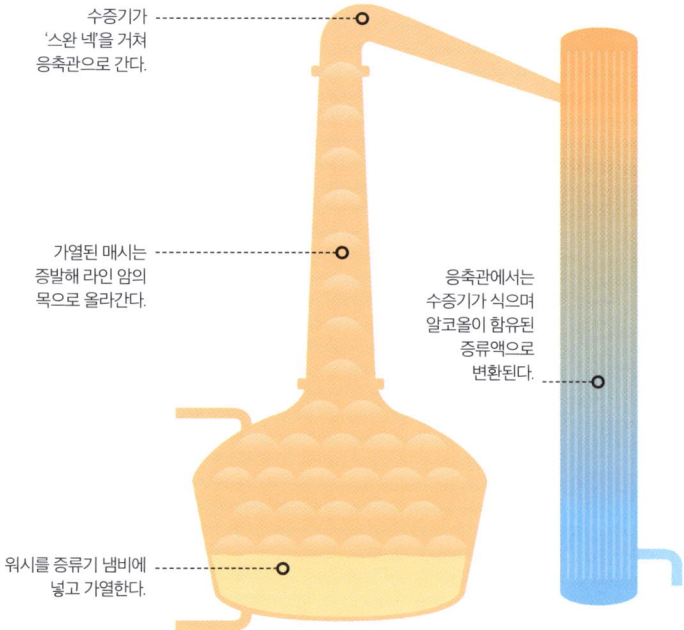

수증기가 '스완 넥'을 거쳐 응축관으로 간다.

가열된 매시는 증발해 라인 암의 목으로 올라간다.

응축관에서는 수증기가 식으며 알코올이 함유된 증류액으로 변환된다.

워시를 증류기 냄비에 넣고 가열한다.

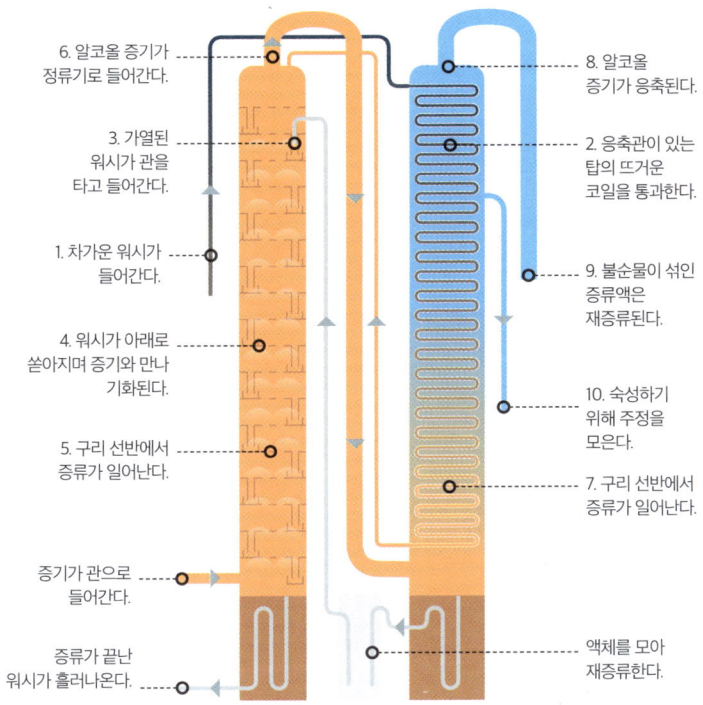

6. 알코올 증기가 정류기로 들어간다.
3. 가열된 워시가 관을 타고 들어간다.
1. 차가운 워시가 들어간다.
4. 워시가 아래로 쏟아지며 증기와 만나 기화된다.
5. 구리 선반에서 증류가 일어난다.
증기가 관으로 들어간다.
증류가 끝난 워시가 흘러나온다.
8. 알코올 증기가 응축된다.
2. 응축관이 있는 탑의 뜨거운 코일을 통과한다.
9. 불순물이 섞인 증류액은 재증류된다.
10. 숙성하기 위해 주정을 모은다.
7. 구리 선반에서 증류가 일어난다.
액체를 모아 재증류한다.

◀▲ 연속식 증류기
왼쪽 그림은 연속식 증류기 내부에서 종종 동시에 발생하는 주요 공정의 순서를 보여 준다.

구리로 만들어지는데, 다른 금속은 열이 효과적으로 전도되지 않아 불순물인 황 화합물이 제거되지 않기 때문이다.

연속식 증류기

패턴트, 코피, 다단식 증류기로도 불린다. 이 증류기로는 알코올 함량이 높고 더 순도 높은 증류주를 만들 수 있다. 발효액을 기둥 꼭대기에서 부으면 기둥 사이의 선반들을 타고 아래로 흘러내리며 뜨거운 증기가 위로 상승하는 간단한 증류 작용이 일어난다. 연속식 증류기는 스카치 그레인 위스키나 미국의 버번을 증류하는 데 사용된다.

다른 유형의 증류기로는 '더블러'가 있는데, 전통적으로 미국의 버번 스타일 위스키를 제조하는 데 사용되었다. 본질적으로는 연속식 증류로 생산된 증류액을 2차 증류하는 단식 증류기다. 하이브리드 증류기는 하나의 장비에 이 두 가지 기술을 결합한 것이다.

연속식 증류기는 보통 스테인리스 스틸로 만들지만, 단식 증류기처럼 황 화합물을 제거하기 위해 응축관의 돔 모양 뚜껑은 구리로 만든다.

연속식 증류기는 보통 스테인리스 스틸로 만들지만, 단식 증류기처럼 황 화합물을 제거하기 위해 응축관의 돔 모양 뚜껑은 구리로 만든다.

아일랜드

세계적으로 인기 있는 위스키를 생산한다는 아일랜드의 기록은 부러움을 자아낸다. 그러나 아일랜드 역사의 다른 많은 부분과 마찬가지로, 증류 유산 역시 부침을 겪은 뒤 부활해 마침내 행복한 미래의 희망을 품게 되었다. 싱글 포트 위스키가 아이리시 위스키에게 세계적 유명세를 가져다주고 영국과 미국의 베스트셀러였던 터라, 이 전통적인 방식을 고수하던 아일랜드 증류업자들은 처음에는 위스키 제조 공정에 다단식 증류기와 연속식 증류법이 도입된 19세기의 혁명을 받아들이지 못했다. 아일랜드가 전통적인 방식을 고수한 점은 문화적으로는 존경받을 만하지만, 아일랜드 위스키 산업이 고사하는 위기를 초래하며 경제적으로 큰 재앙을 맞이하게 되었다. 그럼에도 아일랜드 위스키 산업은 살아남아 오늘날 다시 번영을 누리고 있다. 이제 새로운 생산자들이 아일랜드공화국의 제임슨과 자이언트 코즈웨이(왼쪽)에서 엎어지면 코 닿을 거리에 있는 북아일랜드의 부시밀즈 같은 유서 깊은 증류소에 합류하고 있다.

아일랜드

아이리시 위스키는 특히 미국에서 사랑받는다. 스코틀랜드보다 오랜 역사를 가진 아일랜드 위스키 산업을 이끄는 동력은 무엇이며, 오늘날은 어떤 지위에 있는지 살펴보자.

최초의 위스키 생산 1700년대

주요 생산 위스키 싱글 몰트, 싱글 포트 스틸, 싱글 그레인, 블렌디드

주요 증류소
- 제임슨(코크)
- 부시밀즈(앤트림)
- 쿨리(라우스)
- 틸링(더블린)
- 딩글(케리)

증류소 수 21개

부시밀즈 연간 12만 명이 찾는 증류소 — 싱글 몰트 10년산

에클린빌 북아일랜드 유일의 농장 증류소

옥스 산맥 슬라이고 카운티에 걸쳐 있다.

데리/런던데리

북아일랜드

벨파스트

쿨리 그레인 위스키뿐 아니라 2회 증류한 몰트를 주로 생산한다.

아일랜드

골웨이

더블린

틸링 위스키 디스틸러리 2015년 더블린에 세워졌다. — 틸링 스몰 배치

딩글 제재소를 개조해 만든 '장인' 증류소 — 싱글 몰트

섀넌 강 총 길이 360km로 아일랜드에서 가장 긴 강이다.

리머릭

배로 강

위클로 산맥 아일랜드에서 가장 긴 산맥이다.

카라운투힐 높이 1,039m인 아일랜드 최고봉

블랙워터 강

코크

블루벨 숲 킬케니 카운티. 이곳에서 자란 오크는 현지의 캐스크 제조에 사용된다.

제임슨 원래는 더블린에 있었으나 현재 코크에서 증류된다. — 스타우트 에디션

주요 증류 방식
- 연속식 증류
- 단식 증류

위치

지리적 특징

아일랜드는 '에메랄드 섬'이라는 유명한 별명처럼 더블린, 벨파스트, 코크 등 도시를 벗어나면 푸른 농경지가 펼쳐져 있다.

대부분 저지대로, 구릉은 높고 험준하기보다 완만하고 낮다. 온화한 온대 해양성 기후이며, 겨울은 습윤하고 여름은 시원하다. 대서양에 면한 서쪽 지방은 난류인 멕시코만류의 직접적인 영향을 받아 강우량이 동쪽의 두 배에 달한다. 그 결과 아이리시 위스키 제조에는 널리 사용되지 않지만 이탄이 풍부한 습지가 형성되었다.

▶ 아일랜드 시골 지역은 대규모 농장보다는 생계형 소규모 농작지가 대부분이다.

증류소

1980년대 후반까지 아일랜드에서 운영 중인 증류소는 부시밀즈와 제임슨뿐이었다.

1987년 감자 증류주 생산 공장인 쿨리가 이들에 합류했다. 이렇게 모임을 단행한 틸링 가족은 훌륭한 위스키를 생산하다 2012년 짐 빔에 증류소를 매각했다. 그리고 2015년 더블린에 틸링 위스키 디스틸러리를 열었다. 이 틸링 증류소는 케리의 딩글과 다운 카운티의 에클린빌 등 유명한 증류소들과 더불어 2000년대 아일랜드 위스키의 부활을 이끌었다.

▲ 부시밀즈의 블랙 부시는 올로로소 셰리 캐스크에서 숙성되었다. 비율은 몰트 80%, 그레인 위스키 20%다.

역사적 배경

아일랜드는 스코틀랜드보다 먼저 위스키를 증류했지만, 위스키 산업은 그에 비해 오랫동안 침체되어 있었다.

역사적으로 가혹한 조세 제도와 생산 규제에도 일부 원인이 있지만, 스코틀랜드에 비해 쇠퇴하게 된 주된 이유는 1830년대 등장한 '혁명적인' 코피 스틸의 수용을 거부한 탓이다. 싱글 포트 스틸 증류법을 고집하면서 그들의 제품은 유행에 뒤떨어진, 값만 비싼 제품이라는 인식을 얻게 되었다. 그리하여 1980년대에는 단 두 곳의 증류소만 남게 되었다. 하지만 오늘날 20개가 넘는 증류소가 운영 중이며 아일랜드 위스키의 부흥을 이어가고 있다.

비하인드 스토리…

아일랜드 위스키의 부활

아일랜드는 한때 스코틀랜드와 함께 위스키 제조의 선두를 달렸다. 하지만 빛바랜 과거의 영광일 뿐이다.
아일랜드 위스키 산업에 대체 무슨 일이 일어났고, 현재 어떻게 과거의 영광을 되찾아가고 있을까?

▲ **부시밀즈**는 1608년 정식으로 증류 면허를 획득한, 오랜 역사를 자랑하는 세계적인 위스키 제조사다. 그 역사는 어떤 스코틀랜드 증류소보다도 길다.

1970년대까지

과거의 영광은 역사 저편으로 사라지고, 아일랜드 증류업계는 1970년대까지 쇠락의 길을 걷고 있었다. 한때 수십 개에 달했던 증류소 중 살아남아 품질 좋은 위스키를 생산하는 대형 증류소는 단 두 곳, 북아일랜드의 부시밀즈와 아일랜드공화국의 제임슨뿐이었다. 아일랜드 위스키 업계가 위스키 생산 방식과 음용 습관의 변화에 적응하며 스스로 변화를 모색하는 동안, 아일랜드 위스키의 명맥을 지킨 것은 바로 이들이었다.

1980년대의 부활

1987년 변화가 시작되었다. 아일랜드인 사업가 존 틸링이 두 아들과 함께 라우스 카운티의 소규모 감자 증류주 생산 공장을 위스키를 생산하는 쿨리 증류소로 전환하면서부터였다. 쿨리는 맥아와 생보리를 3회 증류하는 '전통적인' 아이리시 위스키 제조 방식 대신, 맥아만을 2회 증류하는 스코틀랜드 방식을 수용했다. 또한 한 세기 동안 다른 아이리시 증류업자들이 하지 않은 일에 도전했다. 바로 피티드 아이리시 위스키였다. 쿨리는 설립 당시부터 독창적인 위스키 제조사였으며, 다른 아이리시 증류업자들에게 영감을 주고자 했다.

> 과거의 영광은 역사 저편으로 사라지고,
> 아일랜드 증류업계는 1970년대까지
> 쇠락의 길을 걷고 있었다.

2000년대 이후

2010년 쿨리의 소유주는 킬베간 증류소를 재개장했고, 이는 현재 운영 중인 아일랜드 증류소 중 가장 역사가 긴 곳이다. 그다음 해, 틸링 가족은 9,500만 달러에 사업체를 짐 빔에 매각했는데 이는 위스키 업계의 대형 사업자가 아이리시 위스키의 잠재력을 인정한다는 방증이었다.

그때부터 아일랜드에 매주 신규 증류소가 개장하는 것처럼 보였다. 이러한 흐름을 타고 마침내 1954년 폐쇄되었던 유서 깊은 털라모어 증류소가 스코틀랜드의 윌리엄 그랜트 앤드 선즈에 매입되어 2014년 재개장했다. 이와 동시에 북아일랜드 다운 카운티의 에클린빌, 아일랜드공화국 레이트림 카운티의 더 셰드 디스틸러리가 크래프트 증류를 시작했다. 이 두 증류소는 진도 생산하며 방문객과 위스키 애호가를 위한 관광지로 홍보하고 있다.

아일랜드의 위스키 르네상스가 시작된 곳으로 돌아온 틸링 가족은 2015년 더블린에 틸링 위스키 디스틸러리를 열면서 이 경쟁에 다시 뛰어들었다.

그들은 어떻게 했을까?

한때 아이리시 위스키는 싱글 포트 스틸 증류법만을 고수했지만, 지금은 다양한 증류법이 시도되고 있다.

틸링, 코노트, 셰드, 딩글 같은 증류소가 싱글 포트 스틸 증류의 영광을 되살리고 있으며, 2회 또는 3회 증류한 싱글 몰트 제조에 집중하는 증류소도 있다. 많은 신규 증류업자가 직접 제조한 위스키가 숙성되는 동안 기존의 대형 증류소에서 생산된 위스키를 병입해 판매하기도 한다. 한때 획일적이었던 아일랜드 위스키 업계는 이제 다양성이 공존하는 본보기로 변모했다.

◀ 더블린 틸링 증류소는 틸링 가족의 도전의 성과다. 2015년 개장한 이 증류소의 생산 목표는 연간 약 50만 리터에 달한다.

시음 노트 13 / 20

'현대' 아이리시 위스키

수 세기 동안 싱글 포트 스틸 위스키가 아일랜드를 장악해왔다. 하지만 이제는 전통에 국한되지 않는 새로운 도전을 통해 주목할 만한 여러 스타일이 등장하면서 아일랜드 위스키의 세계가 다양해졌다.

어떻게 해야 할까

이번에는 쿨리, 제임슨, 틸링 이 세 곳의 증류소에서 현재 음용 가능한 (이 글을 쓰는 지금도 상당수의 '새로운' 아이리시 위스키가 숙성 중이다) '현대' 아이리시 위스키를 살펴보겠다. 이를 통해 어떤 혁신과 색다른 스타일이 수용되고 있는지 파악할 수 있을 것이다.

무엇을 배울까

'메소드 앤드 매드니스'는 '전통적인' 싱글 포트 스틸 위스키지만 오크와 밤나무 배럴에서 차례로 숙성되었다. 이것이 맛에 어떤 영향을 미쳤을까? 다른 세 위스키 역시 '아이리시' 위스키의 맛에 대한 새로운 시각을 갖게 한다. 이번에 시음하는 네 가지 위스키 모두 아일랜드에서 일어나는 변화를 보여준다.

이번에 시음하는
네 가지 위스키 모두 아일랜드에서
일어나는 변화를 보여준다.

틸링 싱글 그레인

싱글 그레인 위스키
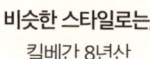
46% ABV

비슷한 스타일로는, 킬베간 8년산

중량감 2

현재 숙성 그레인 위스키를 생산하는 단 두 곳의 증류소 중 한 곳의 제품이다.

👁 황금빛 볏짚색

 가볍고, 청량한 시트러스 솜사탕, 바닐라, 은은한 계피

 시향에서는 짐작할 수 없던 톡 쏘는 과일 향미. 새콤한 과일과 화이트 초콜릿

 시트러스 계열 피니시의 여운이 길게 이어짐

향미 균형

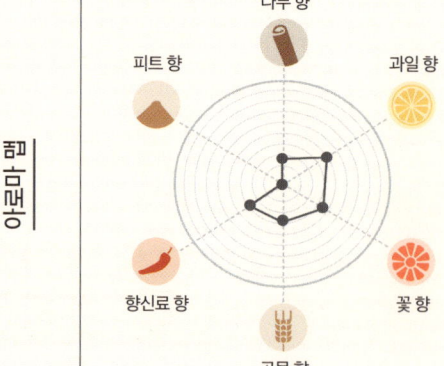

 이건 어떨까? 메소드 앤드 매드니스 SG

메소드 앤드 매드니스 SPS	나포그 캐슬 12년산	코네마라 피티드 아이리시 위스키
싱글 포트 스틸	싱글 몰트 위스키	싱글 몰트
46% ABV	40% ABV	46% ABV
비슷한 스타일로는, 그린 스폿 레오빌 바통 피니시	**비슷한 스타일로는,** 틸링 싱글 몰트 위스키	**비슷한 스타일로는,** 부나하벤 토이티치
중량감 3 — 버번과 셰리 캐스크에서 1차 숙성한 뒤 프랑스 밤나무 캐스크에서 2차 숙성.	**중량감 2** — 15세기에 지어진 성 지하에서 숙성된 위스키.	**중량감 4** — 1세기만에 처음 생산된 최초의 피티드 아이리시 싱글 몰트
리치 골드	연한 볏짚색	라이트 골드
구운 배와 정향. 사탕. 캐러멜라이징된 조당과 계피	편안한 느낌을 주는 바닐라와 시트러스. 약간의 견과류; 은은한 마지팬의 향	훈연해 겉을 그을린 애플파이. 부드러운 피트 연기. 꿀과 맥아 향
파인애플, 복숭아, 키위의 풍부한 과일 맛. 뒤이어 느껴지는 바닐라와 말린 과일의 맛	부드러우며 달콤한 과일과 섬세한 향신료. 약간의 사탕수수 설탕	피트 향미가 뚜렷하게 느껴지며 뒤이어 감도는 꽃의 향미와 은은한 민트 맛
여운이 지속되는 긴 피니시. 산뜻하고 산도가 느껴지는 입안촉감	길고 매혹적인 피니시; 크리미한 입안촉감	길고 강하며 스모키한 피니시. 꽤 드라이함

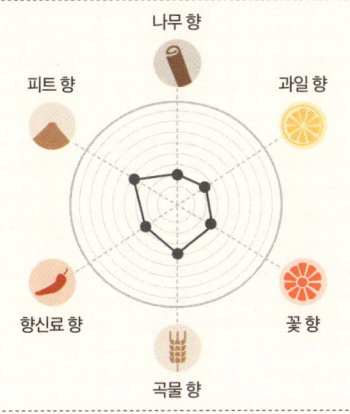

이건 어떨까? 파워스 존스 레인 **이건 어떨까?** 나포그 캐슬 16년산 **이건 어떨까?** 코네마라 12년산

북아메리카

북아메리카의 위스키 이야기는 반드시 켄터키에서 시작해야 한다. 켄터키는 버번의 고향이자 손에 꼽히는 세계적인 위스키 생산지로서, 아메리카 다른 지역이 무엇을 제공하는지 파악할 수 있는 완벽한 출발점이다. 그다음 행선지는 또 다른 미국 위스키의 거인, 테네시다. 뒤이어 서부, 중부, 동부(왼쪽 뉴욕 시 브루클린 브리지)의 신흥 지역으로 향한다. 그리고 북쪽으로 올라가 캐나다의 현황을 살펴보자. 북아메리카 위스키 업계는 버번, 콘·라이·휘트 위스키, 블렌디드가 공존한다. 다음으로는 성장하는 마이크로 증류소를 통해 전통적인 위스키 제조 기술의 보존과 더불어 위스키의 정체성, 증류와 숙성에 대한 고정관념을 타파하고 경계를 허물려는 시도를 살펴볼 것이다.

켄터키

켄터키는 버번의 탄생지이자 최대 생산지로서 위스키 세계에서 그 중요성을 굳건히 다지고 있다.

주요 증류 방식
- 연속식 증류
- 단식 증류

위치

그린 강

최초의 위스키 생산 1700년대 중반

주요 생산 위스키 버번, 콘, 라이, 휘트

주요 증류소
- 버펄로 트레이스(프랭크포트)
- 포어 로제스(로렌스버그)
- 헤븐 힐(바즈타운)
- 짐 빔(클레몬트)
- 와일드 터키(로렌스버그)

증류소 수 약 70개

지리적 특징

켄터키는 위스키 제조의 강자 테네시를 비롯해 7개 주와 경계가 맞닿아 있다.

기후는 북쪽부터 남쪽까지 조금 차이가 있기는 하지만 대체로 온난한 아열대성 기후다. 미시시피나 앨라배마 같은 남부의 주만큼 덥지는 않지만 미시간이나 펜실베이니아 같은 북부 주보다는 겨울에 따뜻하다. 물이 풍부하고, 켄터키 주의 모든 강은 미시시피 강으로 흘러간다. 켄터키는 오랜 농업 역사를 가진 풍요로운 농경지대로, 옥수수가 주요 작물이다.

▲ 켄터키의 거의 절반은 숲으로 덮여 있어, 위스키를 제조·숙성하기에 이상적인 온난습윤한 기후다.

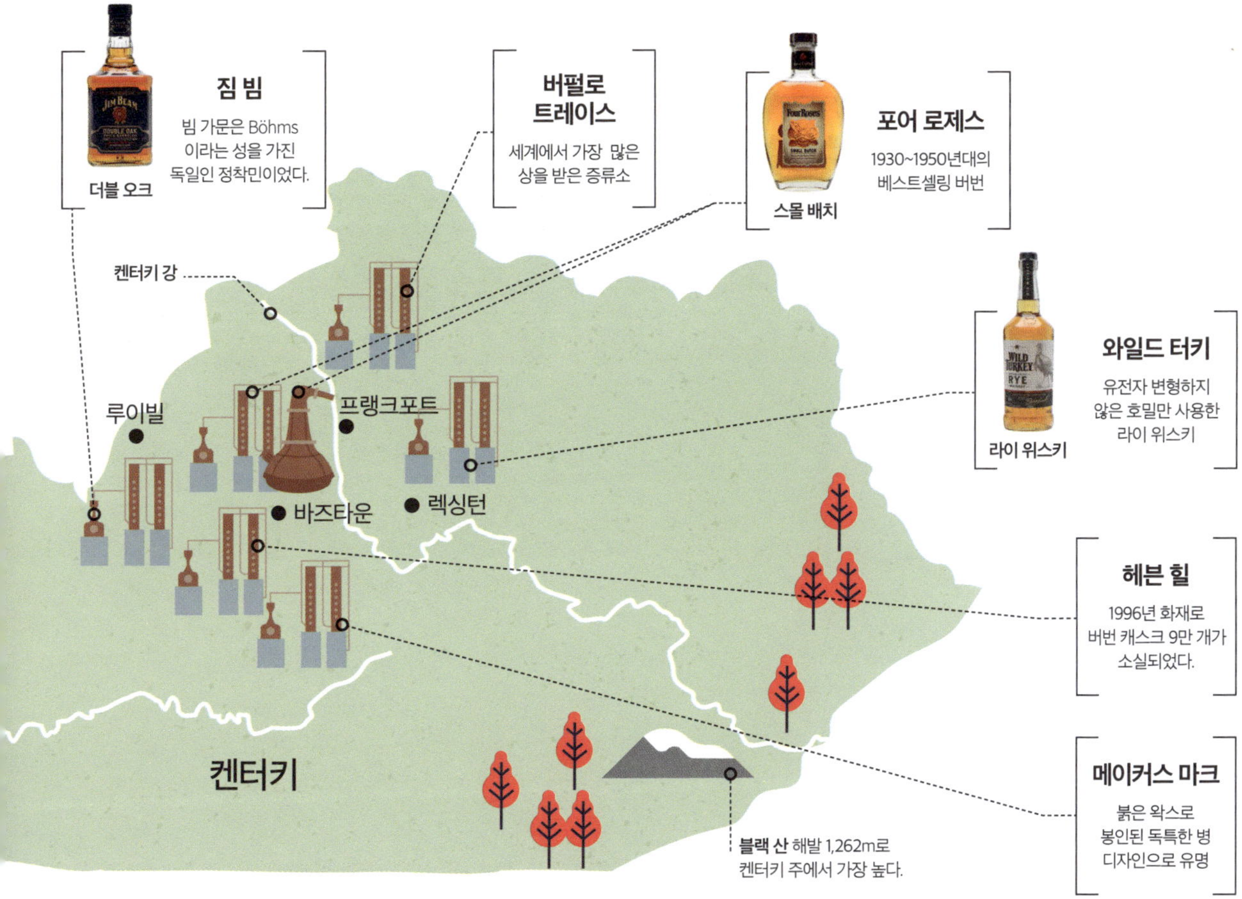

짐 빔
빔 가문은 Böhms 이라는 성을 가진 독일인 정착민이었다.

더블 오크

버펄로 트레이스
세계에서 가장 많은 상을 받은 증류소

포어 로제스
1930~1950년대의 베스트셀링 버번

스몰 배치

와일드 터키
유전자 변형하지 않은 호밀만 사용한 라이 위스키

라이 위스키

헤븐 힐
1996년 화재로 버번 캐스크 9만 개가 소실되었다.

메이커스 마크
붉은 왁스로 봉인된 독특한 병 디자인으로 유명

- 켄터키 강
- 루이빌
- 프랑크포트
- 바즈타운
- 렉싱턴
- 켄터키
- 블랙 산 해발 1,262m로 켄터키 주에서 가장 높다.

증류소

2000년대 초반까지 켄터키의 위스키 증류소는 손에 꼽을 수 있는 정도였다.

하지만 버펄로 트레이스와 헤븐 힐 같은 증류소에서 각각 다른 브랜드로 병입한 위스키를 생산했기 때문에 실제보다 더 많은 위스키가 제조된다는 인상을 주었다. 오늘날 세계를 휩쓸고 있는 크래프트 위스키 혁명의 바람이 켄터키에도 불어와 현재 운영 중인 것과 건설 중인 것을 포함해 70여 개가 넘는 증류소가 생겨났다.

▲ 짐 빔은 1795년 회사 창립자 제이콥 빔의 이름을 딴 올드 제이크 빔 위스키를 판매하기 시작했다.

역사적 배경

켄터키의 위스키 제조는 1700년대 후반 유럽의 이민자들이 정착하면서 시작되었다.

주 전역에서 옥수수 농사를 지었기 때문에 수확 후에도 콘 위스키를 만들 만큼 충분한 양이 생산되었다. 그리고 단순한 보관이 아닌 숙성에 오크 캐스크가 이용되기 시작하면서 버번이 탄생했다. 버번은 이제 스카치에 이어 세계에서 가장 많이 수출되는 위스키가 되었다. 켄터키의 대형 상업 생산자 대부분은 소박한 규모에서 출발했다. 메이커스 마크는 지금도 1773년에 지어진 증류소에서 생산한다.

지리적 특징

테네시의 증류소는
주로 서부의 내슈빌, 동부의 녹스빌,
남부의 페이엣빌에 집중되어 있다.

테네시는 켄터키와 비슷한 습윤한 아열대성 기후인데, 여름과 겨울에는 좀 더 따뜻하다. 농업과 제조업이 발달한 지역으로 소와 가금류를 수출하고 운송과 전기 장비 생산에 주력한다. 웅대한 미시시피 강이 서쪽 국경과 접해 있으며 애팔래치아 산맥이 주 동부를 덮고 있다.

▲ **내슈빌**은 미국 컨트리 음악의 수도로 유명하지만 테네시 위스키 생산의 심장부이기도 하다.

테네시

잭 다니엘 씨가 만든 위스키 말고 테네시와 그곳의 위스키에 대해 얼마나 알고 있는가? 분명 당신이 아는 것 이상의 세계가 펼쳐질 것이다.

주요 증류 방식

위치

최초의 위스키 생산 18세기 후반

주요 생산 위스키 테네시 위스키, 버번, 콘, 라이, 휘트 위스키

주요 증류소
- 잭 다니엘스(린치버그)
- 조지 디켈(털러호마)
- 베냐민 프리차드(켈소)
- 커세어(내슈빌)
- 넬슨스 그린 브라이어(내슈빌)

증류소 수 약 30개

미시시피 강 — 총 길이 3,778km인 미국의 상징적인 수로

테네시

멤피스

테네시 강

증류소

금주법 시대를 거치며 잭 다니엘스와 조지 디켈 단 두 곳만 남았으나 이제 테네시 전역에 30여 개의 증류소가 포진해 있다.

그중 상당수는 최근에 문 연 크래프트 위스키 제조사다. 2013년 '링컨 카운티 공정'이 법으로 규정되어, 테네시 위스키라는 라벨을 붙이려면 반드시 숯 여과 공정을 거쳐야 한다. 역설적이게도(복잡한 법적 이유로) 이 규정을 적용받지 않는 유일한 증류소인 베냐민 프리차드는 사실상 링컨 카운티의 유일한 증류소다.

▲ **잭 다니엘스의 숯 버너.** 이 증류소는 단풍나무를 벌목한 현장에서 숯을 만들어 위스키를 여과한다.

역사적 배경

테네시는 이웃한 켄터키처럼 많은 유럽 이민자가 정착한 땅이다.

하지만 위스키 제조를 둘러싼 운명은 달리 펼쳐졌다. 테네시는 금주법 시행 10년 전인 1909년에 위스키 생산을 금지한 최초의 주였으며, 금주법이 폐지되고도 6년이나 지난 1939년에야 합법화되었다. 그리고 1년 후 잭 다니엘스 증류소가 재개장했고, 1958년 조지 디켈이 합류했다. 1997년 베냐민 프리차드 증류소가 문을 열었고, 뒤이어 크래프트 증류소의 새 바람이 불어 이 지역 위스키 제조 붐을 일으켰다.

넬슨스 그린 브라이어
1909년 폐쇄되었다가 최근 재개장해 운영 중이다.

커세어
2010년 개장한 내슈빌 최초의 크래프트 증류소
라이 문

조지 디켈
'달빛처럼 그윽한' 위스키
배럴 셀렉트

베냐민 프리차드
단식 증류기만 사용

컴벌랜드 강

내슈빌

녹스빌

애팔래치아 산맥
길이 2,400km에 달하며 미 동부를 관통한다.

클링먼스돔 높이 2,205m에 달하는 테네시의 최고봉

잭 다니엘스
미국에서 가장 잘 팔리는 위스키
올드 No.7

미국 서부

미국 서부는 위스키에 대해 언급할 때 바로 연상되는 지역은 아니다. 그러나 지도에서 보듯 캘리포니아, 워싱턴, 유타, 오리건에도 증류소가 있다.

최초의 위스키 생산 1790년대

주요 생산 위스키 싱글 몰트, 버번, 콘, 라이, 휘트 위스키

주요 증류소
- 호탈링 앤드 Co.(캘리포니아)
- 세인트 조지 스피리츠(캘리포니아)
- 드라이 플라이(워싱턴)
- 하이 웨스트(유타)
- 클리어 크릭(오리건)

증류소 수 약 230개

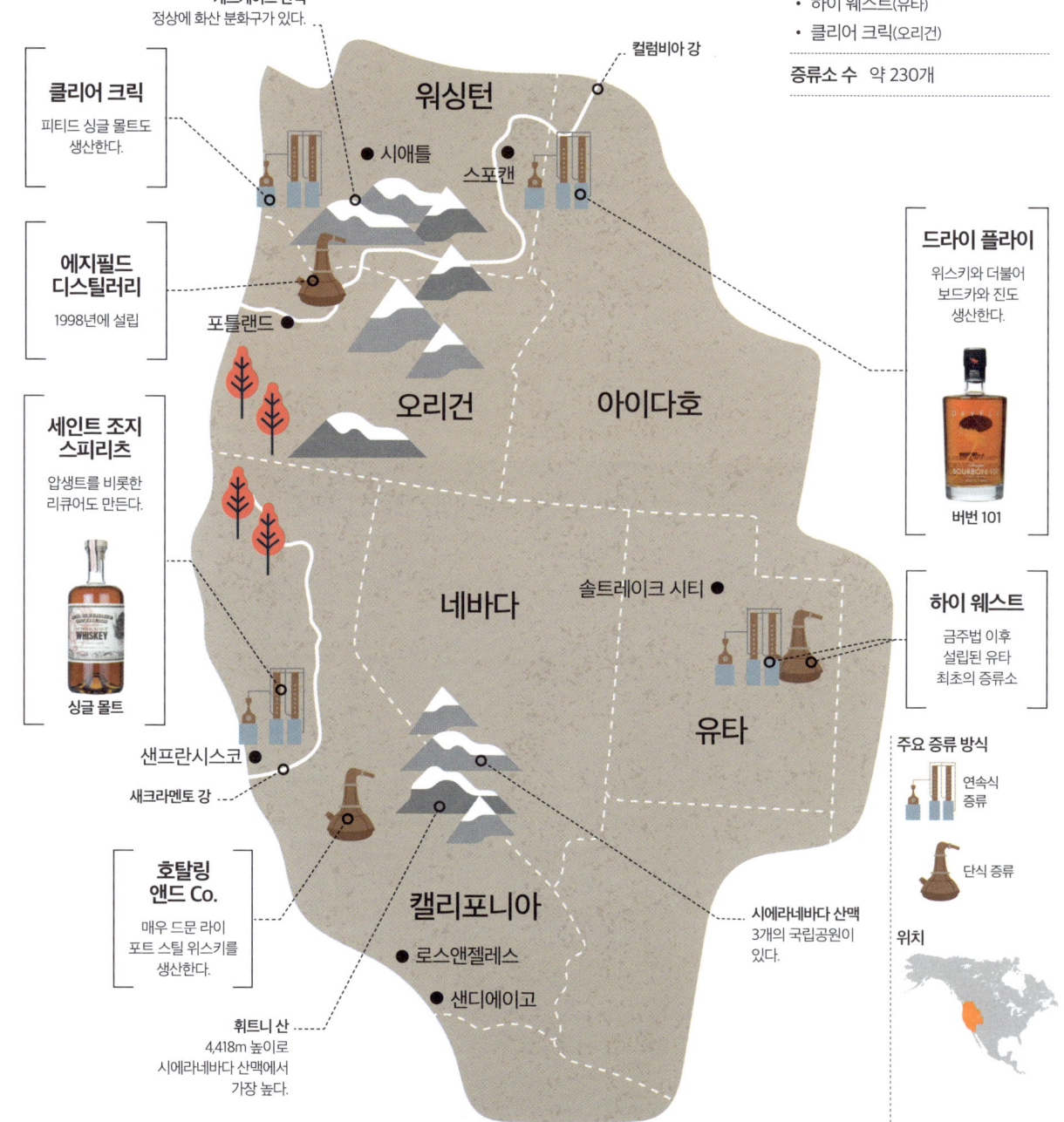

지리적 특징

미국 서부는 서쪽으로는 태평양, 동쪽으로는 로키 산맥에 면해 있다.

면적이 180만 km²에 달하는 넓은 지역으로 내륙의 사막, 북부의 온대 삼림, 남부 해안의 열대, 신록이 우거진 평원과 계곡 등 다양한 풍광과 기후가 펼쳐진다. 미국 서부는 증류소가 증가 추세인데 북쪽에서는 시애틀와 포틀랜드 같은 대도시 주변, 남쪽으로 내려가면 (소수의 유명한 예외가 있지만) 샌프란시스코와 로스앤젤레스에 인접했거나 태평양에 면한 지역에 대부분 집중되어 있다.

▶ 샌프란시스코와 주변의 베이 에어리어에는 약 20여 개의 위스키 증류소가 있다.

증류소

미국 서부에는 유서 깊은 증류소가 없다. 금주법이 모두 휩쓸어버렸기 때문이다.

하지만 위스키 제조자들은 미국인 특유의 개척정신을 발휘해 다시 시작했다. 1982년 샌프란시스코에서 '금주법 이후 최초의 소규모 증류소'를 표방하며 개장한 세인트 조지 스피리츠가 새로운 길을 닦았다. 그 밖에 마이크로 증류소의 초기 개척자로 샌프란시스코의 앵커 디스틸러리(현재는 호탈링 앤드 Co.)와 오리건 주 트라우트데일의 에지필드 디스틸러리가 있으며, 이들은 2000년대 이후 크래프트 위스키 붐이 일기 전부터 위스키를 증류해왔다.

▲ 하이 웨스트의 랑데부 라이는 상을 받은 '호밀 비중이 높은' 위스키로, 스파이시하지만 부드럽다.

역사적 배경

미국 서부 주는 주요 위스키 산지에 들지 못한다. 위스키 생산에 사용되는 곡물이 동부에서 더 많이 재배되었기 때문이다.

금주법으로 이 지역의 증류소들이 폐업하면서 상황은 더 악화했다. 그럴 땐 앞으로 나아가는 수밖에 없다. 위스키 제조 전통이 단절된 이 지역의 증류업자들은 밑바닥에서부터 새 역사를 일궈내야 했다. 그리하여 그들은 미국 싱글 몰트 같은 '의외의' 위스키를 만들어낼 수 있었다. 오늘날 이 지역은 미국에서 가장 혁신적이고 흥미로운 위스키를 만들고 있다.

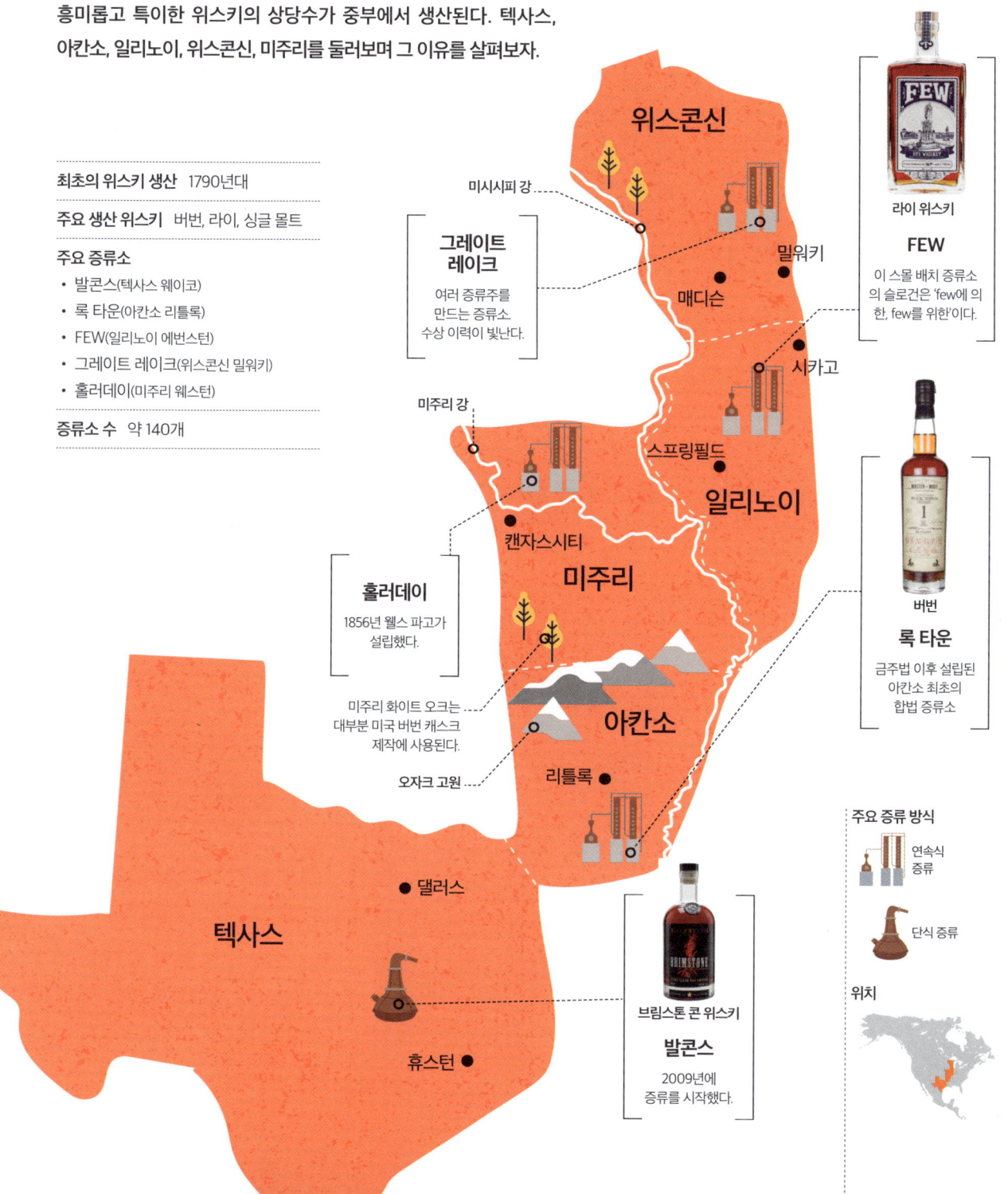

지리적 특징

130만 km²에 달하는 이 넓은 지역에는 매우 다양한 풍광이 펼쳐진다.

북쪽은 온대, 남쪽은 습윤한 아열대 기후다. 중부 지역의 주들은 토네이도 같은 극단적인 기상 현상을 자주 겪는 반면, 남부 해안 지역은 이따금 찾아오는 허리케인에 시달린다. 토지는 대체로 비옥하고, 대부분 평지이며, 경제의 중심은 농업이다. 일리노이, 위스콘신, 미주리, 미네소타는 미국의 주요 옥수수 생산지로 '옥수수 벨트'를 구성한다. 그 결과 옥수수를 주원료로 한 위스키가 주로 생산된다.

▶ 이 지역에는 심각한 토네이도가 자주 일어나 밀과 호밀을 비롯해 위스키의 원료가 되는 곡물에 엄청난 피해를 입힌다.

증류소

이 지역의 위스키 역사도 미국 금주법의 영향을 크게 받았다.

유일한 예외는 미주리인데 아마도 전통적으로 위스키 제조의 중심이었던 켄터키, 테네시와 인접해 있기 때문일 것이다. 미주리 주 웨스턴의 홀리데이 디스틸러리는 1856년 설립된 이래 여러 소유자를 거치며 다양한 이름으로 운영되어왔다. 오늘날은 50개가 넘는 증류소가 있는 텍사스가 명실상부한 증류소의 주로 자리매김했으며 미주리, 미네소타, 일리노이는 크래프트 위스키의 중심이다. 많은 소규모 지역 생산자들은 자신들의 제품을 현지에서만 판매한다.

▲ 캐리 네이션(1846~1911)은 텍사스 최고의 강경파 금주운동 지도자였다. 그녀의 영향력은 오늘날까지 남아 있다.

역사적 배경

금주법 시행 전 이들 주 많은 곳에서 금주운동의 영향력이 발휘되었다.

오늘날에도 텍사스와 아칸소의 일부 카운티에서는 주류 판매가 법적으로 금지되어 있다. 미국의 '금주' 카운티는 대체로 중부에 몰려 있고, 인구 규모는 1,800만 정도다. 그럼에도 이 지역의 증류소는 다른 위스키 제조자들만큼 혁신적이다. 낮은 주류 면허세 비용과 스몰 배치 생산자에 대한 주의 규제 철폐에 힘입어 크래프트 위스키는 번영을 누리고 있다.

미국 동부

미국 동부는 오랜 위스키 증류 역사가 있는 곳이다. 뉴욕, 버지니아, 펜실베이니아, 인디애나를 둘러보며 북미의 가장 오랜 이주민 정착지에서 어떤 일이 일어나고 있는지 살펴보자.

주요 증류 방식 연속식 증류

위치

최초의 위스키 생산 1700년대 초반

주요 생산 위스키 버번, 라이, 싱글 몰트

주요 증류소
- 터트힐타운(뉴욕 가디너)
- 스무스 앰블러(웨스트버지니아 맥스웰턴)
- A. 스미스 보먼 (버지니아 프레더릭스버그)
- 대즈 햇(펜실베이니아 브리스톨)
- MGP(인디애나 로렌스버그)

증류소 수 약 200개

터트힐타운
200년 된 제분소 자리에 세워진 증류소

펜실베이니아 라이
대즈 햇
수상 경력이 화려한 라이 위스키 전문 증류소

허드슨 베이비 버번

올드 스카우트
스무스 앰블러
2009년 설립된 애팔래치아 산맥에 위치한 증류소

MGP
많은 크래프트 위스키 브랜드에 위스키를 공급한다.

A. 스미스 보먼
1935년 설립된 가족 기업 증류소

인디애나 / 인디애나폴리스 / 오하이오 / 콜럼버스 / 신시내티 / 오하이오 강 / 펜실베이니아 / 피츠버그 / 뉴욕 / 필라델피아 / 뉴욕 / 웨스트 버지니아 / 리치먼드 / 버지니아 / 애팔래치아 산맥

지리적 특징

미국 동부는 전통적으로 중부와 서부에 비해 역사가 길며, 인구가 많고, 보다 산업화된 지역이다.

뉴욕, 보스턴, 워싱턴, 필라델피아 같은 유서 깊은 도시들이 동부 해안에 흩어져 있다. 기후는 스코틀랜드나 아일랜드와 비슷해 위스키 제조에 적합하다. 삼림이 울창하고 해안선이 복잡한 북부는 더 춥고, 중부는 온화하며, 저지대에 습지가 있는 플로리다 같은 남부는 열대성이다. 미국 동부와 캐나다를 관통하는 애팔래치아 산맥이 우뚝 솟아 압도적인 풍광을 선사한다.

▶ **뉴욕 시**에는 10개 이상의 증류소가 있으며, 대부분 '힙'한 브루클린 주변에 있지만 일부는 맨해튼에도 있다.

증류소

라이 위스키 생산은 1700년대 초반 펜실베이니아와 메릴랜드에서 시작되었다.

오늘날 이 두 지역은 펜실베이니아 브리스톨에 있는 대즈 햇 같은 증류소들을 통해 과거의 클래식하고 스파이시한 스타일에 대한 관심을 높이고 있다. 위스키 세계의 거인 켄터키의 이웃인 버지니아와 웨스트 버지니아는 2000년대 들어 스타트업이 등장하면서 증류업이 활성화되고 있다. 북쪽으로 올라가면 뉴욕의 터트힐타운 증류소에서 세운 허드슨 위스키가 라이, 콘, 버번, 몰트 위스키를 생산하고 있다.

▲ **허드슨에서 만든** 베이비 버번과 뉴욕 콘 위스키는 주 북부의 뉴욕 증류소 현지에서 재배한 곡물로 제조한다.

역사적 배경

뉴욕 최초의 증류소는 1640년 네덜란드 이주민들이 세웠으며 거기에서 예네버르, 즉 진을 만들었다.

1664년 영국이 점령한 뒤에는 럼이 인기였고, 미국 독립 이후에는 위스키가 그 뒤를 이었다. 조지 워싱턴 대통령이 남쪽으로 내려가 1797년 버지니아에 마운트 버논 증류소를 세웠다. 이후 150년 동안 구속적인 세금, 남북전쟁, 금주법 등을 겪으며 미국의 주류 생산은 쇠락의 길을 걸었다. 이러한 역사가 독창적인 방법으로 위스키 제조를 시도하는 소규모 증류가 발전하는 토대가 되었다.

시음 노트 14/20

미국의 지역별 크래프트 위스키

이번에는 미국의 신흥 증류소에서 만든 전통을 벗어난 위스키를 시음해보자. 이들은 '미국' 위스키의 경계를 넘나드는 도전을 이어가고 있다. 이들이 만든 위스키는 어떤 맛일까?

어떻게 해야 할까

미국 신흥 증류소를 대표하는 네 가지 위스키를 꼽기란 여간 어려운 일이 아니다. 이번에 시음할 네 가지 위스키를 통해 더욱 혁신적인 소규모 증류소에서 만드는 위스키에 대한 이해의 폭을 넓힐 수 있을 것이다.

무엇을 배울까

이들 신진 위스키 제조자들의 실험정신이 담긴 제품을 시음해본 적 있는가? 이번 시음의 목적은 이미 맛본 '전통적인' 미국 위스키보다 더 나은지 못한지 평가하는 것이 아니라 둘 사이의 차이점과 유사점을 파악하는 데 있다. 소규모 증류업자들은 족쇄를 벗어던지고 캘리포니아의 버번, 아메리칸 싱글 몰트 같은 새로운 제조 방식을 수용하고 있다.

> 소규모 증류업자들은 족쇄를 벗어던지고 새로운 제조 방식을 수용하고 있다.

소노마 디스틸링 버번

버번
캘리포니아
46% ABV

비슷한 스타일로는,
드라이 플라이 버번

중량감
3

2010년부터 운영 중이며, 전통적인 구리 단식 증류기로 생산한다.

 리치 골드

 크림 소다, 그을린 라즈베리 쿨리스, 모렐로 체리, 신선한 바질

 김빠진 체리 콜라, 다진 민트, 흑후추, 정향

 스파이시한 아로마, 달콤한 바닐라 에센스; 중간 길이의 피니시

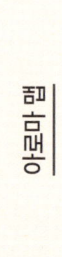

이건 어떨까? 올드 피츠제럴드 버번

발콘스 NO.1 싱글 몰트

싱글 몰트 위스키

텍사스 웨이코
53% ABV

비슷한 스타일로는,
와스먼드 싱글 몰트

| 중량감 4 | 금주법 폐지 후 생긴 텍사스 최초의 위스키 제조사로 현지에서 직접 단식 증류한다. |

황금빛 호박색

짭짤한 고기 요리; 진한 향신료; 달콤하며, 그을린 사철쑥

점성이 느껴지며, 만족스러움. PX 셰리를 드리즐한 럼과 건포도 아이스크림

스모키한 꿀, 태운 오렌지 제스트; 길고 드라이한 피니시

이건 어떨까? 아벨라워 아부나흐

허드슨 맨해튼 라이

라이 위스키

뉴욕 주 가디너
46% ABV

비슷한 스타일로는,
리뎀션 라이(공급자)

| 중량감 5 | 허드슨 위스키는 2005년 설립된 뉴욕의 터트힐타운 증류소에서 만들었다. |

강렬한 호박색

향긋하며 스파이시한 서양배, 시가 연기

묵직한 향신료 향, 계피 커스터드를 채우고 겉을 태운 애플파이. 그을린 오렌지껍질

길고 드라이하며 점성이 느껴짐. 매우 만족스러움

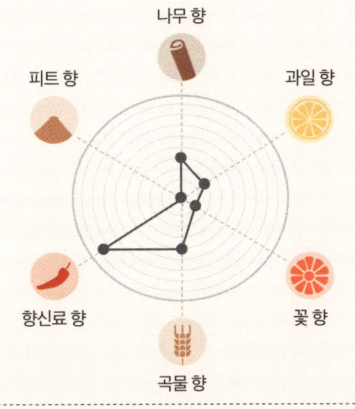

이건 어떨까? 잭 다니엘스 SB 라이

웨스트랜드 피티드

싱글 몰트 위스키

시애틀
46% ABV

비슷한 스타일로는,
맥카시스 피티드 오리건 몰트

| 중량감 4 | 순수하게 싱글 몰트 생산에만 집중하는 몇 안 되는 증류소 중 하나. |

황금빛 볏짚색

오렌지 제스트에 싸인 피트 연기, 정향과 계피향

스파이시하고 훈연 향이 느껴지는 갓 구운 서양배 파이, 그 위에 뿌린 민트 가지와 화이트 초콜릿 플레이크

길고 드라이한 피니시; 살짝 스모키하면서 균형감이 탁월

이건 어떨까? 쿨 일라 12년산

캐나다

캐나다는 북아메리카의 위스키 제조자에 대해 이야기할 때 간과되곤 한다. 하지만 이 광대한 나라는 오랜 위스키 제조 역사를 바탕으로 꾸준히 질 좋은 위스키를 생산하고 있다.

최초의 위스키 생산   1700년대 후반

주요 생산 위스키   캐나디안 라이, 블렌디드, 싱글 몰트

주요 증류소
- 앨버타 디스틸러스(앨버타 캘거리)
- 캐나디안 클럽(온타리오 윈저)
- 포티 크릭 디스틸러리(온타리오 그림스비)
- 김리 디스틸러리(매니토바 김리)
- 글렌노라 디스틸러리(노바스코샤 글렌빌)

증류소 수   약 50개

지리적 특징

캐나다는 세계에서 두 번째로 넓은 나라지만
국토의 60%가 냉대 기후다.

이 추운 나라는 위스키를 마시기에는 이상적이지만, 위스키 생산 원료인 곡물 재배에는 적합하지 않다. 예외적인 곡물이 주로 캐나다 서부에서 경작되는 호밀이다. 이 단단한 곡물은 추운 환경에서도 잘 자라기 때문에, 호밀 위스키가 캐나다 위스키의 주류가 된 것은 자연스러운 결과였다. 애팔래치아 산맥, 오대호, 드넓은 허드슨 만이 동부의 풍광을 이루며, 캐나다 서부 경계에는 로키 산맥이 우뚝 솟아 있다. 그 사이에 밀과 옥수수, 유채를 생산하는 캐나다의 '곡창지대' 대평원이 자리 잡고 있다.

▶ **로키 산맥에 위치한 밴프 국립공원**은 산과 빙하, 빙원, 숲으로 이루어진 광대한 지역이다.

증류소

전통적으로 캐나다 위스키 산업은
소수의 대규모 증류업자가 지배해왔다.

디트로이트를 기반으로 한 미국인 사업가 하이럼 워커가 1854년 온타리오 주 윈저에 훗날 캐나디안 클럽 디스틸러리가 되는 증류소를 열었고, 다른 제조자들이 곧 그 뒤를 따랐다. 오늘날에는 1989년부터 글렌 브레튼이라는 브랜드로 북아메리카 최초의 싱글 몰트를 만들어왔다는 글렌노라를 비롯한 혁신적인 증류소가 있다. 여기에 상당수의 크래프트 증류소가 있는데, 주로 동부의 노바스코샤에 집중되어 있다.

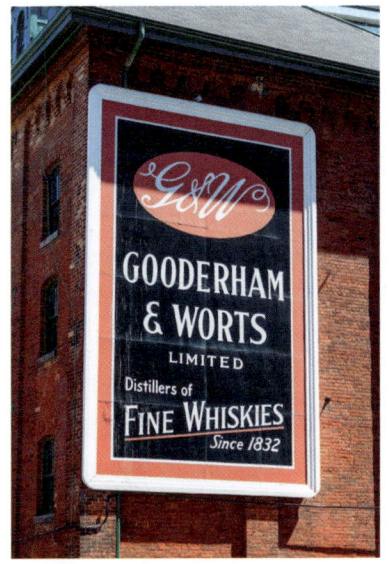

▲ **한때 캐나다 최대 증류소였던 구더햄 앤드 워츠**는 1990년대에 생산을 중단했지만 상징적인 역사 유산으로 보존되고 있다.

역사적 배경

누가 캐나다에 증류 기술을 전파했는지는
논란거리인데, 스코틀랜드인이나
아일랜드인이라는 의견이 지배적이다.

혹자는 잉글랜드인 혹은 독일계 이민자라고도 한다. 어쨌거나 캐나디안 위스키는 부드러운 향미로 미국에서 인기를 얻었고, 지금도 인기가 지속되고 있다. 오늘날 캐나디안 위스키는 미국에서 버번에 이어 두 번째로 인기가 높다. 생산 방식 면에서는 매시빌 상의 곡물을 한 번에 섞어 증류하는 미국과 달리 캐나다 위스키 제조자들은 호밀, 옥수수, 밀 위스키를 별도로 증류한 뒤 한꺼번에 블렌딩한다.

비하인드 스토리…

마이크로 증류소

위스키 앞에 '크래프트'라는 단어가 붙으면 영리하게 마케팅하는 브랜드와 멋진 라벨이 붙은 병이 떠오른다. 그렇다면 누가, 어떻게 크래프트 위스키를 만들고 있으며 마이크로 증류소란 정확히 무엇인지 알아보자.

▲ 오리건 주 조셉의 스테인 디스틸러리는 2009년 문을 열었다. 직접 곡물을 재배해 수작업으로 버번, 라이 위스키와 블렌디드를 만든다.

해석의 문제

마이크로 증류주에 대해 법으로 규정된 정의는 없지만, 가능하면 유기농 원료를 사용해 스몰 배치 공정으로 지역에서 소량 생산하는 증류주를 의미한다. 대부분의 마이크로 증류소는 스스로 위스키를 만들기로 결심한 위스키 열혈 애호가들의 열정 프로젝트다. 일부 마이크로 증류업자는 위스키 제조 과정을 독학해 새로운 아이디어와 접목시키기도 한다.

마이크로 증류소는 규모와 설립 목적이 매우 다양하다. 위스키 사랑을 실현하기 위한 (그리고 생계도 유지하는) 1인 사업체일 수도 있고, 더 큰 기업이 '크래프트' 위스키의 인기를 공유할 목적으로 후원하는 소규모 상업 증류소일 수도 있다.

소규모라서 더 특별할까?

요즘은 과거보다 소규모 증류소 창업이 더 쉬워졌다. 특히 미국에서는 도수가 높은 술 생산에 대한 현지법이 완화되어 마이크로 증류업 친화적인 환경이 조성되었다.

마이크로 증류업자들은 대형 상업 위스키 제조사의 압박에 굴하지 않고 자신들의 크래프트 위스키 제조 방식에 유연하게 접근해 새롭거나 특이한 곡물 조합을 시도하고 새로운 향미 블렌딩을 시험한다. 판매는 당연히 현지에 국한될 수밖에 없으며, 대부분 마이크로 증류소 내부 매장에서만 구입할 수 있다.

진짜 작은 마이크로 증류소에서 사용하는 위스키 제조 장비는 방 하나에 모두 들어갈 만큼 작고, 조금 더 큰 마이크로 증류소라면 창고 정도의 규모다. 따라서 증류

▲ 드라이 플라이도 여러 다른 소규모 증류소처럼 진과 보드카도 생산한다. 이 증류주에 대한 애정도 있을 테지만, 위스키가 서서히 숙성되는 동안 자금을 벌기 위한 목적이기도 하다.

소가 '마이크로'인지 아닌지 결정하는 것은 위스키 제조를 대하는 마음가짐이라고 보는 편이 타당할 것이다.

새로운 전통을 만들다

마이크로 증류소에는 개척정신이 담겨 있다. 따라서 마이크로 증류소가 진화하면서 위스키 제조를 둘러싼 고정관념도 흔들리고 있다. 독일에서 싱글 몰트를 만들고 싶다고? 왜 안 되나? 캘리포니아에서 버번을 만들면 어떨까? 한번 해보는 거다. 명심해야 할 점은 현지법과 국제 상표권이다. 예를 들어 버번은 미국에서 제조된 것에만 붙일 수 있는 이름이며, 스코틀랜드 밖에서 만든 것은 스카치 스타일 위스키라고 해야 한다. 따라서 안전하게, 라벨에 '스카치'라는 단어를 사용하지 않고 브랜드 이름에도 '글렌'을 포함하지 않는 편이 좋다.

대부분의 마이크로 증류소는
스스로 위스키를 만들기로 결심한
위스키 열혈 애호가들의 열정 프로젝트다.

선구적인 마이크로 증류소

다음에 소개하는 제품들은
세계 최초 또는 주목할 만한
크래프트 증류소와
그들의 '시그니처' 위스키다.

- 발콘스(미국): 텍사스 싱글 몰트 위스키
- 치치부(일본): '피티드' 싱글 몰트
- 커세어(미국): 100% 라이
- 코츠월드(잉글랜드): 싱글 몰트
- 다프트밀(스코틀랜드): 2006 윈터 릴리즈
- 스프리우드(독일): 스토크 클럽 라이
- 하이 웨스트(미국): 랑데부 라이

아시아

아시아 위스키는 2000년대 이전부터 꾸준히 성장해왔다. 동양 위스키에 대한 관심이 급증하는 흐름의 중심에 일본이 있었지만 인도나 타이완 같은 신진 주자들이 그 뒤를 맹추격하고 있다. 아시아의 위스키 제조자들은 주로 스코틀랜드 위스키 제조법에 영향을 받았지만, 고유의 기후 조건과 현지에서 생산되는 재료를 활용하는 법을 빠르게 습득했다. 인도의 히말라야산 보리나 후지 산(왼쪽)에서 자라는 향기로운 일본산 미즈나라 오크로 만든 배럴은 아시아의 위스키에 전통적인 환경에서 생산된 서양의 위스키와는 매우 다른 매력을 부여한다. 그리고 숙성 속도를 높이는 아열대 기후인 타이완에서는 이러한 특징이 더욱 두드러진다. 그 결과, 위스키를 마시는 사람들의 상상력을 사로잡는 다양한 향미의 위스키가 탄생하게 되었다. 전문가들도 아시아 위스키가 현재 전 세계적으로 꾸준히 상을 받을 만하다는 데 동의한다.

일본

일본 위스키는 위스키 세계에서 최고 수준으로 인정받고 있다. 제품 대부분이 스코틀랜드나 아일랜드 고급 위스키와 어깨를 나란히 하고 있다.

- **최초의 위스키 생산** 1923년
- **주요 생산 위스키** 싱글 몰트
- **주요 증류소**
  - 야마자키(오사카)
  - 요이치(삿포로)
  - 하쿠슈(호쿠토)
  - 미야기쿄(센다이)
  - 치치부(사이타마)
  - 카루이자와(미요타)
- **증류소 수** 64개

요이치
일본 최북단 증류소

삿포로

미즈나라 오크 숲
캐스크에 사용되는 향이 좋은 목재 생산지

홋카이도 산맥
높은 화산 고원

미야기쿄
닛카의 부드럽고 플로럴한 몰트를 제조한다.

미야기쿄 싱글 몰트

● 아오모리

오우 산맥
일본에서 가장 긴 산맥

미즈나라 오크 숲
캐스크에 사용되는 향이 좋은 목재 생산지

● 센다이

카루이자와
폐업했지만 제품은 여전히 구매 가능하며 수요 또한 높다.

치치부
수상 경력을 보유한 위스키 생산자

2016 피티드

디스틸러스 리저브

하쿠슈
카이코마 산에 세워진 증류소

일본

중부 알프스
일본 알프스라고도 불린다.

● 도쿄

후지 산
해발 3,776m

● 교토

기즈, 가츠무라, 우지 강
야마자키 증류소의 수원

● 오사카

● 히로시마

● 후쿠오카

규슈 산맥
아름다운 화산 산맥

야마자키
1923년 설립된 일본 최초의 증류소

야마자키 싱글 몰트 12년산

주요 증류 방식

 연속식 증류

 단식 증류

지리적 특징

일본은 4개의 주요 섬 혼슈, 규슈, 홋카이도, 시코쿠를 비롯해 7,000여 개의 섬으로 이루어진 나라다.

일본에는 산이 많으며, 도시와 해안 지역을 제외하고는 울창한 숲에 둘러싸여 있다. 기후는 비교적 온난하며 남쪽은 아열대성 습윤 기후부터 열대 우림 기후까지 나타나고, 홋카이도는 한대 기후에 가깝다. 일본은 지각단층선 위에 자리 잡고 있기 때문에 지진과 쓰나미가 빈번하게 일어난다. 일본의 증류소는 대부분 중심 섬인 혼슈에 있다. 도시나 해안 지역 인근에 위치하며, 깊은 숲 '외딴 곳'이나 높은 산지에 둥지를 틀기도 한다.

▶ **후지 산.** 중앙 알프스에 위치한 일본에서 가장 높은 이 산은 일본의 국가 상징이다.

증류소

일본 위스키 산업은 닛카와 산토리 양대 산맥이 지배하고 있으며, 각자 두 곳의 증류소를 운영하고 있다.

그레인 위스키 제조 설비도 갖추고 있어서 싱글 몰트, 블렌디드 몰트, 싱글 그레인 위스키를 생산한다. 닛카와 산토리는 스코틀랜드와 달리 블렌딩하기 위해 위스키 캐스크를 교환하지 않는다. 또한 최근 몇 년 동안 일본 위스키가 큰 인기를 누리면서 신흥 증류소가 대거 등장했다. 그중에서 치치부는 일본 위스키의 현재 위상을 보여주는 좋은 사례다.

▲ **옛것을 버려라.** 2014년 새 단식 증류기가 하쿠슈 증류소에 설치되었으며, 이는 33년 만에 처음으로 업그레이드된 것이다.

역사적 배경

과거에는 규정상 생산자들은 다른 나라에서 주정을 수입한 위스키에도 '일본 블렌디드' 위스키라고 붙일 수 있었다.

그래서 이러한 규정과 수입 원주의 홍보성을 이용하는 이들도 있었다. 그러나 기반이 탄탄하고 존경받는 증류업자들은 더 이상 이렇게 하지 않으며, 솔선수범해 이런 시대착오적인 관행을 바꾸려 노력한다. 잘 모르거나 신뢰할 만한 출처로부터 추천받지 못한 '일본 블렌디드 위스키'라는 라벨이 붙은 제품을 살 때는 주의하자.

시음 노트 15 / 20 — 일본 위스키

이번에는 일본 증류업계의 두 거물 닛카와 산토리에 집중해 유명한 싱글 몰트와 블렌디드 몰트 위스키를 시음해보자.

하쿠슈 디스틸러스 리저브

싱글 몰트
일본
43% ABV

비슷한 스타일로는, 알타바인

중량감	1973년 설립된 하쿠슈 증류소는 세계 최대 규모의 생산량을 자랑한다.
3	

어떻게 해야 할까

닛카와 산토리는 가장 대중적인 일본 위스키다. 산토리에는 최초의 증류소 야마자키에서 생산되는 야마자키와 다용도로 음용 가능한 위스키 하쿠슈가 있으며, 닛카에는 창업주의 이름을 딴 닛카 블렌디드와 요이치 증류소에서 생산한 싱글 몰트가 있다.

무엇을 배울까

이 싱글 몰트 간의 차이점을 알아차려 보자. 야마자키는 진하고 꿀과 꽃의 특징이 두드러진 달콤하고 향긋한 위스키이며, 하쿠슈는 비교적 절제되어 있으며 다소 스모키하고 시트러스 향이 느껴진다. 요이치가 이 중 가장 피트의 특징이 강하다. 요이치와 미야기쿄를 블렌딩한 다케츠루는 다른 두 증류소에서 생산된 위스키를 혼합한 바람직한 예다.

 황금빛 볏짚색

 만다린 계열; 달콤하고 은은한 바닐라와 코코넛; 약간의 스모키한 피트 향

 오렌지 시트러스에 이어 입안에 짜릿함을 선사하는 향신료, 피트 향의 여운

 긴 피니시; 과일의 산미; 약간의 훈연 향

향미 프로필

 이건 어떨까? 킬커란 12년산

> 이 싱글 몰트 간의 차이점을 알아차려 보자.

야마자키 디스틸러스 리저브

싱글 몰트
일본
43% ABV

비슷한 스타일로는, 히비키 하모니

| 중량감 **3** | 1923년 설립된 일본 최초의 위스키 증류소 |

옐로 골드

풍부한 향. 열대과일과 과수원의 과일, 향신료가 가미된 바닐라

알갱이가 있는 꿀; 마멀레이드. 복숭아와 크림. 약간의 생강과 향신료

긴 피니시, 다소 스파이시하며 복합적이다.

이건 어떨까? 크라이겔라키 13년산

닛카 요이치

싱글 몰트
일본
45% ABV

비슷한 스타일로는, 부나하벤 12년산

| 중량감 **3** | 이 증류소가 홋카이도에 자리 잡은 것은 '스코틀랜드'의 기후와 환경과 비슷하기 때문이다. |

연한 볏짚색

훈연한 과일; 신선한 라임과 설탕에 절인 핑크자몽의 청량함

겉을 불에 그을린 과육이 탱탱한 복숭아, 백후추, 약간의 바닐라. 배경으로 느껴지는 훈연 향

긴 피니시, 달콤하고 복합적이며 우아함

이건 어떨까? 글렌글라소 리바이벌

닛카 다케츠루 퓨어 몰트

블렌디드 몰트
일본
43% ABV

비슷한 스타일로는, 닛카 퓨어 몰트 블랙

| 중량감 **3** | 일본 위스키 역사에 한 획을 그은 인물 중 한 사람의 이름을 딴 블렌디드 몰트 |

연한 호박색

훈제 햄; 오렌지, 살구잼; 자메이카 생강 케이크, 클로티드 크림

꽃 향; 발아한 곡물, 구운 마시멜로, 향신료

섬세한 중간 길이 피니시. 약간의 훈연 향

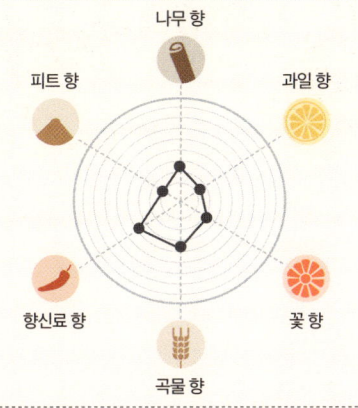

이건 어떨까? 그레이트 킹 스트리트 블렌드

비하인드 스토리 …

일본 위스키의 부상

불과 100년 만에 일본은 위스키 불모지에서 세계에서 높이 인정받는
위스키 제조국 중 하나로 성장했다.
이는 목표를 향해 매진한 두 인물의 피나는 노력의 결과였다.

▲ **다케츠루 마사타카**는 일본은 물론 세계 위스키 업계에서도 존경받는 인물이다. 그의 두 번째 고향 요이치에는 그의 동상이 세워져 있다.

일본에서 스코틀랜드로, 그리고 귀국

다케츠루 마사타카(1894~1979)는 1894년 일본 히로시마에서 태어났다. 집안은 대대로 사케를 만들어왔지만, 그의 관심사는 오직 위스키였다. 그는 위스키 제조를 실험하는 혁신적인 사케 제조사인 세츠 슈조에 합류했다.

위스키를 향한 다케츠루의 열정을 알게 된 세츠 슈조의 사장은 1918년 그를 스코틀랜드로 유학 보내 위스키 제조법을 배워오도록 했다. 다케츠루는 글래스고 대학교에서 3년간 공부하는 동안 스페이사이드의 롱몬, 캠벨타운의 헤이즐번 등 몇 곳의 증류소에서 일하며 귀중한 통찰력과 지식, 경험을 쌓았다. 그리고 글래스고에서 그에게 유도를 배웠던 청년의 여동생 리타 코완을 만나 결혼했다. 다케츠루는 현지에서 배운 지식을 펼치기 위해 1921년 아내와 일본으로 귀국했다.

일본 최초의 몰트 위스키 증류소 설립을 도운 뒤, 다케츠루와 리타는 자연환경과 기후가 스코틀랜드 하이랜드와 가장 비슷한 북쪽 홋카이도로 이주했다.

1934년 다케츠루는 요이치 증류소를 열었고, 이는 훗날 닛카 위스키 컴퍼니의 모체가 되었다.

위스키 업계에서 일본의 위상

오늘날 일본 위스키의 규모와 다양성, 세계적인 인지도는 바로 토리이 신지로(1879~1962) 덕분이다. 원래 의약품 도매상이었던 그는 증류의 화학적 원리를 이해

하고 있었다. 그는 1899년 와인과 리큐어 사업을 시작했지만, 위스키의 상업적 잠재성을 파악하고 위스키 제조로 업종을 전환했다. 1921년 다케츠루 마사타카가 스코틀랜드 유학에서 돌아오자, 토리이는 그를 세츠 슈조에서 스카우트했다. 그리고 토리이의 주도로 둘은 일본 최초의 몰트 위스키 증류소인 야마자키 증류소를 세우고 1924년 11월 11일부터 생산을 시작했다.

결국 다케츠루는 야마자키를 떠나 요이치를 세웠지만, 기민한 사업가인 토리이는 사업을 계속하며 훗날 세계적 위스키 회사로 발전하는 산토리를 세웠다.

다케츠루와 토리이 두 사람이 세운 기반은 일본 위스키가 오늘날 세계 최고의 반열에 오르는 토대가 되었다. 그들의 업적은 일본의 위스키 역사가 100년도 채 되지 않았다는 점에서 더욱 칭송받을 만하다.

> 다케츠루와 토리이 두 사람은 일본 위스키가 오늘날의 위상을 갖는 기반이 되었다.

▶ 요이치 싱글 몰트. 대담하고 강하며 '기분 좋게 피티한' 맛이 특징이며, 해안가라는 지리적 특성에서 오는 '약간의 짭짤한' 맛도 느껴진다.

◀ 야마자키 위스키는 2013년과 2015년 두 차례에 걸쳐 '세계 최고'로 선정되었으며 세계적인 인기를 누리는 위스키 중 하나다.

지리적 특징

인도는 남아시아에 위치하며, 북쪽을 제외한 3면이 바다에 면해 있다.

파키스탄, 중국, 네팔, 방글라데시와 국경을 맞대고 있으며 인구는 약 12억 명. 북쪽에 히말라야 산맥이 솟아 있는 전반적으로 산이 많은 나라다. 하지만 총 면적 329만 km²에 달하는 광대한 아대륙이므로 광활한 사막과 갠지스 강과 나르마다 강 주변의 비옥한 평야, 몬순 계절이면 자주 범람하는 저지대 습지도 있다. 기후는 전반적으로 온화하다. 북쪽은 온대·한대, 남쪽은 위스키 숙성 시간이 단축되는 열대다.

▶ **성지 바라나시**. 인도의 성스러운 강으로 사진은 갠지스 강에서 바라본 모습이다.

증류소

인도 프리미엄 위스키가 등장하고 있지만 당밀로 증류주를 만들어 위스키로 파는 가짜 증류소도 매우 많다.

하지만 여기서는 인도의 두 주요 증류소 방갈로르의 암루트와 고아의 존 디스틸러리스에 집중해보자. 원래 저렴한 인도 '위스키'를 생산했던 암루트는 1990년대 초반부터 좋은 평가를 받는 싱글 몰트를 만들기 시작했다. 고아의 습한 기후가 빠른 숙성을 촉진한다는 사실을 알게 된 존 디스틸러리스에서 가장 많이 팔리는 것은 오리지널 초이스 블랜드지만, 2012년 첫 출시된 싱글 몰트의 인기가 크게 높아지고 있다.

▲ **폴 존 위스키**는 1996년 설립 이후 빠르게 성장해 현재 세계 판매량 7위에 올랐다.

역사적 배경

카사울리는 1850년대 중반 영국인 이주민 에드워드 다이어가 히말라야 산맥 1,829m 높이에 세운 인도 최초의 증류소다.

다이어의 목표는 '스카치 위스키만큼 좋은 위스키를 생산'하는 것이었다. 그러나 오늘날 인도에서 생산되는 위스키는 대부분 상당히 기본적인 품질로, 부유한 위스키 애호가들은 조니 워커 같은 '고급 수입 위스키'를 선호한다. 질 좋은 위스키를 생산하는 신생 크래프트 증류소가 등장하고 있지만 암루트와 존 디스틸러리스는 내수 시장보다는 영국, 유럽, 미국 판매에 더 관심을 기울이고 있다.

타이완

일본이나 인도와 달리 타이완은 위스키 제조 역사가 전무하다. 하지만 밑바닥에서부터 역사를 쌓아가고 있다. 그렇다면 왜 타이완일까? 그리고 왜 지금일까?

최초의 위스키 생산 2006년

주요 생산 위스키 싱글 몰트, 싱글 포트 스틸, 블렌디드 위스키

주요 증류소
- 카발란
- 난터우

증류소 수 2개

지리적 특징

타이완은 중국 남동부 해안에서 160km 떨어진 섬이다.

과거 포모사로 불렸던 타이완은 국토의 길이가 394km에 불과하며, 동쪽은 대부분 높고 울창한 산지다. 국토의 나머지 3분의 1은 서쪽의 평야지대다. 섬의 남쪽은 열대 몬순 기후로 따뜻하며, 반면에 북쪽은 기후 변화가 크며 비가 많이 내린다. 카발란 증류소는 고온다습한 북동부에 위치해 위스키 숙성이 비교적 빨리 진행된다. 난터우 증류소에서 만드는 오마르는 '스코틀랜드'와 환경이 비슷한 타이완 중부 서늘한 산지에서 생산된다.

▶ **타이베이**. 타이완 전체 인구의 3분의 1이 수도 타이베이와 그 주변 지역에 거주한다.

증류소

2002년 타이완이 WTO에 가입하면서 상법상 규제가 완화되었다.

이 덕분에 타이완 최초의 민영 증류소 카발란이 문을 열 수 있었다. 이를 추진한 인물은 스코틀랜드와 겨룰 만한 제품을 생산하는 증류소를 세우겠다는 꿈을 품은 킹카 그룹의 창립자 리티엔차이였다. 그리고 카발란은 2006년 3월 첫 위스키를 생산했다. 타이완의 다른 증류소 난터우는 국영이다. 원래는 맥주와 와인을 생산하는 양조장이었는데, 2008년 포사이스가 제작한 구리 단식 증류기 네 대를 설치하고 오마르 위스키를 생산하기 시작했다.

▲ **카발란의 CEO 리위팅**이 캐스크가 줄지어 있는 시음실에서 제품을 시음하고 있다.

역사적 배경

증류소를 짓기로 한 카발란의 소유주들은 위스키의 거장 짐 스완 박사에게 손을 내밀었다.

2017년 세상을 떠난 짐 스완은 영국의 킬호만, 펜데린, 코츠월드, 인도의 암루트 등 수많은 증류소 창립에 중추적인 역할을 담당했다. 그의 전문 분야는 숙성 기간이 짧으면서도 향미가 조화로운 증류주를 만들어내는 것이었다. 타이완은 그의 전문성을 펼칠 이상적인 나라였다. 타이완의 고온다습한 기후는 캐스크에 담긴 위스키의 숙성을 촉진하기 때문이다. 카발란을 필두로 이제는 오마르도 점차 좋은 평가를 얻고 있다.

시음 노트 16 / 20

아시아의 위스키

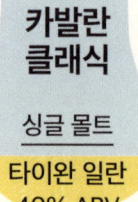

카발란 클래식
싱글 몰트
타이완 일란
40% ABV

타이완과 인도는 비교적 짧지만 흥미로운 위스키 제조 역사를 가지고 있다. 이번에는 아시아의 이 두 나라에서 생산되는 세계 최고급 수준의 싱글 몰트 네 가지를 시음해보자.

비슷한 스타일로는, 글렌모렌지 10년산

중량감 2

카발란의 주력 제품으로 주로 버번 캐스크에서 숙성한다.

어떻게 해야 할까

'유서 깊은' 위스키 제조 국가는 아니지만 타이완과 인도의 많은 증류업자들이 블라인드 시음에서 전통적인 위스키 제조 지역을 완파하며 명성을 얻었다. 이 지역의 위스키는 모두 단식 증류기에서 맥아를 2회 증류하는 '스코틀랜드' 방식으로 생산된다.

무엇을 배울까

이번에 시음할 위스키는 모두 숙성 기간이 4년을 넘지 않는다. 너무 짧은 것 아닐까? 염려할 필요 없다. 덥고 습한 지역에서는 온난한 기후보다 캐스크에서 향미가 더 빨리 우러나오며, 위스키의 숙성도 빠르게 이루어지기 때문이다. 바로 이 점이 핵심이다. 숙성연수는 매우 중요한 요소지만 생산지와 밀접한 관련이 있다.

 황금빛 호박색

 달콤하고 향긋한 열대과일 샐러드, 은은한 멘톨 향

 과즙이 풍부한 복숭아와 살구, 세비야 오렌지 마멀레이드, 설탕 코팅한 아몬드

 가벼운 스파이시함이 느껴지는 길고 그윽한 피니시

향미강도

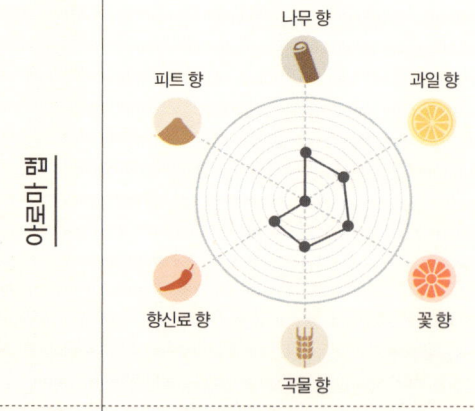

나무 향 / 과일 향 / 꽃 향 / 곡물 향 / 향신료 향 / 피트 향

 이건 어떨까? 솔리스트 버번 캐스크

> 숙성연수는
> 매우 중요한 요소지만
> 생산지와 밀접한 관련이 있다.

오마르 버번 캐스크

싱글 몰트
타이완 난터우
46% ABV

비슷한 스타일로는,
닛카 미야기쿄

중량감	
3	타이완에서 만든 두 번째 위스키 브랜드. 이곳은 국영 증류소다.

황금빛 볏짚색

불에 그을린 레몬껍질, 딸기맛 감초; 약간의 아니시드

건포도와 레몬껍질을 올린 애플파이. 약간의 향신료 향

고급 시가 연기처럼 모여 여운이 남는 향신료의 느낌

이건 어떨까? 킹 카 컨덕터

암루트 퓨전

싱글 몰트
인도 방갈로르
50% ABV

비슷한 스타일로는,
아드벡 우가달

중량감	
4	인도 맥아와 피트 처리된 스코틀랜드 맥아를 혼합해 제조한다.

연한 호박색

다크 오렌지 마멀레이드, 계피, 정향, 독일식 돼지족발 요리

꿀 향이 감도는 피트 연기. 인도 노천 시장에서 느껴지는 향신료 향

길고 감미로우며 달콤함. 상당히 오일리한 피니시

이건 어떨까? 폴 존 피티드

폴 존 볼드

싱글 몰트
인도 고아
46% ABV

비슷한 스타일로는,
포트 샬럿 10년산

중량감	
4	이 회사의 고아 증류소는 인도산 구리 단식 증류기를 사용한다.

연한 호박색

훈제 아몬드, 훈제 베이컨, 은은한 유칼립투스 향

피트 연기에 싸인 살구와 패션프루트; 상큼한 민트

민트 향이 지속되며 배경의 향신료 향으로부터 미각을 '보호한다.'

이건 어떨까? 암루트 피티드

시음 노트 16

남반구

최근까지 적도 이남에서 생산된 위스키는
여러 '최고의 위스키' 명단에 이름을 올리지 못했다.
하지만 이제 달라지고 있다.
이를 주도하는 것은 태즈메이니아, 세계에서 가장 활기차고 혁신적인
위스키 생산지 중 하나다. 호주와 별도로 '태시'를 다루는 이유다. 그렇다고
호주와 뉴질랜드 나머지 지역을 살펴볼 필요가 없다는 뜻은 아니다.
물론 호주 본토와 뉴질랜드(왼쪽 테카포 호) 역시 다룰 것이며, 특히 금주법의
영향을 받은 역사가 위스키 제조에 어떻게 방해가 되고
다른 한편으로는 도움이 되었는지 집중적으로 살펴본다.
그리고 남아프리카가 있다. 이들은 수십 년간의 불안과 불확실성을 떨치고
독자적인 위스키 증류 정체성을 형성하고 있다.
남반구 위스키에 대해 잘 모른다면, 이제 제대로 알아가 보자.

태즈메이니아

이 섬은 호주의 아일레이라고 할 수 있다. 사실 태즈메이니아의 호주 위스키 산업 내 위상은 스코틀랜드에서의 아일레이보다 더 중요하며, 제품들도 높은 평가를 받고 있다.

주요 증류 방식
단식 증류

위치

헬리어스 로드
오리지널 로어링 포티(사진)는 미국산 오크에서 숙성된다.
싱글 몰트

- 울버스톤
- 데본포트
- 론서스턴
- 호바트

오싸 산 해발 1,617m

사우스 에스크 강 총 길이 252km로 태즈메이니아에서 가장 긴 강

더웬트 강 주도 호바트로 흘러간다.

오버림
싱글 몰트
위스키 생산에 현지에서 재배된 보리만 사용

윌리엄 맥헨리 앤드 선즈
호주 최남단에 위치한 가족 운영 증류소

라크
태즈메이니아 위스키계의 '대부'로 빌 라크가 설립

설리번스 코브
싱글 몰트
2014년 '세계 최고 위스키'로 선정

최초의 위스키 생산 1822년

주요 생산 위스키 싱글 몰트

주요 증류소
- 라크 디스틸러리
- 설리번스 코브
- 헬리어스 로드
- 윌리엄 맥헨리 앤드 선즈
- 오버림

증류소 수 약 20개

지리적 특징

태즈메이니아의 온화한 기후는 호주 본토보다 영국이나 뉴질랜드와 비슷하다.

따라서 태즈메이니아가 남반구의 '위스키 섬'으로 알려진 것은 자연스러운 결과인 셈이다. 이처럼 위스키 제조에 이상적인 환경을 토대로, 태즈메이니아는 남반구의 증류 중심지가 될 수 있었다. 호주 본토에서 240km 떨어져 있으며, 산과 숲이 울창하지만 섬 중앙을 중심으로 비옥한 경작지가 넓게 펼쳐져 있다. 특히 현지의 보리 생산량이 매우 풍부한데, 이는 태즈메이니아가 품질 좋은 싱글 몰트 위스키 생산지로 이름을 떨치게 된 이유 중 하나다.

▶ 사우스웨스트 국립공원은 세계 문화유산 지역이다. 삼림이 우거진 험준한 이 공원에는 관통하는 길이 단 하나다.

증류소

2014년까지 태즈메이니아에는 9개의 위스키 증류소가 있었다. 오늘날에는 20개 이상으로 증가했으며, 다른 증류주도 생산한다.

이 섬 최초의 현대식 증류소는 1992년 문을 연 라크이며, 1994년 설리번스 코브가 뒤를 이었다. 태즈메이니아의 위스키 제조자 대부분은 스몰 배치와 싱글 캐스크 생산에 집중한다. 이곳 주요 증류소들의 연간 생산량은 약 20만 리터이며, 아일레이는 그 100배에 달한다. 여러 차례 '최고의 위스키'로 선정되었다는 점에서 알 수 있듯이 태즈메이니아 위스키 제조자들은 양보다 품질에 초점을 맞추고 있다.

▲ 설리번스 코브. 2014년 출시된 프렌치 오크 캐스크 위스키는 스코틀랜드와 일본을 제외한 나라 가운데 최초로 세계 최고 위스키에 선정되었다.

역사적 배경

태즈메이니아도 호주 본토와 마찬가지로 1800년대 초반에 위스키 산업이 싹텄다.

그러나 1839년 호주의 증류 금지법이 발효되면서 모든 생산이 금지되었다. 태즈메이니아의 위스키 증류기는 그 후 150년 동안 방치되어 있었다. 이 모든 것을 다시 시작한 사람은 태즈메이니아 출신의 빌 라크였다. 그는 어느 날 송어 낚시를 갔다가 이 섬이 위스키 제조에 이상적인 환경임을 깨달았다. 1992년 금지법이 개정된 이후, 라크는 싱글 몰트 증류소를 세웠고 증류소를 세우고자 하는 이들에게 도움의 손길을 내밀었다.

호주

호주 본토와 뉴질랜드는 오랜 위스키 제조 전통을 가지고 있다. 여기서는 앞에서 다룬 태즈메이니아를 제외한 이 지역의 위스키 업계 현황을 살펴보자.

최초의 위스키 생산 1800년대 초반

주요 생산 위스키 싱글 몰트, 콘, 라이 위스키

주요 증류소
- 스타워드(호주 빅토리아)
- 그레이트 서던 디스틸링 Co.(웨스턴호주)
- 아치 로즈(호주 NSW)
- 톰슨 위스키 디스틸러리(뉴질랜드 리버헤드)
- 카드로나 디스틸러리(뉴질랜드 오타고)

증류소 수 약 90개

울루루 863m의 거대한 바위, 에어스 록이라고도 불린다.

다윈

케언즈

달링 강

앨리스 스프링스

호주

브리즈번

아치 로즈 고객 취향대로 위스키를 블렌딩할 수 있다.

퍼스

애들레이드

시드니

라클런 강

멜버른

싱글 몰트 스타워드 와인 제조 지역에 위치

위퍼 스내퍼 미국 스타일 위스키 생산

그레이트 서던 디스틸링 Co. 2004년 설립

라임버너스 싱글 몰트

머리 강

톰슨 위스키 디스틸러리 2014년 설립

오클랜드

웰링턴

주요 증류 방식
- 연속식 증류
- 단식 증류

쿡 산 해발 3,764m로 뉴질랜드에서 가장 높다.

뉴질랜드

크라이스트처치

퀸스타운

카드로나 디스틸러리 100% 가족 소유 증류소로 운영 중

지리적 특징

770만 km²에 달하는 호주 국토에는 사막과 열대 우림, 눈 덮인 산까지 다양한 자연환경이 펼쳐진다.

기후는 내륙의 '따뜻한 사막'부터 북부의 '열대 사바나', 남동부의 '온난 해양성'까지 매우 다양하다. 대부분의 증류소는 해안 지역이나 대도시 인근, 서늘한 남동부 내륙 쪽에 자리 잡고 있는데, 모두 위스키 제조에 적합한 환경을 갖춘 곳이다. 뉴질랜드는 호주에서 남동쪽으로 1,900km 떨어져 있다. 남섬은 서던알프스 산맥이 중추인 산지이며, 북섬은 화산 고원과 평야로 이루어져 있다. 남섬의 서쪽은 습윤하며 북쪽으로 올라가면 고온건조하다.

▶ **블루 산맥**은 호주 시드니 가까운 곳에 펼쳐져 있으며, 7개의 국립공원과 1개의 자연보호 구역이 있다.

증류소

1990년대 증류 규제 완화 조치로 위스키 산업이 활성화되었다.

이스트 퍼스의 위퍼 스내퍼와 시드니의 아치 로즈는 미국 스타일과 스카치 스타일의 위스키를 만든다. 멜버른의 스타워드는 와인 캐스크에서 숙성한 싱글 몰트를 전 세계 고객들에게 선보이고 있다. 뉴질랜드의 마이크로 증류소 '붐'은 규모는 작지만 중요한 의미를 가진다. 오랜 증류주 제조 금지 조치로 이 나라는 위스키 제조에 최적화된 기후 조건을 활용할 수 없었다. 그러나 오늘날 점점 더 많은 증류업자가 붐에 합류하며 위스키 제조의 새로운 전통을 만들어가고 있다.

▲ **아치 로즈**는 화이트 라이 위스키와 스모크드 진 등 혁신적인 증류주를 제조하는 크래프트 증류소다.

역사적 배경

호주의 위스키 제조 역사는 1822년 태즈메이니아에서 시작되었다. 이는 몇몇 스코틀랜드 증류소보다 앞서는 기록이다.

1929년 본토 최초의 증류소 코리오가 멜버른에 문을 열었다. 코리오는 1989년에 폐업했지만 전성기에는 220만 리터 이상을 생산했는데, 이는 현재 호주 모든 위스키 증류소 총 생산량의 네 배에 달하는 양이다. 뉴질랜드가 위스키 제조 금지법을 폐지한 이후의 가장 중요한 신흥 제조자는 1974년 문을 연 윌로뱅크다. 비록 1997년에 폐업했지만 제품은 여전히 인기를 누리며, 지금도 시장에서 찾아볼 수 있다.

남아프리카공화국

최근까지 주목할 만한 증류소는 단 한 곳이었으므로 남아프리카공화국은 위스키 제조에 있어서 틈새 지역으로 간주되었다. 그러나 이 틈새가 점차 성장하면서 위스키 산업 역시 발전하고 있다는 점에서 살펴볼 가치가 충분하다.

드레이먼스
1997년 마이크로 양조장으로 시작해 현재는 싱글 몰트 위스키를 만든다.

'솔레라' 블렌디드

최초의 위스키 생산 19세기 후반

주요 생산 위스키 블렌디드 위스키, 싱글 몰트, 싱글 그레인

주요 증류소
- 제임스 세즈윅 디스틸러리
- 드레이먼스
- 보플라스

증류소 수 3개

오렌지 강
길이 2,200km의 남아공에서 가장 긴 수로

발 강

프리토리아
요하네스버그

블룸폰테인

더반

케이프 폴드 벨트 산맥
테이블 산의 절경이 펼쳐지는 산맥

남아프리카공화국

케이프타운

마파디
높이 3,450m인 남아프리카공화국 최고봉

드라켄즈버그 산맥
남아프리카공화국 대단층애의 동쪽 끝

제임스 세즈윅 디스틸러리
쓰리 십스와 베인스 라벨로 위스키를 출시한다.

베인스 싱글 그레인

보플라스
블렌디드 위스키를 브랜디 캐스크에서 숙성한다.

주요 증류 방식
연속식 증류
단식 증류

위치

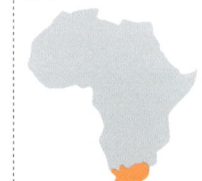

지리적 특징

남아프리카공화국은
남대서양과 인도양을 면하고 있다.

나미비아, 보츠와나, 짐바브웨, 모잠비크, 스와질란드와도 국경을 접하고 있다. 국토의 대부분은 중앙부의 높은 고원이며, 그 주위를 둘러싼 해안 저지대에는 유명한 와인 산지와 증류소 세 곳 중 두 곳이 있다. 고원은 미기후의 북서쪽 사막과 동쪽의 초원으로 나뉘며, 바로 이곳에 세 번째 증류소가 자리하고 있다. 이 지역은 위스키의 빠른 숙성을 끌어내는 '열대' 기후로 분류된다. 전체적으로 북서쪽은 '고온의 사막', 남동쪽은 '해양성' 기후로 정리된다.

▶ 드라켄즈버그의 '앰피시어터'는 5km 길이의 수직 절벽으로 남아프리카공화국의 대표적 자연경관이다.

증류소

1886년 창립한 제임스 세즈윅 디스틸러리가
1991년 싱글 몰트
위스키 제조를 시작했다.

요크셔 출신의 앤디 왓츠가 증류소 매니저를 맡았다. 그 후 스코틀랜드식 자체 설비를 갖추고, 몰팅을 제외한 모든 공정이 현장에서 이루어졌다. 단식과 연속식 증류기로 몰트와 그레인 위스키를 모두 생산하며, 총 생산량은 호주 위스키 증류소 총 생산량을 상회한다. 세즈윅의 뒤를 이어 동부 프리토리아의 드레이먼스와 칼리츠도프의 보플라스도 위스키를 생산하고 있다.

▲ 제임스 세즈윅 디스틸러리는 남아프리카공화국 케이프 와인랜드 지역의 중심 웰링턴에 자리하고 있다.

역사적 배경

남아프리카공화국 최초로
증류 면허를 획득한 증류소는
데 이어스테 파브리켄이다(최초의 공장).

1883년 문을 열어 프리토리아의 광부들을 위한 미숙성 '위스키'를 만들었다. 1960년대 중반 스텔렌보스에 현대식 그레인 위스키 증류소 R&B 디스틸러리가 세워졌다. 이곳은 훗날 스텔렌보스 파머스 와이너리(SFW)에 매입되어 쓰리 십스 위스키를 만들어냈다. 곧 수요가 공급을 앞지르자 1886년부터 브랜디와 기타 증류주를 만들어왔던 제임스 세즈윅 디스틸러리로 생산이 이관되었다.

시음 노트 17/20 — 남반구의 위스키

이번에는 호주 위스키 세 가지와 남아프리카공화국 위스키 하나를 시음하면서 세계에서 가장 활기찬 위스키 생산지 중 하나인 남반구 국가에서 만든 위스키의 품질은 어떤지 알아보자.

어떻게 해야 할까

대부분의 호주와 남아프리카공화국 위스키는 싱글 몰트거나 스카치 스타일이다. 이번에 시음할 타이거 스네이크처럼 버번 스타일 위스키도 인기다. 여기에 식전주 스타일의 남아프리카공화국 싱글 그레인 하나와 피티드를 포함한 싱글 몰트 둘을 더하면 뛰어난 맛의 남반구 위스키 컬렉션이 갖춰질 것이다.

무엇을 배울까

증류의 역사가 '짧은' 지역을 중심으로 한 이번 시음에서는 증류 역사가 흥미로우면서도 혁신적인 위스키 생산의 필수 전제 조건이 아님을 보여주고자 한다. 이번에 시음할 네 가지 위스키는 모두 빠른 숙성을 촉진하는 기후에서 제조되기 때문에 스코틀랜드처럼 라벨에 숙성연수를 표시하는 것이 의미 없다.

이번에는 맛이 뛰어난 남반구 위스키 컬렉션이다.

베이스 케이프 위스키

싱글 그레인 위스키
남아공 웰링턴
40% ABV

비슷한 스타일로는, 킬베간 싱글 그레인 8년산

중량감 1 — 남아공 유일의 상업 증류소에서 만든 유일한 싱글 그레인 위스키.

👁 리치 골드

👃 레몬 제스트를 뿌린 부드러운 마시멜로와 솜사탕

👄 레몬 시럽을 뿌린 케이크, 미각을 부드럽게 감싸는 바닐라와 레몬 소르베

(여운) 길고 달콤하며 톡 쏘는 느낌; 신선한 바닐라 스파이스와 멘톨

향미프로필: 나무 향, 과일 향, 꽃 향, 곡물 향, 향신료 향, 피트 향

 이건 어떨까? 틸링 싱글 그레인

타이거 스네이크

싱글 그레인 위스키

웨스턴호주 올버니
43% ABV

비슷한 스타일로는,
짐 빔 올드 그랜대드

중량감	
3	웨스턴호주는 클래식 테네시나 버번의 사워 매시를 사용한다.

연한 호박색

달콤하며, 약간의 향신료가 첨가된 마지팬; 갓 따온 꽃; 침이 고이게 하는 토피

신선한 향신료; 잘 익은 과일; 향긋한 허브; 약간의 후추향이 감도는 캐러멜

긴 피니시; 상큼한 시트러스의 톡 쏘는 맛

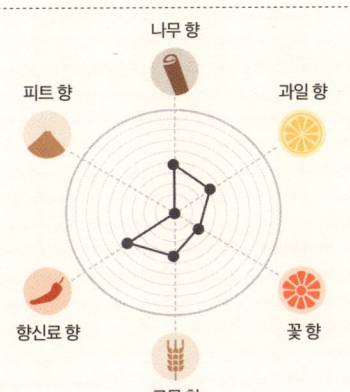

이건 어떨까? 우드포드 리저브

스타워드 노바

싱글 몰트 위스키

빅토리아 멜버른
41% ABV

비슷한 스타일로는,
레이크스 디스틸러스 리저브

중량감	
4	멜버른의 스타워드는 레드 와인 캐스크에서 위스키를 숙성한다.

짙은 호박색

사과와 루바브 스튜. 열대과일, 바닐라; 짭짤함, 고기 향

톡 쏘는 딸기 젤리, 청량한 핑크자몽, 따뜻한 계피, 캐러멜

벨벳처럼 부드럽지만 침샘을 자극하는 산미와 가벼운 바닐라

이건 어떨까? 카발란 컨덕터

헬리어스 로드 피티드

싱글 몰트 위스키

태즈메이니아 헤이븐뷰
46.2% ABV

비슷한 스타일로는,
베이커리 힐 피티드

중량감	
4	증류소가 9개 있는 호주의 '위스키 섬' 태즈메이니아의 위스키.

페일 골드

잔디와 고사리를 태운 향; 오일리한 연기; 아마씨, 그을린 라임, 콜타르

서서히 꺼져가는 모닥불; 담배 연기, 겉을 태운 파인애플; 후추; 향신료

드라이하고 긴 피니시; 모닥불 속에 남아 있는 불씨

이건 어떨까? 코네마라 터프 모르

유럽

유럽은 크래프트 증류소와 마이크로 증류소 성장과 확산에 힘입어
위스키 제조의 새로운 중심지로 떠오르고 있다. 이 지역 위스키 증류업자들은
이 숭고한 증류주를 향한 순수한 사랑과 존중을 동력으로 삼아
이전과는 다른 위스키 제조 프로젝트를 시작했다.
이번 장은 비교적 역사는 짧지만 증류업계의 거두인 북쪽 이웃 스코틀랜드의
그늘에서 벗어나 부상하고 있는 두 지역, 잉글랜드(왼쪽 더비셔 피크 디스트릭트)와
웨일스에서 시작할 것이다. 그리고 '유럽 일주'를 떠나
북쪽의 스칸디나비아로 올라갔다가 네덜란드를 거쳐
남쪽의 프랑스, 스페인, 이탈리아로 내려가 알프스 산맥 지방인 독일,
스위스, 오스트리아까지 탐험하고자 한다.
이 지역에서 생산되는 위스키의 다양함은
이들 '신흥' 위스키 제조 국가들의 능력을 보여주는 방증이다. 아울러
각 국가에서 어떤 스타일의 위스키를, 어떤 방식으로 만들지 결정할 때
기후와 역사가 얼마나 큰 영향을 미치는지 보여준다.

잉글랜드와 웨일스

잉글랜드와 웨일스는 스코틀랜드, 아일랜드와 인접해 있는데도 왜 위스키 산업이 발달하지 못했을까? 그리고 이러한 상황을 개선하기 위해 어떤 노력을 기울이고 있을까?

최초의 위스키 생산 1800년대 후반

주요 생산 위스키 싱글 몰트, 라이, 그레인 위스키

주요 증류소
- 펜데린(웨일스 브레콘비콘스)
- 세인트 조지스 디스틸러리 (잉글랜드 노포크)
- 레이크스 디스틸러리 (잉글랜드 컴브리아)
- 코츠월드 디스틸러리(잉글랜드)
- 런던 디스틸러리 Co.(잉글랜드)

증류소 수 약 18개

주요 증류 방식
- 연속식 증류
- 단식 증류

위치

레이크스 디스틸러리 수상 이력이 있는 보드카와 위스키를 생산

블렌디드 몰트

세인트 조지스 디스틸러리 잉글리시 위스키 Co. 브랜드로 판매

싱글 몰트 펜데린 2004년에 설립된 웨일스에서 가장 오래된 위스키 증류소

싱글 몰트 코츠월드 디스틸러리 2014년에 첫 위스키 캐스크를 들여놓음

런던 디스틸러리 Co. 라이 위스키 외에 보드카와 진도 생산

지리적 특징

잉글랜드와 웨일스는 좁은 해협으로 유럽 본토와 분리되어 있는 영국의 구성국이다.

두 지역 모두 숲과 농경지가 풍부하며, 잉글랜드 남동부와 북부의 옛 공업지대는 남쪽 웨일스의 탄광 중심지만큼 도시화가 이루어져 있다. 밀과 호밀, 보리 등 위스키 원료가 널리 재배된다. 잉글랜드와 웨일스의 기후는 겨울철은 습윤하고 여름철은 온화한 온대 기후이며, 널리 알려져 있다시피 비가 많이 내린다. 이 지역의 증류소는 대부분 도시나 시골에 위치한다.

▶ 와이 강은 잉글랜드와 웨일스 국경의 일부를 이룬다. 와이 밸리에서는 와인도 생산한다.

증류소

2000년, 웨일스에 한 세기 만에 처음으로 위스키를 만드는 증류소 펜데린이 문을 열었다.

그들은 위스키 생산의 거장 짐 스완의 자문을 받았다. 그리고 4년 후 콘월의 힐리스가 잉글랜드 위스키 생산을 시작했다. 2006년 노포크에 잉글리시 위스키 Co. (또는 세인트 조지스)가 문을 열었다. 이는 100년 만에 처음으로 잉글랜드에 세워진 첫 위스키 전문 증류소였다. 오늘날 요크셔, 노스 웨일스를 비롯한 여러 지역에서 신흥 생산자들이 등장해 잉글랜드와 웨일스 위스키 산업에 힘을 보태면서 발전적인 미래를 기대하게 한다.

▲ 사과주로 유명한 힐리스는 2004년 위스키 증류를 시작한 잉글랜드에서 가장 오래된 위스키 제조자다.

역사적 배경

잉글랜드와 웨일스의 자연환경과 기후, 풍부한 보리 생산량은 위스키 제조에 최적인 '천혜의' 조건이었다.

그러나 잉글랜드는 진에 집중했다. 위스키 산업의 강자 스코틀랜드가 이웃이었기에 잉글랜드와 웨일스는 경쟁할 엄두를 내지 못한 이유도 작용했다. 극소수였던 현지 증류업자들은 1905년 마지막 증류소가 폐업하면서 모두 실패했다. 펜데린과 세인트 조지스 같은 신흥 증류업자들이 글로벌 크래프트 위스키 붐을 선도했지만, 이들을 비롯해 런던 디스틸러리 Co.와 레이크스 디스틸러리 등 신흥 제조자들은 자신들을 그 카테고리로 분류하지 않는다.

시음 노트 18/20

잉글랜드와 웨일스의 위스키

불과 얼마 전까지만 해도 이 페이지는 비어 있었을 것이다. 여기에 소개하는 잉글랜드 위스키 세 가지와 웨일스 위스키 하나는 이 두 지역 위스키 증류업의 성장과 품질 수준을 대표한다.

어떻게 해야 할까

잉글랜드와 웨일스 위스키는 2000년대 들어 새 시대를 맞이했다. 2006년 노포크의 잉글리시 위스키 Co.가 생산을 시작한 이래, 수문이 열린 것이다. 그 후로 잉글랜드 전역에 새 증류소가 꾸준히 생겨났고, 2017년 이후 두 곳의 증류소가 추가로 문을 열면서 잉글랜드의 증류소 수는 웨일스의 세 배가 되었다. 그러면 이들이 만든 위스키는 어떤 맛일까?

무엇을 배울까

노포크 위스키는 8종의 곡물을 극비 매시빌에 따라 배합한 싱글 그레인이다. 펜데린 증류소는 보기 드문 패러데이 증류기를 사용하고, 마데이라 캐스크에서 숙성한 싱글 몰트를 만들어낸다. 그리고 잉글랜드의 신생 증류소 코츠월드와 레이크스는 싱글 몰트 제조에서 역량을 발휘한다. 이 제품들의 맛의 차이가 느껴지는가? 무엇이 가장 마음에 드는가?

잉글랜드와 웨일스 위스키는 2000년대 들어 새 시대를 맞이했다.

노포크 파머스 블렌드
싱글 그레인 위스키
잉글랜드 노포크
45% ABV

비슷한 스타일로는,
노포크 파치드

중량감 2 — 100년 만의 첫 위스키 전문 증류소에서 만든 독특한 그레인 위스키.

👁 황금빛 볏짚색

👃 짭짤한 감자칩 같은 은은한 소금기; 달콤한 시트러스와 바닐라

👄 말린 허브와 레몬 커드. 새콤한 시럽을 뿌린 달콤한 살구와 복숭아

꽤 달콤하며 유연한 중간 길이의 피니시

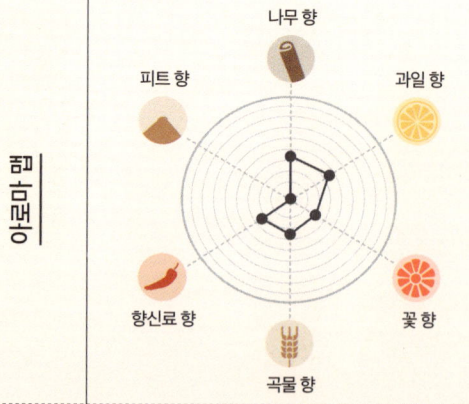

향미 풍미

이건 어떨까? 닛카 코피 그레인 위스키

펜데린 마데이라 캐스크	코츠월드 2014 오디세이	레이크스 위스키메이커스 리저브 NO.1
싱글 몰트 위스키	싱글 몰트 위스키	싱글 몰트 위스키
웨일스 브레콘비콘스 40% ABV	잉글랜드 코츠월드 46% ABV	잉글랜드 컴브리아 61% ABV
비슷한 스타일로는, 주라 12년산	비슷한 스타일로는, 코츠월드 파운더스 초이스	비슷한 스타일로는, 애드남스 사우스월드
중량감 2 — 위스키 업계의 전설 짐 스완의 자문으로 발전해온 웨일스의 증류소	**중량감 3** — 숙성에 주로 버번과 레드 와인 캐스크를 이용한다.	**중량감 4** — 이 글을 쓰는 현재 숙성 중인 위스키. 출시될 때는 이보다 ABV가 더 낮아질 것이다.
황금빛 볏짚색	페일 골드	짙은 호박색
진저브레드, 인동; 가볍게 향신료가 가미된 바닐라 퍼지	딸기잼; 꿀을 얹은 비스킷과 계피	강렬한 생강 케이크와 오크 스파이스. 은은한 정향과 계피, 시트러스
설탕 코팅된 쇼트브레드, 라이스 푸딩; 건포도, 마지팬	클로티드 크림을 얹고 굵은 소금을 뿌린 새콤한 살구 타르트	새콤한 애플 크럼블과 커스터드. 흑설탕을 뿌린 자몽
달콤하며 꽤 길고, 은은하며 산뜻함	시트러스 향이 느껴지는 가벼운 중간 길이의 피니시	길고 스파이시한 피니시; 톡 쏘는 상큼함

이건 어떨까? 발베니 더블우드 | 이건 어떨까? 오번 14년산 | 이건 어떨까? 스타워드 와인 캐스크

175

시음 노트 18

지리적 특징

북해, 북대서양, 발트 해에 둘러싸인 이 지역은 습하고 서늘하며, 북쪽으로 올라갈수록 더 추워진다.

덴마크와 벨기에, 특히 네덜란드는 지대가 매우 낮고 기후는 더 온화해서 보다 스코틀랜드식에 '가까운' 위스키를 만들 수 있다. 네덜란드 서부의 넓은 지역은 실제로 해수면보다 낮은 지대로, 북해를 간척해 일구고 재범람을 막기 위해 유명한 제방을 쌓았다. 스웨덴과 핀란드는 숲이 울창하며, 북부는 산악지대로 증류주를 만들기에 좋은 깨끗한 물이 흐른다. 특히 두 나라가 북극권 쪽으로 국경을 접하는 지역은 훌륭한 수원지다.

▶ **외레순 다리**는 스웨덴과 덴마크를 연결하는 총 길이 8km의 경이로운 공학 구조물이다.

증류소

네덜란드의 자이담 디스틸러리는 1990년대부터 위스키를 생산해왔다.

북유럽 지역에서 가장 유명한 증류소는 1999년 스웨덴 남동부 예블레 근처에 설립된 마크미라로, 35m 높이의 혁신적인 '그래비티' 증류소를 새로 세웠다. 보트니아 만 건너편 스웨덴의 이웃 나라 핀란드도 흥미로운 위스키를 생산한다. 2006년 설립된 덴마크의 스타우닝과 2010년에 문을 연 스웨덴 중부의 박스 증류소가 마크미라가 개척한 스칸디나비아 위스키의 길을 따르며 이 지역 위스키 생산을 활발히 이끌고 있다.

▲ **스웨덴의 마크미라**는 수도 스톡홀름에서 북쪽으로 100km 떨어진 증류소에서 다양한 위스키를 생산하고 있다.

역사적 배경

이 지역에는 위스키 생산 전통이 있는 나라가 없으며, 증류주로는 진을 가장 즐겨 마셨다.

벨기에와 네덜란드가 그랬고, 스칸디나비아에서는 감자나 곡물을 증류해 허브로 맛을 더한 아쿠아비트와 보드카가 인기다. 그러나 지역적으로 위스키 소비가 많은 곳도 있는데, 위스키를 마시는 것에 대한 관심이 직접 증류해 만들겠다는 욕구로 변화해 마크미라의 최첨단 증류소와 그만큼 눈길을 끄는 스타우닝의 최신 설비 계획이 보여주듯 스타일리시하고 스마트한 접근을 시도하고 있다.

서유럽

프랑스와 스페인, 이탈리아는 세계 최대 스카치 위스키 소비국들이다. 그러나 이들도 자체적으로 위스키를 생산하며, 주요 스타일은 싱글 몰트와 블렌디드 위스키다.

| 최초의 위스키 생산 | 1959년 |
| 주요 생산 위스키 | 싱글 몰트, 블렌디드 위스키 |

주요 증류소
- 글랑 아르 모르(프랑스)
- 와렝헴(프랑스)
- 푸니(이탈리아)
- 프세너(이탈리아)
- DYC(스페인)

증류소 수   약 60개

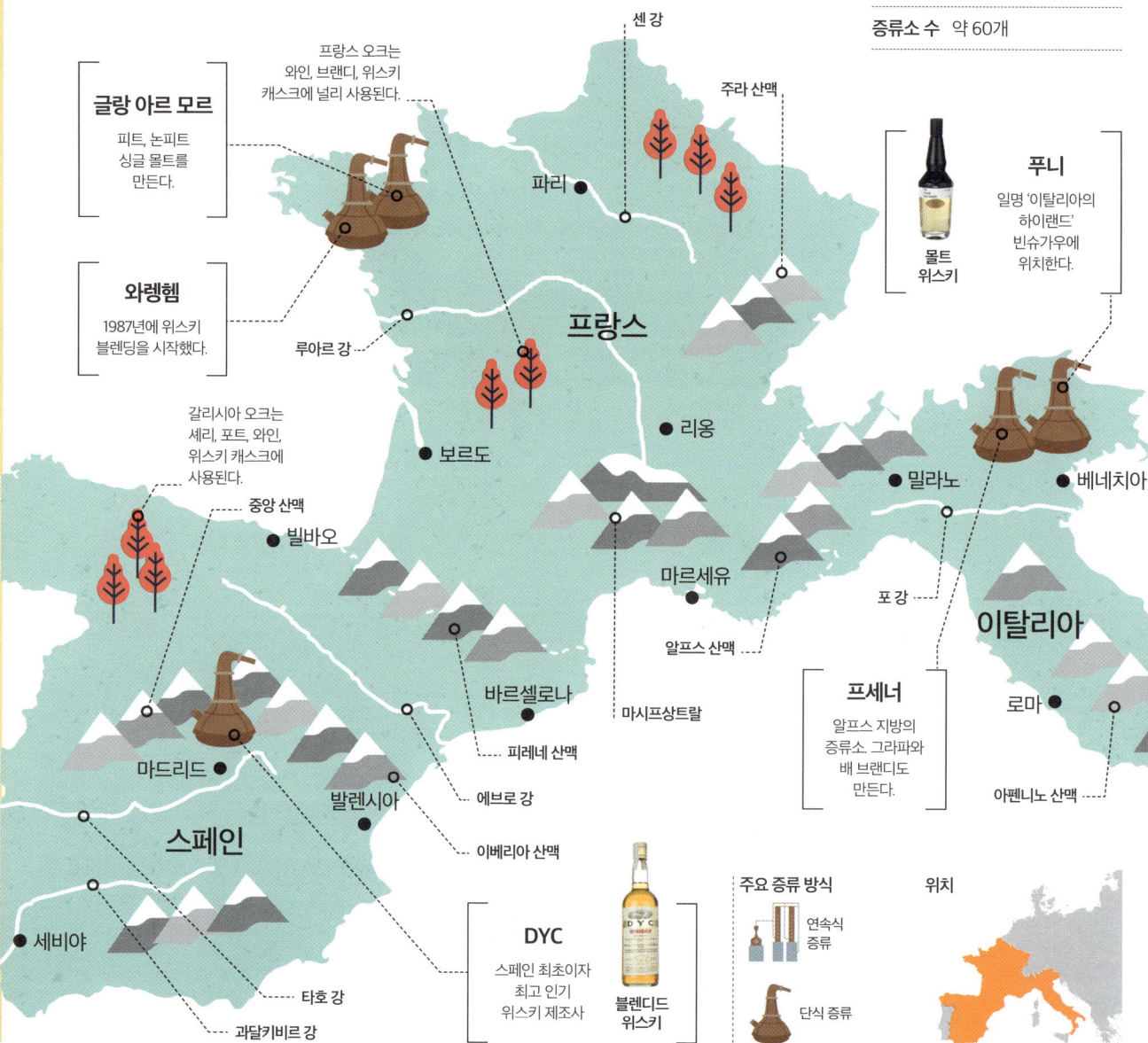

지리적 특징

이탈리아와 스페인,
프랑스 남부는
온난한 지중해성 기후다.

프랑스 다른 지역은 온대성이다. 이 세 나라의 자연 풍광은 매우 다양하다. 피레네 산맥을 축으로 프랑스와 스페인이 나뉘며, 알프스 산맥은 프랑스 남동부와 이탈리아 북부의 경계가 된다. 아펜니노 산맥이 이탈리아 반도의 등줄기를 형성한다. 프랑스는 여전히 농촌의 비중이 높은 농업 국가다. 세 나라 모두 와인 제조 산업이 발달했으며, 스페인과 이탈리아는 내수용과 수출용 올리브도 재배한다. 술을 발효하고 증류하는 것이 문화의 일부로 자리 잡은 지역이지만 위스키 제조 역사는 비교적 짧은 편이다.

증류소

프랑스에서 가장 유명한 증류소는
브르타뉴 지방의 와렝헴으로, 1987년부터
싱글 몰트를 생산해오고 있다.

그리고 1997년에는 아르모릭 브랜드를 선보였다. 역시 브르타뉴에 자리한 글랑 아르 모르는 2005년부터 피트와 논피트 위스키를 증류해오고 있으며, 이탈리아의 푸니는 혁신적인 정육면체 건물 모양의 증류소에 신형 포사이스 증류기를 갖추었다. 프세너는 2013년부터 이탈리아 최초의 싱글 몰트 위스키를 제조하며, 그라파 배럴에서 숙성한다. 마드리드의 대형 증류소 DYC는 연간 2,000만 리터까지 생산 가능하며, 2009년부터 10년 숙성 싱글 몰트를 생산하고 있다. 대부분은 콜라와 얼음을 넣어 마시기 위한 베이스 용도로 소비되는데, 이 조합은 스페인에서 인기가 높다.

▲ **이탈리아 푸니 증류소**는 세련된 '격자 문양' 시멘트 정육면체 건물에 설치된 전통적인 구리 단식 증류기에서 몰트 위스키를 생산한다.

▲ **알프스 산맥** 인근 남티롤 지방의 빈슈가우, 이탈리아어로 발베노스타는 성장세인 이 지역 증류 산업의 중심지다.

역사적 배경

프랑스, 스페인, 이탈리아는
코냑, 아르마냑, 브랜디, 그라파
(포도를 압착하고 남은 잔여물을 증류해 만든
이탈리아 브랜디-옮긴이) 등의
오랜 증류 역사를 가지고 있다.

이 세 나라 모두 스카치 위스키 수입 상위 20개국에 속하며, 물량 기준으로는 프랑스가 세계 1위다. 현지 위스키 팬들이 직접 위스키 제조에 관심을 갖게 된 것은 당연한 결과인 셈이다. 그런데 놀랍게도 위스키 생산이 최초로 시작된 곳은 1959년 스페인의 DYC 증류소였다. 현재 이 세 지역에 더 많은 증류소가 설립될 예정이며, 특히 프랑스와 이탈리아에서는 크래프트 위스키의 인기가 높아지고 있다. 위스키 제조 문화는 이 지역에 확고히 뿌리 내렸다.

▲ **이 지역은** 브랜디, 아르마냑, 그라파 생산 역사가 위스키보다 훨씬 더 길다.

알프스 인근 지역

중부 유럽, 특히 알프스 산맥 주변 지역에 부는 위스키 제조 붐은 독일, 오스트리아, 스위스에서 위스키의 인기가 높아진다는 방증이다.

최초의 위스키 생산 1980년대 초반

주요 생산 위스키 싱글 몰트, 라이 위스키

주요 증류소
- 블라우에 마우스(독일)
- 스토크 클럽(독일)
- 발트비어텔 디스틸러리(오스트리아)
- 로허 디스틸러리(스위스)

증류소 수 약 300개

스토크 클럽
베를린 근교 스프리우드 증류소에서 제조
스트레이트 라이

블라우에 마우스
1983년 설립된 이 지역 최초의 증류소

발트비어텔 디스틸러리
현지에서 재배한 호밀로 라이 위스키 제조

로허 디스틸러리
스위스 최초의 위스키 증류소
싱글 몰트

주요 증류 방식
- 연속식 증류
- 단식 증류

위치

지역 명소: 엘베 강, 함부르크, 베를린, 라인 강, 프랑크푸르트, 독일, 다뉴브 강, 흑림지대(슈바르츠발트), 뮌헨, 잘츠부르크, 오스트리아, 빈, 그라츠, 취리히, 스위스, 베른, 제네바, 알프스 산맥

지리적 특징

위스키 생산을 기준으로
이 세 나라를 '알프스 인근 지역'으로
분류했는데, 이 지역 유명 증류소가
모두 알프스 산맥에 위치해 있기 때문이다.

알프스 산맥이 독일 남부, 스위스 중부와 남부, 오스트리아의 많은 부분에 걸쳐 있다. 세 나라 중 가장 넓은 독일은 라인 강, 엘베 강, 다뉴브 강 등의 거대한 수로가 국토를 관통하며 중앙에는 울창한 삼림지대가 자리 잡고 있다. 겨울은 춥고 여름은 따뜻하다. 스위스와 오스트리아는 국토 대부분이 산악지대로, 겨울은 매우 춥고 눈이 많이 내리며 따뜻한 여름은 짧은 아한대와 '해양성' 기후다.

▶ **알프스의 기후와 지형**은 스코틀랜드 하이랜드와 비슷해 위스키 제조에 이상적인 환경이다.

증류소

이 지역에서 가장 오래된 증류소는
1980년대 초반에 설립된
독일의 블라우에 마우스다.

베를린에서 60km 떨어진 스프리우드 증류소는 라이 위스키를 전문으로 생산한다. 로겐라이스의 발트비어텔 디스틸러리는 1995년 설립된 오스트리아 최초의 위스키 증류소다. 여러 '알프스 인근' 증류소와 마찬가지로 이곳 역시 싱글 몰트와 라이, 몰트 라이 등 여러 스타일을 생산한다. 스위스에서는 로허 가문이 아펜첼의 알프스 산기슭에서 1886년부터 증류를 계속해왔고, 스위스 최초의 싱글 몰트 위스키는 2002년 출시되었다.

▲ **산티스 싱글 몰트**. 스위스 로허 디스틸러리에서 생산했으며, 일명 '알프스 위스키' 중 하나다.

역사적 배경

독일과 오스트리아는
유럽 대륙에서 위스키 제조와 연관된
가장 오랜 전통을 가진 나라다.

브랜디와 슈냅스를 생산해왔기에 1980년대에 이미 훌륭한 위스키 제조 인프라가 갖춰질 수 있었다. 스위스는 1990년대 곡물 증류 규제가 철폐된 이후 위스키 제조가 시작되었다. 많은 제조자가 호밀 위스키를 선호하는데, 곡물이 단단해 추운 이 지역 환경에서 잘 자라기 때문이다. 알프스의 호밀은 지역 밖에서도 인기인데, 켄터키의 증류업자 와일드 터키는 이 지역의 호밀을 수입해 라이 위스키를 만든다.

유럽 대륙의 위스키

시음 노트 19/20

이번에는 성장세인 유럽 대륙의 위스키 제조업계에서 생산된 보석들 중 대륙 북부의 '스코틀랜드처럼' 서늘한 기후를 가진 지역에서 생산된 위스키를 감상해보자.

어떻게 해야 할까

대륙의 넓이에 걸맞게 유럽 대륙의 위스키 역시 매우 다양하다. 모두 탐색해볼 만한 가치가 충분하지만, 여기서는 대표적인 스타일 네 가지를 선정했다. 모두 현지 위스키 전문가들을 통해 구할 수 있다. 왼쪽부터 오른쪽 순서로 시음해보자.

무엇을 배울까

핀란드의 발아 호밀 위스키와 독일의 무발아 호밀 위스키의 차이를 구분할 수 있는가? 싱글 몰트 둘의 차이는 어떤가? 지금까지 스코틀랜드 피티드 싱글 몰트는 여러 번 시음했으니, 이번에는 프랑스산과 비교해보자. 이번 시음의 목표는 좋은 위스키는 어디서든 생산되며, 원산지는 제품의 품질을 결정짓는 장벽이 되지 않는다는 점을 깨닫는 것이다.

> 대륙의 넓이에 걸맞게
> 유럽 대륙의 위스키 역시 매우 다양하며,
> 모두 탐색해볼 만한 가치가 충분하다.

마크미라 브룩스 위스키

싱글 몰트 위스키

스웨덴 예블레
41.4% ABV

비슷한 스타일로는,
박스 싱글 몰트

중량감 **2**

2011년 개장한 마크미라의 새 증류소, 눈길을 사로잡는 '그래비티'에서 생산된 제품.

연한 볏짚색

부드럽고 달콤한 시트러스; 은은한 허브; 딸기의 달콤함; 민트

레몬 절임 디저트; 따뜻한 향신료와 신선한 허브(타임)

길고 섬세하며 향이 풍부한 피니시

풍미 프로필

나무 향 / 과일 향 / 꽃 향 / 곡물 향 / 향신료 향 / 피트 향

이건 어떨까? 글렌킨치 12년산

코르노 로키르

싱글 몰트 위스키
프랑스 브르타뉴
46% ABV

비슷한 스타일로는,
아모릭 트리아고즈

중량감	
3	브르타뉴에 자리한 이 증류소는 매우 드물게 직접 가열하는 증류기를 사용한다.

연한 볏짚색

두드러지며 강렬한 피트 연기와
그 뒤에 느껴지는 달콤함

스모키한 달콤함; 익지 않은 서양배와
불에 그을린 레몬. 쐐기풀과 양치식물

꽤 부드러우며 길게 지속되는 피니시

이건 어떨까? 웨스트랜드 피티드

스토크 클럽 라이

라이 위스키
독일 슐레프치히
55% ABV

비슷한 스타일로는,
밀스톤 100 라이

중량감	
3	2016년에 문을 연 독일 최초의 호밀 증류소 슈프레발트에서 제조되었다.

연한 호박색

태운 당밀의 진함; 절인 고기,
신선한 타임; 새콤달콤한 소스

캐러멜과 계피 향 커스터드를
잔뜩 올린 쫀득한 토피 푸딩

길고 달콤하며 화려하게 오일리한 피니시

이건 어떨까? 리튼하우스 라이

카이로 라이

라이 위스키
핀란드 타이팔레
47.8% ABV

비슷한 스타일로는,
허드슨 맨해튼 라이

중량감	
4	핀란드에서 라이 위스키에만 집중하는 유일한 증류소

황금빛 호박색

정통 라이 위스키의 특징인 훈제 베이컨, 캡시쿰(미국 고추-옮긴이), 후추 향이 두드러짐

후각으로 느낀 것보다 더 그윽함. 과육이 풍부한 붉은 과일; 스파이시하지만 부드러운 바닐라

부드러운 시트러스와 향신료가
느껴지는 벨벳 같은 입안촉감

이건 어떨까? 코발 라이

CHAPTER 5

위스키, 어떻게 마실까?

위스키가 무엇이고, 어디에서 유래했으며,
어떻게 만드는지는 반드시 알아야 할 기초 지식이다.
시음하는 방법 역시 그렇다. 그러나 위스키 탐구 생활을
완성하는 마지막 조각은 지식의 적용에 있다.
위스키는 실험실 환경에서 즐기는 음료가 아니다.
위스키는 사교 생활에 함께하는 음료로, (가끔은 혼자 마시기도 하지만)
사람들과 어울리며 음식을 곁들여 마시거나
칵테일로 만들어 마신다. 따라서 위스키를 마시는
최적의 환경, 적당한 비용은 얼마인지,
어떻게 보관해야 하는지 아는 것도 매우 중요하다.

▲ 샌프란시스코의 니혼 위스키 바는 캘리포니아 술꾼들이 쉽게 접하기 어려운 재패니즈 몰트를 제공한다.

어디에서 마실까?

먹고 마시는 장소가 위스키를 시음하고 즐기는 경험에 영향을 미친다는 점은 익히 알려진 사실이다. 그렇다면 위스키를 즐기기에 이상적인 장소는 어디일까? 집? 펍이나 바? 시음회는 어떤가?

술집에서 마시기

이론상으로는 좋은 생각이다. 하지만 주의해야 할 점이 있다. 펍이나 바 같은 술집에서 위스키를 마신다는 건 값비싼 경험이다. 일반적으로나 필연적으로 가격을 올릴 수밖에 없으니 말이다. 잔도 신경 쓰자. 싸구려 하이볼 글라스나 여러 번 사용해 이가 빠진 텀블러에 담아준다면 적절한 잔을 요청하라. 다행히도 세계에는 비싸지 않게 위스키 친화적인 분위기에서 위스키를 마시려는 사람들을 위한 위스키 전문 바가 많다. 그걸 찾아보자. 이런 바는 대체로 위스키 마니아들이 운영하는데, 가장 좋은 점은 위스키 전문가인 직원들의 도움과 조언을 얻을 수 있다는 것이다.

집에서 마시기

많은 이들의 선택지다. 집에는 자신의 위스키가 있고, 환경을 스스로 통제할 수도 있다. 게다가 동반자, 음악, 잔, 따르는 위스키의 양도

좋은 위스키는 어디에서 시음해도
맛이 좋지만 그중에서도 가장 이상적인 장소는
바로 위스키 생산지다.

장소보다는 사람

좋은 위스키를 혼자 시음하는 것도 좋다. 하지만 친구들과 함께 시음하며 그 느낌을 공유할 때 즐거움은 배가된다.

서로 생각을 주고받으며 과거 시음했던 위스키를 추억하거나, 증류소 여행을 계획하거나 혹은 그저 손에 든 위스키를 즐길 수도 있다. 위스키마다 향미와 느낌이 다르다는 사실을 알게 될 것이다. 심지어 그 느낌에 대한 의견이 다를 수도 있다. 하지만 신경 쓰지 마라. 중요한 것은 그 느낌을 공유한다는 것이다.

선택할 수 있다. 바 특유의 분위기는 없겠지만 비교적 위험 부담이 적고 훨씬 저렴하다.

위스키 시음회 또는 축제

사교적이거나 '모험심'이 강한 사람이라면 공개적인 시음회도 한 방법이다. 새로운 위스키를 경험하거나 같은 취미를 가진 사람들과 대화를 나누고 싶은 사람에게 추천할 만하다. 전 세계 각지에서 다양한 마니아층을 위한 위스키 시음회가 열린다. 가까운 곳을 찾아보라. 그러면 평생을 함께할 위스키와 새 친구들도 만날 수 있을 것이다.

완벽한 최고의 장소

좋은 위스키는 어디에서 시음해도 맛이 좋을 것이다. 그런데 그중에서도 가장 이상적인 곳이 있다. 바로 위스키 생산지다.

아일레이 섬을 방문해 좋아하는 증류소 투어를 하고 시음으로 마무리하는 것이다. 훌륭한 위스키에는 생산지·재료·생산자를 표시하고, 그 반대로도 좋은 위스키를 찾을 수 있다. 가까운 곳에서 시작해 점차 시야를 넓히며 크고 작은 증류소를 순례해보자. 대부분의 증류소는 방문자 친화적이며 탐험하기에 아주 매력적인 곳이다.

▼ 태즈메이니아의 설리번스 코브 증류소의 방문객들. 현장 시음은 위스키에 대해 더 많이 시도하고 배울 수 있는 좋은 방법이다.

비하인드 스토리…

독립병입자

맛은 분명 좋아하는 싱글 몰트인데 라벨이 낯선 병을 본 적 있는가?
그것은 아마도 독립병입 제품일 가능성이 매우 크다.

▲ 케이든헤드의 스몰 배치 위스키에는 내용물의 원산지가 표시되어 있다. 이 경우는 피티한 제품으로 유명한 아일레이의 쿨 일라 증류소다.

독립병입자란?

독립병입은 증류소나 중개상으로부터 위스키를 캐스크째 사들여 자신들의 라벨이 붙은 병에 담는 것이다. 대부분의 독립병입자는 증류업계와 밀접한 관계지만 자체 증류소를 소유하지 않은 스코틀랜드 회사다.

대표적인 독립병입자로는 고든 앤드 맥페일, 케이든헤드, 베리 브라더스 앤드 러드, 더글러스 랭, 머레이 맥데이비드, 윔즈 등이 있다. 독립병입자는 사업 규모와 형태가 매우 다양하다. 1년에 한두 가지의 위스키를 판매하는 소규모가 있는 반면 창고에 수백, 수천 개의 캐스크를 쌓아두고 있는 업자도 있다.

병입을 하는 이유

독립병입의 가장 큰 장점은 상대적으로 저렴한 비용으로 좋은 위스키를 맛볼 수 있다는 점이다. 대부분의 독립병입자들은 대형 위스키 제조사들과 달리 간접비와 마케팅 부담이 없다. 오래된 병입자의 경우, 최근까지 내용물에 주안점을 둘 뿐 패키징에는 비용 투자나 관심이 덜했다. 이들의 제품 대다수는 '싱글 캐스크'인데, 이는 위스키가 하나의 캐스크에서 나왔다는 의미다.

다른 위스키도 그렇지만 독립병입 제품은 구매하기 전에 먼저 마셔보는 편이 좋다. 캐스크마다 맛이 다르기 때문에 그렇게 하지 않으면 자신의 미뢰를 병입자의 손에 맡기는 셈이다. 병입 역시 전문가의 영역이며, 베리 브라더스의 더글러스 맥아이버나 케이든헤드의 마크 와트는 수십 년의 경력을 가진 영국에서 가장 유명한 숙련된 병입 전문가다.

개척정신

독립병입자는 현대 위스키 산업에 막대한 영향을 끼쳤다. 1960년대까지만 해도 스코틀랜드에서는 극소수의 위스키 제조자들만이 싱글 몰트를 병입했다. 당시 업계는 블렌디드 위스키 제조에 집중했고, 싱글 몰트는 블렌디드를 제조하기 위한 재료 정도로 인식되었다.

그런데 고든 앤드 맥페일이 판도를 바꾸었다. 엘긴의 식료품점이 싱글 몰트 위스키에 대한 전 세계의 인식을 바꾸는 본산이라니 믿기지 않겠지만, 그게 사실이다.

1968년 그들은 스코틀랜드 전역의 싱글 몰트를 '감정가의 선택(Connoisseurs Choice)'이라는 제품군으로 출시했고 처음에는 영국, 미국, 프랑스, 네덜란드 같은 나라에 위스키의 신세계를 전했다. 이러한 촉매제가 없었다면 오늘날과 같이 다채로운 위스키를 즐길 수 없었을 것이다.

> 1960년대까지만 해도 스코틀랜드에서는 극소수의 위스키 제조자들만이 싱글 몰트를 병입했다.

▼ **1895년 설립**된 고든 앤드 맥페일 매장은 지금도 스코틀랜드 엘긴에 있으며, 1,000종 이상의 몰트 위스키를 판매하고 있다.

위스키의 '이상적인' 숙성연수?

숙성연수가 오래된 위스키는 고급이고 어린 위스키는 싸구려일까? 이는 어디에서 어떻게 생산되었는지에 따라 다르다. 맛의 관점에서 '오래된' 위스키와 '어린' 위스키 모두 각각의 특성과 장점이 공존하는 것이다.

위스키를 숙성하는 이유

위스키는 거의 모두 오크 캐스크에서 숙성되며, 통에 담겨 있는 시간 동안 증류액에 나무의 향미가 우러난다.

이것이 위스키의 매력이다. 하지만 위스키가 얼마나 캐스크에서 숙성을 거쳐야 하는지 제대로 알아야 한다. 어느 정도 시간이면 충분한가, 반대로 어느 정도면 과숙성이라 볼 수 있는가? 숙성 기간은 최종 맛에 어떤 영향을 미치는가? 탐색해볼 만한 질문이다. 하나씩 알아보자.

적당한 숙성연수란

기억해야 할 핵심은 위스키는 캐스크의 종류와 기후에 따라 다르게 숙성된다는 점이다. 증류소마다 숙성 전에 거치는 생산 단계가 있는데, 이 역시도 영향을 미친다.

이러한 요인을 염두에 두면 위스키의 '적당한' 숙성연수를 단언한다는 것이 불가능함을 알게 될 것이다. 각 나라, 각 지역의 모든 증류소가 서로 다른 환경에서 다른 방식으로 작업하기 때문에 결과물 또한 거의 무한대로 다양하다.

최적의 숙성연수가 존재할까?

증류소마다 대표 제품을 병입해 출시하기까지 최적 숙성연수 기준이 있다. 예를 들면 글렌모렌지는 10년, 라가불린은 16년 같은 식이다. 이러한 시간 척도는 수년간 시행착오를 겪으며 미세한 조정을 거쳐 얻어낸 결과

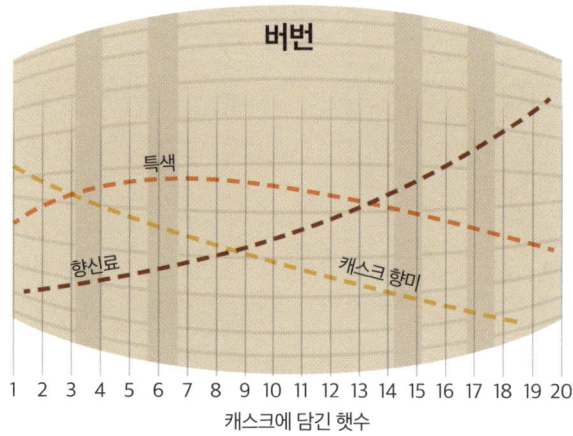

▲ 버번
캐스크에 담겨 있던 햇수는 버번의 오크 향, 향신료 향, 특색에 영향을 미친다. 버번은 차링한 새 오크 캐스크에서만 숙성해야 하므로, 스카치와 비교해 향미에 미치는 영향이 더 크다.

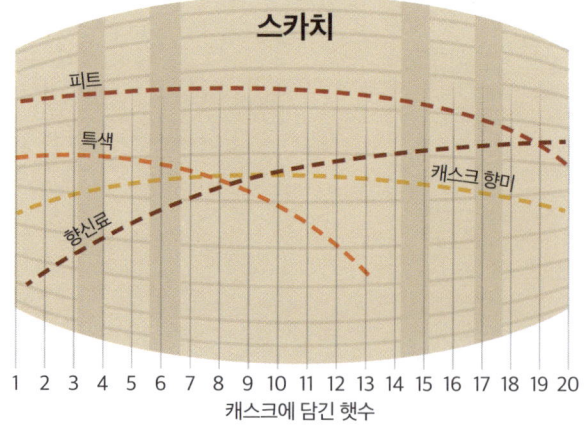

▲ 스카치
스카치 스타일의 위스키는 주로 버번 캐스크에서 숙성되어 버번과 다른 숙성연수와 향미 프로필을 갖는다. 예를 들어 캐스크에 향미가 배어 있어서 스파이시함이 크게 두드러지지 않는다.

◀ 캐스크의 역할을 과소평가해서는 안 된다. 캐스크는 숙성의 연금술이 일어나는 곳이자, 향미와 특색이 발달하고 변화하는 곳이다.

다. 이 시간대를 지나면 두 가지 현상이 일어난다. 오크의 영향력이 조금씩 커지고 원 증류액의 성질은 희석되는 것이다.

라가불린 16년산이 그보다 어리거나 더 오래된 라가불린과 맛이 다른 이유 중 하나다.

숙성은 오래할수록 좋을까?

간단히 말하면 그렇지 않다. 그저 오래 숙성되었을 뿐이다. 그리고 오크 향이 '더 강하고', 더 비싸다. 숙성연수보다 중요한 것은 캐스크다. 위스키를 캐스크에 10~15년을 담아둘 수 있지만, 캐스크가 이전에 여러 번 사용된 것이거나 충분히 사용되지 않았다면 그 안에 담긴 위스키에 안 좋은 영향을 미친다.

정말 제대로 숙성된 위스키는 적절한 특성을 가지며, 과도하게 사용되거나 과소하게 사용되지 않은 캐스크에서 숙성된 것이다.

사업적 관점은 또 다르다. 많은 증류업자와 병입자는 주요 기념일이나 행사를 활용해 판매를 촉진할 수 있도록 18, 21, 25, 30, 40년산 위스키를 비축해놓지만, 이 위스키들이 모두 좋은 것은 아니다.

기후 변화

전 세계에 아주 많은 새 증류소가 등장했고, 많은 이가 위스키를 더 빨리 출시하기 위해 숙성 시간을 가속화할 수 있는 여러 방법을 고안해내고 있다.

타이완과 인도처럼 기후가 따뜻한 나라들은 불공평한 지리적 이점을 누린다. 이런 지역에서는 표준 크기의 배럴이나 혹스헤드에서 숙성된 위스키가 3년 남짓이면 최적의 상태에 이를 수 있다. 스코틀랜드와 아일랜드 같은 서늘한 기후에서는 캐스크의 나무가 제 역할을 하는 데 더 오랜 시간이 걸린다. 일부 제조자들은 숙성 속도를 높이기 위해 더 작고 신선한 캐스크를 사용하는 실험을 하고 있으며, 어느 정도 성공을 거두었다.

그러므로 숙성연수 자체는 중요하지 않다. 위스키를 마셔보고, 마음에 들면 사라. 연수에 신경 쓰지 말고.

세계에서 가장 오래된 위스키

연수가 오래된 위스키는
좋은 투자처이기도 하다.
경제적 여유만 된다면 말이다.

모틀락 70년산

이 위스키는 1938년 캐스크에 담긴 후 2008년에서야 병입되었다. 표준 사이즈로 단 54병만 출시되었고, 병당 1만 파운드에 판매되었다. 작은 병으로는 162개 출시되었고, 2,500파운드다.

자가티의 정체불명 위스키

네덜란드 자가티 컬렉션 중에는 1843년 생산으로 표시된 병이 있다. 그러나 불행히도 이 오래된 병에 대해서는 거의 알려진 바가 없다.

위스키에 얼마를 써야 할까?

비싼 위스키일수록 '좋은' 위스키라고 생각하기 쉽다. 가격은 분명 위스키의 품질을 나타내는 중요한 지표지만 위스키를 살 때 유념해야 할 유일한 요소는 아니다.

위스키는 왜 비쌀까?

위스키는 보드카나 진 같은 맑은 증류주보다 더 비싼 편이다. 위스키는 숙성에 몇 년이 걸리기 때문에 보관비용이 포함된 셈이다. 게다가 전 세계적으로 숙성연수가 긴 위스키의 인기가 높아지면서 가격 역시 극적으로 치솟았다. 특히 스코틀랜드와 일본의 숙성 위스키 재고가 줄어들었고, 이에 따라 남은 재고의 시장 가격 역시 상승하고 있는 것이다.

증류업자들은 지금 생산을 늘리고 있다. 게다가 2000년대 들어 크래프트와 마이크로 증류 붐이 일었다. 이 모든 것이 수요를 충족하려는 노력의 일환이다. 하지만 지금 제조한 새 위스키가 숙성이 끝나 시장에 출시되었을 때 가격 문제로 이어질 수 있다. 역사상 여러 차례 그랬듯 위스키 수요가 감소할 경우, 공급 과잉으로 가격이 하락할 수도 있기 때문이다.

저렴한 위스키는 품질도 싸구려일까?

꼭 그렇진 않다. 독립병입자나 슈퍼마켓 브랜드 위스키가 가성비가 좋을 수도 있다. 그러나 제품마다 품질이 천차만별이므로 가능하면 리뷰를 먼저 확인하자.

궁극적으로 위스키는 사치품이라는 점을 인식하고 자신에게 어느 정도가 적당한지 결정해야 한다. 따라서 자신이 사는 지역의 위스키 가격을 조사하면 예산을 얼마로 책정해야 할지 판단 기준이 될 것이다.

◀ **맥켈란 증류소**는 유명한 중고가 위스키를 생산하는 세계 3위의 싱글 몰트 브랜드다.

◀ 에든버러의 위스키 전문점 로열 마일은 다양한 위스키와 전문 지식이 풍부한 직원으로 유명한, 세계에서 가장 널리 알려진 위스키 매장이다.

어디서 사야 할까?

법적이나 종교적으로 금지된 지역을 제외하고, 위스키는 어디서든 구할 수 있다. 슈퍼마켓부터 인터넷, 공항, 와인과 증류주 소매점까지 세계 대부분 지역에서 괜찮은 위스키를 구할 경로는 다양하다.

그러나 증류주나 위스키 전문점만한 곳은 없다. 그곳에 가면 동료 마니아들의 따뜻한 환대를 받으며 유익한 조언을 얻고 현장에서 시음도 할 수 있다. 그러면 (매번은 아니지만) 가끔 조금 더 비싼 값을 치를 때도 있지만 서비스나 소중한 조언, 유쾌한 농담을 생각하면 그만큼의 가치는 충분하다고 할 수 있다. 게다가 지역 경제에도 이바지하는 셈이다.

국가의 몫

위스키에 지불하는 가격을 결정하는 중요한 요소 중 하나는 세금이다. 나라나 지역마다 차이가 있지만 제조나 판매 과정에서 소비세나 관세, 부가세 등이 발생하지 않은 위스키를 찾기란 거의 불가능하다.

당연히 증류업자나 소비자 모두 세금을 반기지 않는다. 일례로 2017년 영국에서 스카치 위스키 판매세가 3.9% 인상되자 매출이 2.6% 감소했다. 2018년 EU는 유럽 연합에 수입되는 미국 위스키와 버번에 25%의 관세를 부과했는데, 이는 트럼프 대통령이 수입 철강에 부과한 세금에 대한 보복 조치였다.

이유야 무엇이든 위스키와 같은 '비필수품'에 대한 세금 인상은 출고가 상승으로 이어진다.

공항면세점 구매

공항면세점을 지나는데 전에 본 적 없던 좋아하는 증류소의 위스키를 발견한 경험은 누구나 한 번쯤 있을 것이다.

그러면 여러분은 신용카드를 꺼내고, 면세점은 여러분이 힘들여 번 돈을 쉽게 가져간다. 여기서 주의할 점은 공항의 '여행객 전용' 상품이 항상 기대를 충족시키는 것은 아니라는 점이다. 보통 샘플을 주는 사람이 근처에 있으니 가능하다면 구매 전에 시음해보자.

위스키와 온도

위스키 마시기에 '적당한' 온도란 것이 있을까? 이는 치열한 논쟁거리다. 거기에 하나 더 추가해보자. 다양한 온도로 시음하는 것은 향미에 어떤 영향을 미칠까?

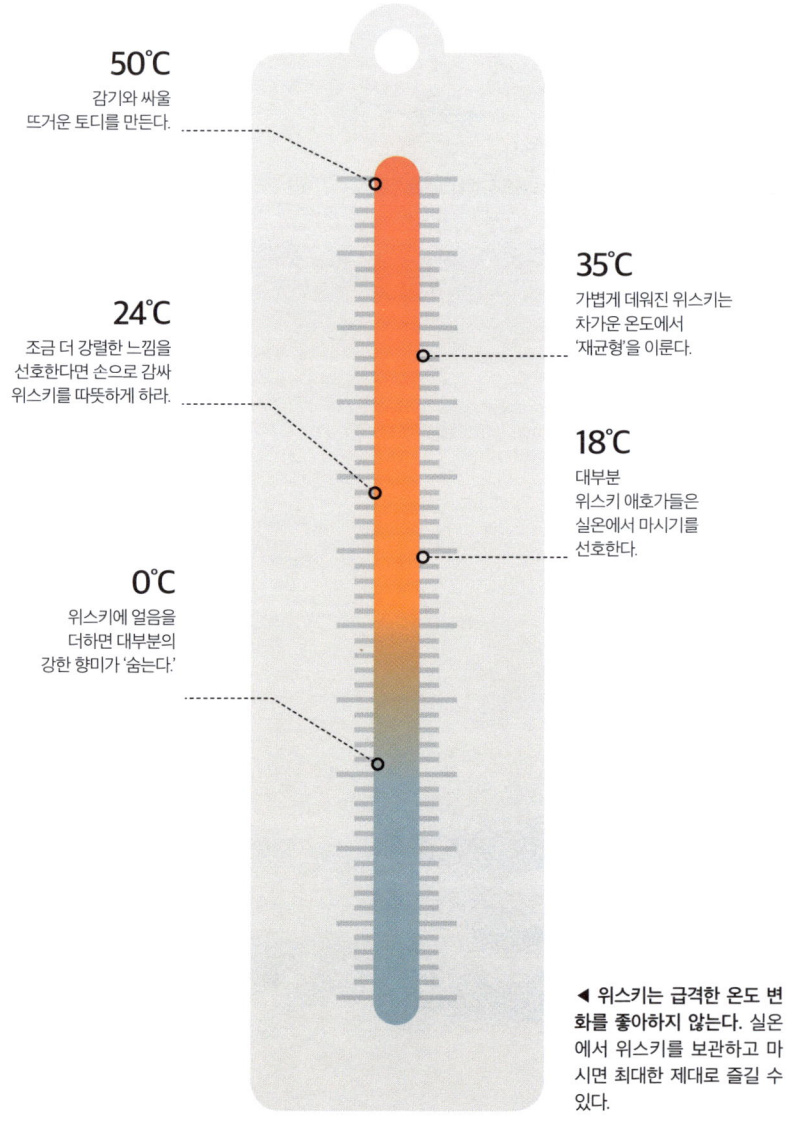

50°C
감기와 싸울 뜨거운 토디를 만든다.

35°C
가볍게 데워진 위스키는 차가운 온도에서 '재균형'을 이룬다.

24°C
조금 더 강렬한 느낌을 선호한다면 손으로 감싸 위스키를 따뜻하게 하라.

18°C
대부분 위스키 애호가들은 실온에서 마시기를 선호한다.

0°C
위스키에 얼음을 더하면 대부분의 강한 향미가 '숨는다.'

◀ 위스키는 급격한 온도 변화를 좋아하지 않는다. 실온에서 위스키를 보관하고 마시면 최대한 제대로 즐길 수 있다.

이상적인 온도

이 문제는 주관적인 주제라 정확한 답이 없다. 하지만 이 점을 염두에 두고, 시험 삼아 각각 다른 온도에서 위스키를 마시기 전에 몇 가지 고려해야 할 사항이 있다. 위스키는 마구잡이로 실험하기에는 고급 음료이고 투자비용도 비싸다.

먼저 위스키로부터 상세한 정보를 얻기 위해서는 상온에서 시음해야 한다. 마스터 증류사, 블렌더, 평론가 등 전문가들이 이렇게 한다. 상온에서 위스키의 맛이 가장 잘 열리기 때문이다.

가끔 위스키를 따르려는데 원하는 온도보다 차가워져 있을 때가 있다. 이런 경우, 잠시 위스키 잔을 손에 쥐고 있으면 체온으로 서서히 데워져 원하는 온도까지 올라간다.

얼음과 '북해 효과'

스코틀랜드의 한 저명한 위스키 전문가는 생생하면서도 효과적인 비유를 들어 얼음이 위스키에 미치는 영향을 설명했다. 겨울철 알프스 산맥의 호수에 알몸으로 걸어 들어간다고 상상해보라. 그가 물었다. 자, 민감한 몸은 어떻게 반응할까?

◀ '온더록스'로 마시면 위스키의 향미를 제한하지만 얼음이 녹으면서 서서히 그 향미를 다시 방출한다.

먼저 위스키로부터
상세한 정보를 얻기 위해서는
상온에서 시음해야 한다.

그가 말하려는 요점은 위스키는 너무 차가우면 '닫혀서' 대부분은 아니지만 많은 향미를 숨긴다는 것이다. 또한 얼음이 미각을 둔하게 해 위스키의 본질을 구별하지 못하게 한다. 이 전문가의 발언은 '얼음 효과가 얼마나 첨예한 문제인지 보여준다. 그렇다고 해서 얼음을 넣지 말라는 뜻은 아니다. 그건 당신의 선택이다. 하지만 그렇다면 마음의 준비를 해야 할 것이다.

뜨거운 게 좋다?

반대로 위스키를 너무 따뜻하게, 심지어 뜨겁게 마셔도 위스키의 향미를 최대한 즐기기 어렵다. 얼음 효과만큼 극적인 차이는 아닐지라도 가열하는 것은 고해상도의 사진을 흐리게 하는 것과 같다.

뜨거운 토디를 만들 때를 제외하고 위스키를 데워야 할 유일한 때는 매우 추운 기후에서 위스키를 마실 때다(알프스 산맥 호수에 알몸으로 들어가기 전이라든가). 차가운 위스키를 데우면 향미의 '재균형'을 이루게 한다.

뜨거운 토디

으슬으슬 감기 기운이 있을 때
이 전통 요법을 따르면
훨씬 좋아진다. 진심이다.

위스키의 높은 알코올 함량이 소독제 역할을 하고, 액체의 뜨거움과 위스키의 새콤달콤한 향미가 땀을 빼는 효과를 내기 때문으로 추정된다. 토디 제조법은 다양하지만 여기서는 초심자를 위해 가장 간단한 것으로 소개한다.

위스키 (최소한) 50ml를 따르고, 레몬 1개를 짜 넣은 뒤, 정향과 레몬 한 조각, 꿀 1티스푼을 넣고 뜨거운 물을 붓는다.

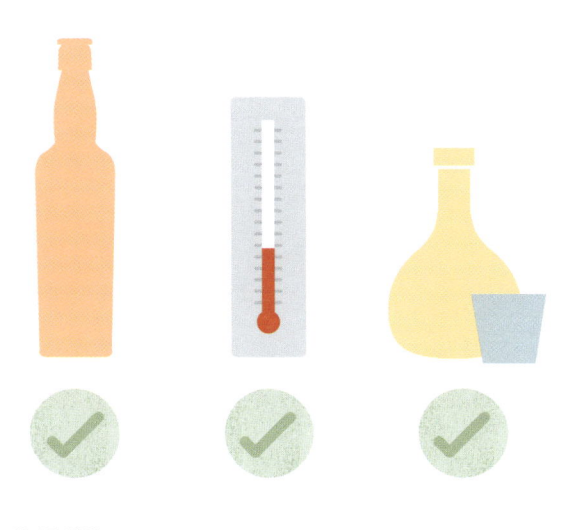

▲ 올바른 방법
위스키 병을 똑바로 세워서 서늘한 환경에서 보관하고, 일단 개봉한 뒤에는 되도록 다른 용기에 옮겨 보관한다.

▲ 잘못된 방법
위스키는 직사광선을 피해 보관해야 한다. 일단 상당량을 마셨다면 병째 보관하지 말고, 옆으로 눕혀서도 안 된다.

위스키 보관하기

어떤 위스키를 좋아하고, 그 위스키가 어디에서 어떻게 만들어졌는지 알게 되었으면, 다음은 구입한 위스키를 최적의 상태로 보관하는 방법을 알아볼 차례다.

보관

위스키는 직사광선을 피해 서늘하거나 실온에서 보관하라. 이건 상식이다.

위스키를 병째로 보관한다면 와인처럼 눕히지 말고 똑바로 세워 보관해야 하는데, 액체가 코르크와 접촉하면 코르크가 수축해 공기가 유입될 수 있기 때문이다. 대부분의 '좋은' 위스키는 스크루 캡이 아닌 코르크 마개를 사용하기 때문에 이 점을 명심해야 한다.

같은 코르크 마개인데 와인 병은 눕히고 위스키 병은 세워야 하는 이유는 위스키의 알코올 함량이 훨씬 더 높기 때문이다. 알코올 성분이 시간이 지나면서 코르크 마개를 부스러지게 하는 것이다. 위스키 컬렉션을 만들고 싶다면 보관의 용도로 쓰일 위스키 진열장에 투자할 가치가 있다.

디캔팅 (다른 용기에 붓기)

과거 인기를 끌었던 무거운 크리스털 디캔터

를 기억하는가? 여러분이나 부모님의 집 어딘가에 있거나, TV 혹은 옛날 영화에서 본 적이 있을 것이다. 위스키를 마시는 우리의 주인공이 얼마나 멋지고 세상 물정에 밝은지 보여주는 편리한 장치였다. 디캔터와 디캔팅 과정은 실제로 여러분이 아끼는 소중한 위스키를 보관할 때 중요한 역할을 한다.

생각해보자. 자신을 위한 선물, 혹은 특별한 날을 기념하기 위해 위스키를 샀다. 이 위스키를 몇 달, 혹은 몇 년에 걸쳐 음미하고 싶다. 그런데 이렇게 병째 보관하면 병의 빈 공간에 서서히 산소가 채워지면서 위스키 본연

위스키를 병째로 보관한다면 와인처럼 눕히지 말고 똑바로 세워 보관해야 한다.

의 '힘'을 잃을 수 있다. 이런 사태를 방지하기 위해서는 350ml와 더 작은 용량으로 구성된 작은 병 세트를 구입하라. 사랑하는 위스키가 병의 반도 안 남으면 350ml 병으로 옮겨 보관한다. 200ml도 안 남으면 200ml 병으

로 옮긴다. 감성을 유지하고 어떤 술이었는지 기억하기 위해 반드시 원래의 병을 보관해야 하지만 위스키를 최적의 상태로 유지하는 것이 무엇보다 중요하다.

위스키는 병에서도 숙성이 일어날까?

그렇지 않다. 아니, 어쩌면 그럴 수도 있다. 일반적인 상식과 공식적인 과학적 원리에 따르면 밀폐된 병에서는 아무 반응도 일어나지 않는다. 화학자들은 일단 병이 봉해지면 내부의 액체는 변할 수 없다고 한다.

그러나 증류업계 종사자 중에는 비록 속도는 느리지만 어떤 변화가 일어나고 있다고 믿는 사람들도 있다. 그들은 이를 '오래된 병 효과'라고 부르는데, 이런 현상은 수십 년 전 병입된 블렌디드 위스키에 국한된다. 흥미가 있고 과학 이론 지식이 있다면 관련 책을 한 번쯤 읽어볼 만하다.

따라서 밀봉된 위스키 병 안에서는 어떤 화학적 변화도 일어나지 않는다고 보는 편이 타당하지만 시간이 지나면 '오래된 병 효과'가 당연한 현상으로 판명날 수도 있다. 그들이 말하는 대로 연구는 진행 중이니 말이다.

◀ 과거에는 깔끔한 마감을 위해 산화납을 함유한 유리인 리드 크리스털로 디캔터가 만들어졌다. 오늘날의 디캔터는 일반적으로 납 성분이 없는 크리스털로 만들어진다.

믹서와 혼합하기

위스키 동호인 사이에서 믹서와 섞어 마시는 것을 둘러싼 뜨거운 논쟁이 벌어지고 있다. 자신이 '혼합파'인지 아닌지는 직접 몇 번 시도해보면 알 수 있다.

혼합하기

위스키에 다른 액체를 첨가해도 되는지를 둘러싼 문제만큼 열정을 자극하는 것은 없다. 일부 순수주의자들은 위스키는 '스트레이트'로만 마시거나, 기껏해야 소량의 물 정도만 첨가해야 한다고 주장한다. 다수의 의견은 아니지만 영향력은 상당하다.

하지만 수 세기 동안 위스키에 믹서가 첨가되어왔다는 점을 기억하자. 심지어 위스키의 거친 맛을 희석하기 위해 무언가를 섞지 않으면 마실 수 없던 시대도 있었다. 그러나 오늘날의 위스키는 더욱 정제되었다. 정교한 생산 기법의 발달로, 현대의 위스키는 취향에만 맞으면 스트레이트로 마실 수 있다. 위스키를 마실 만하게 만들기 위해 무언가 첨가할 이유가 없어진 것이다.

그렇다고 하지 말라는 뜻은 아니다. 여기서는 위스키 본연의 가치를 즐기는 법을 다루는 것이 아닌, 깔끔하게 니트로 마시는 분위기가 아닌 곳에서 가볍고 산뜻하게 마실 음료로 만드는 법을 다루는 것이니까.

내게 맞는 조합 찾기

위스키에 무엇이든 좋아하는 것을 첨가할 수 있다. 물론 전통적인 위스키-믹서 조합이 있긴 하지만 뭐가 되었든 그 혼합 음료가 취향에 맞으면 된다. 그러나 각각의 위스키 스타일과 가장 잘 어울리는 향미를 찾아내기 위해 범위를 좁혀가는 작업에는 노력을 기울일 가치가 충분하다. 이번에는 바로 이 작업을 해보려 한다.

피티한 위스키는 콜라와 잘 어울린다. 이 조합을 '스모키 코키'라고도 부른다. 한번 시도해보라. 콜라의 달콤한 곡물 향이 위스키의 훈연 향과 기분 좋게 어우러진다. 물론 더 이상의 설명이 필요 없는, 전 세계적으로 유명한 '잭 앤드 코크'도 있다.

맛의 스펙트럼 중 가장 덜 단 조합으로는 진저에일과 과일 향과 알싸함이 두드러진 스페이사이드 싱글 몰트 혹은 스카치 블렌디드 위스키가 있다. 이 조합은 정신이 번쩍 들게 하는 짜릿함이 특징이다.

◀ 믹서를 섞으면 위스키가 '가벼워져서', 청량한 음료로 변신한다. 위스키와 진저에일, 라임 한 조각은 클래식한 조합이다.

▶ 믹서 조합 가이드
이 아로마 휠을 돌리며 조합해보자. 어떤 향미군이 잘 어울릴지, 규칙을 허무는 지점이 어디인지 파악하는 데 매우 유용할 것이다.

레모네이드, 오렌지주스, 사과주는 어떨까? 규칙 같은 건 없으니 자신이 좋아하는 믹서를 찾을 때까지 꾸준히 시도해보자. 이렇게 다양한 시도를 거듭하다 보면 다양한 위스키 경험이 쌓여 복잡한 여러 맛을 구분하고 그 맛이 속한 향미군에 대해 더 많이 알게 될 것이다.

위 이미지는 주요 생산 위스키별 잘 어울리는 믹서를 간략히 정리한 가이드다. 물론 절대적인 기준은 아니다. 이 표를 토대로 위스키 믹싱 조사를 시작해보자. 어쨌거나 취향은 사람마다 다르니까.

하이볼

잔 가득히 얼음을 넣고 위스키와 소다수를 섞으면 일본 국민 음료가 된다. 이 나라는 위스키를 만들고 마시는 것에 매우 진지하게 접근한다는 사실을 기억하자.

1950년대 발명된 이 음료는 일본 최초의 위스키 제조사 산토리가 가쿠빈 하이볼 브랜드를 출시하며 대중화되었다. 하이볼은 많은 일본 가정에서 저녁 식사 자리에 와인 대신 곁들이며, 일본의 젊은 술꾼들 사이에서도 인기를 끌게 되었다. 거리의 자동판매기에서도 구입할 수 있다.

규칙 같은 건 없으니
자신이 좋아하는 믹서를 찾을 때까지
꾸준히 시도해보자.

언제, 어떤 위스키를 마셔야 할까?

부적절한 시간에 부적절한 위스키를 마시면 실망만 느낄 수 있다. '계절을 타는' 술은 아니지만 위스키 스타일마다 어울리는 상황이 다르기 때문이다.

사계절용 위스키

무엇을 언제 마셔야 하는지 엄격한 규칙은 없지만 여기서는 특정 시기나 계절, 상황에서 어떤 위스키가 더 잘 어울리는지 찾아보고자 한다.

예상할 수 있듯이 여름에는 시트러스 향미가 강하고 톡 쏘는 맛이 나는 '가벼운' 위스키가 잘 어울린다. 한 해가 지나고 쌀쌀해질 무렵에는 피티하거나 스파이시한 위스키가 변화하는 계절에 잘 어울린다.

'기분에 어울리는' 위스키

어이없는 소리로 들릴 수도 있지만 화가 났을 때는 절대 위스키를 마셔선 안 된다. 그것은 이 훌륭한 술을 낭비하는 행위일뿐더러 화를 잠재우지도 못한다.

이 경우를 제외하고 계절에 어울리는 위스키를 찾듯 기분에 어울리는 위스키를 찾을 수도 있다. 일반적으로 계절과 마찬가지로 마음이 가볍고 행복한 상태라면 이와 비슷한 위스키에 손이 갈 것이다. 깊은 생각에 잠길 때는 복잡하고 도전적인 위스키가 어울린다. 여러 위스키를 마시며 경험이 쌓이면 감상에 젖고 싶을 때나 기운을 북돋울 때 어떤 위스키가 잘 어울릴지 알게 될 것이다.

봄
로크 로몬드,
베인스,
멜로 콘,
오큰토션

여름
애런,
라세니,
그린 스폿,
스타워드

가을
스프링뱅크,
스토크 클럽,
레드브레스트,
FEW

겨울
킬호만,
코발,
암루트,
코네마라

▲ 계절별 위스키
계절에 어울리는 위스키를 매치한다는 것은 '무겁거나' '가벼운' 향미로 변화하는 계절을 보완하는 것이다.

다른 사람과 마시기

위스키는 친구들과 함께 마시는 것이 가장 좋다. 경험상 친구는 대개 다음과 같은 세 부류로 나뉜다.

> 계절에 어울리는
> 위스키를 찾듯 기분에 어울리는
> 위스키를 찾을 수도 있다.

▶ **열정을 공유하면** 시음 경험이 크게 향상되는 이유는 비슷한 생각을 가진 위스키 애호가들과 향미에 대한 의견을 나누기 때문이다.

1. 위스키를 싫어하는 사람

이런 사람을 친위스키파로 전향시키는 건 여러분의 몫이다. 위스키를 건네기 전에 먼저 믹서와 혼합한 것으로 마음을 열어라. 그래도 효과가 없다면, 그들에게는 진토닉을 주고 이 훌륭한 술은 여러분 자신을 위해 보관하자!

위스키를 싫어하는 사람이라면,
- 스모키 코키
- 위스키와 진저에일
- 맨해튼

2. 위스키 초심자

이 부류는 위스키 한두 잔을 마셔보고 그 매력에 푹 빠진 상태다. 이때 대뜸 피티한 라프로익이나 스파이시한 코발 라이를 들이밀어 불붙은 호기심과 열정에 찬물을 끼얹지 마라. 그들이 서서히 틀을 깨고 열정의 꽃을 피워가는 모습을 지켜보자.

위스키 초심자라면,
- 레드브레스트 12년산
- 글렌리벳 12년산
- 카발란 클래식
- 우드포드 리저브 버번

3. 위스키 애호가

이때 흥미로운 일이 일어난다. 장황설을 늘어놓는 고수가 아닌, 마음이 통하는 동지를 찾게 될 것이다. 그는 새로운 위스키와 생산자를 탐색하는 즐거움을 함께할 사람, 열정을 공유하고 여러분이 아끼는 술을 받을 자격이 있는 사람이다.

위스키 애호가라면,
- 여러분이 선택하라. 이때야말로 당신이 배운 모든 걸 활용하며 날개를 펼칠 시간이다.

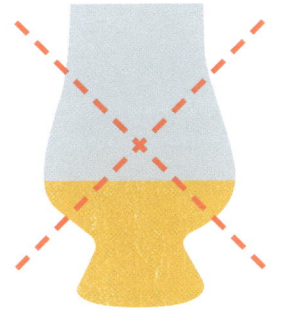  

시음 노트 20/20

숙성연수별 싱글 몰트

마지막 시음에서는
유명 증류소 두 곳의 위스키를 선정해
시간이 지나며 '같은' 위스키에
어떤 변화가 일어나는지 비교해보자.

어떻게 해야 할까

두 증류소에서 생산된 두 종의 위스키를 선택하고, 같은 라인의 숙성연수가 다른 제품 두 가지를 비교해 시간이 지나며 어떻게 변화하는지 살펴본다. 시음하기 전에 종류별로 집중해 시향한다. 어떤 차이가 느껴지는가? 시간이 지나며 위스키에 어떤 변화가 일어난 것 같은가? 각 병 라벨에는 해당 배치의 가장 어린 위스키의 제조 연도가 표시되어 있다는 걸 기억하자. 그러나 가장 어린 위스키보다 오래된 위스키가 들어 있지 않을 수도 있다.

무엇을 배울까

어린 위스키와 연수가 오래된 위스키가 얼마나 다른지 차이점을 찾아보자. 이를 통해 시간이 지나며 어떤 향미가 풍부해지는지 잘 알게 될 것이다. 오래된 위스키는 나무통에서 몇 년 더 숙성되며 더 알싸한 오크 향미를 갖게 된다. 어린 것과 오래된 것, 무엇이 더 낫다고 할 순 없다. 중요한 것은 무엇을 시음하고, 그 경험을 어떻게 즐기느냐이다.

> 시간이 지나며 어떤 향미가
> 풍부해지는지 잘 알게 될 것이다.

올드 풀트니 12년산

싱글 몰트 위스키
하이랜드 윅
40% ABV

비슷한 스타일로는,
클라이넬리시 14년산

중량감 3
'스완 넥'이 없는 독특한 워시 스틸을 사용하는 윅에 자리한 증류소

👁 페일 골드

👃 성냥을 켜듯 톡 쏘는 첫 느낌; 파인애플과 자몽; 레몬껍질과 꿀

👄 향신료로 조리한 서양배와 복숭아. 은근한 후추; 크리미한 토피와 바닐라

 미각을 건조하게 하는 후추 맛; 중간 길이의 피니시

향미권역

나무 향 / 과일 향 / 꽃 향 / 곡물 향 / 향신료 향 / 피트 향

이건 어떨까? 토마틴 12년산

올드 풀트니 18년산

싱글 몰트 위스키
하이랜드 웍
46% ABV

비슷한 스타일로는,
글렌카담 18년산

중량감 3
지역 교구 금주법으로 인해 1930년부터 21년 동안 폐업했다.

리치 골드

황, 다크 초콜릿, 오크 향, 구운 바닐라, 크림 캐러멜

계피와 흑설탕을 뿌린 스파이시한 구운 사과

드라이하며, 라벤더와 은은한 과일 향이 서서히 사라진다.

이건 어떨까? 글렌 마레이 18년산

탈리스커 10년산

싱글 몰트 위스키
하이랜드 스카이
45.8% ABV

비슷한 스타일로는,
보모어 12년산

중량감 4
탈리스커는 『보물섬』의 작가 로버트 루이스 스티븐슨이 가장 좋아한 위스키다.

리치 골드

피트 향이 밴 마멀레이드; 설탕 코팅된 시트러스; 은은한 바비큐 소스; 짭짤한 갈비

부드럽고 탱탱한 과일에 이어 향신료, 피트, 강렬한 후추 맛이 찾아온다.

후추 향이 피트와 과일로 이어진다.

이건 어떨까? 인치몬 12년산

탈리스커 18년산

싱글 몰트 위스키
하이랜드 스카이
45.8% ABV

비슷한 스타일로는,
보모어 18년산

중량감 4
탈리스커는 버번 캐스크에서 숙성된다.

연한 호박색

향긋한 말린 허브; 겉을 그을린 살구 타르트. 은은한 가죽과 시가 향

향신료로 조리한 살구와 귤. 배경에는 후추와 피트

후추와 피트 향이 드러나며, 긴 피니시에 오일리한 질감

이건 어떨까? 하이랜드 파크 18년산

시음 노트 20

클래식 위스키 칵테일

위스키는 복잡한 술이라 복잡한 칵테일을 만드는 데 사용된다. 이번에 소개하는 세 가지 칵테일은 강렬한 위스키 칵테일을 좋아하는 사람들을 위해 고안된 것이다.

칵테일이란?

간단히 말해서 리큐어나 주스, 비터즈 같은 다른 술로 맛을 낸 증류주 기반 음료다. 물론 여기에 소개하는 것보다 훨씬 더 많은 종류가 있다.

칵테일 제조는 숙련된 기술과 재료에 대한 제대로 된 이해가 수반되어야 하는 공예로서, 예술의 일환이라고도 한다.

현대에 등장한 것 같지만, 사실 칵테일의 역사는 오래되었다. 초창기 증류주는 매우 밋밋해서 거친 맛을 가리기 위해선 반드시 맛이 부드러운 무언가를 첨가해야 했다. 칵테일은 위스키 역사 초창기의 이러한 필요성으로부터 탄생했다.

칵테일의 역할

칵테일에는 여러 분류가 있다. 음료를 하나로 섞는 '블렌딩' 요소를 강조해 재료 각각의 맛보다 하나로 조화를 이룬 음료로 만들어내는 것을 목표로 하는 것도 있고, 여기서 다루는 것처럼 주인공인 위스키의 향미와 영향력에 집중하는 것도 있다.

왜 위스키일까?

같은 증류주지만 보드카나 진에 비해 존재감이 강해 위스키로 칵테일을 만들면 특유의 맛이 고스란히 느껴진다. 그러니 이 점을 강조해보는 건 어떨까.

롭 로이와 그의 미국인 사촌 맨해튼은 이러한 생각을 정확히 따른 칵테일이다. 적은 재료로 만든 개성이 강한 이 칵테일은 시대를 초월해 인기를 누리고 있다.

올드 패션드는 더 간단하지만 맛있다. 이를 제대로 만드는 핵심은 '제대로' 된 버번이나 라이 위스키를 사용하는 것이다. 그렇다, 여러분 취향에 딱 맞을 것이다.

드디어 사제락이다. 삶의 즐거움을 중시하는 흥이 넘치는 뉴올리언스에서 탄생한 사제락에는 이 도시의 열정적인 분위기가 담겨 있다. 스파이시한 라이 위스키와 짜릿한 비터즈, 강렬한 압생트가 어우러진 이 칵테일은 마음 약한 이들과는 전혀 어울리지 않는다.

여기서 선택한 위스키는 일단 사놓으면 여기저기 활용하기 좋다. 이 칵테일에 잘 어울리는 건 물론이고.

▶ 칵테일은 바에서 즐기는 것이 가장 좋다. 최고의 칵테일 제조 전문가(믹솔로지스트)가 칵테일 제조 과정을 보여주며 친절히 설명해줄 것이다.

롭 로이

버번을 베이스로 한 맨해튼의 스카치 위스키 버전으로 가을에 잘 어울린다.

재료

스카치 위스키 50ml(글렌파클라스나 그레이트 킹 스트리트 같은 블렌디드), 스위트 베르무트 25ml, 앙고스투라 비터즈

만들기

믹싱 글라스에 얼음을 채운 뒤 위스키와 베르무트, 비터즈 2~3ml를 넣는다. 30초간 부드럽게 휘젓는다. 칵테일 잔에 따르고 마라스키노 체리를 곁들인다.

참고 조금 덜 달게 하고 싶으면 드라이한 베르무트를 사용한다. 맨해튼에는 버번이나 라이 위스키를 사용한다. 다른 여러 칵테일처럼 롭 로이도 다양한 버전의 레시피가 있으며 (주재료를 제외하고) 재료도 다양하다. 롭 로이의 다른 버전은 드라이한 느낌을 살리기 위해 마라스키노 체리 대신 레몬 슬라이스를 추천한다.

올드 패션드

간단하지만 매력적인 클래식 칵테일로 제조에 시간이 걸리지만 기다릴 가치는 충분하다. 완벽한 '사계절용' 칵테일.

재료

라이 혹은 버번 위스키 50ml(리튼하우스나 코발), 앙고스투라 혹은 페이쇼드 비터즈, 큰 얼음 3조각, 황각설탕 1개 또는 설탕/시럽, 오렌지껍질 스트립

만들기

묵직한 텀블러에 각설탕을 넣고 비터즈 2~3ml를 넣은 뒤 스푼으로 섞는다. 이때 물을 약간 넣을 수도 있다. 다음으로 위스키 3분의 1, 얼음 한 조각을 넣은 뒤 부드럽게 젓는다. 30여 분 뒤 위스키를 조금 더 넣고 얼음을 추가한 뒤 젓는다. 나머지 위스키와 마지막 얼음을 넣는다. 칵테일을 부은 잔 위에 오렌지껍질을 짜준다.

참고 핵심은 향미가 완전히 섞일 때까지 계속 휘젓는 것이다.

사제락

달콤하고 스파이시하며 허브 향이 강렬한 이 칵테일은 2008년 뉴올리언스 공식 칵테일로 지정되었다.

재료

라이 위스키 75ml(가능하면 사제락 라이 추천), 각설탕 1개, 소량의 얼음, 앙고스투라 혹은 페이쇼드 비터즈, 압생트, 레몬껍질

만들기

텀블러에 각설탕과 물 몇 방울을 넣는다. 얼음을 넣은 뒤 위스키와 페이쇼드 비터즈 2ml와 앙고스투라 비터즈 1ml를 넣고 휘젓는다. 두 번째 텀블러의 벽을 압생트로 코팅한 뒤 첫 번째 텀블러의 내용물을 붓는다. 레몬껍질을 곁들인다.

참고 (비록 악명일지라도) 강렬함으로 유명한 압생트가 들어가지만, 이 칵테일의 '주인공'은 위스키다. 여기서 압생트는 글라스 벽을 코팅해 향을 강조하는 용도로 사용될 뿐이다.

가벼운 위스키 칵테일

위스키 칵테일은 사계절 언제든 좋지만, 따뜻한 날에는 청량하고 산뜻한 재료와 흥미로운 위스키로 만든 조금 더 '가벼운' 위스키가 잘 어울린다.

시작하기 전에

여기에 소개한 칵테일은 모두 검증을 거쳐 위스키 칵테일 명예의 전당에 오른 것들이지만 때때로 변형되기도 한다. 직접 칵테일을 만들 때는 기본을 마스터한 뒤 다른 재료로 다양한 시도를 해야 한다는 점을 명심하자.

먼저 여기 나온 간단한 레시피로 시작하고, 점차 자신의 입맛에 맞춰 재료를 가감하자. 몇 번 시도해보면 입맛에 맞는 나만의 버전을 만들 수 있을 것이다.

칵테일 제조는 수련을 거쳐야 하는 숙련된 기술이라는 점도 기억해야 한다. 향미 조합은 다른 재료를 혼합하는 기술 이상의 연금술과 다를 바 없다. 처음 몇 번은 제대로 만들어지지 않을 수도 있다. 꾸준히 시도하자.

믹스 앤드 매치

여기서 다루는 세 가지 칵테일은 '마일드한' 맛을 선호하는 칵테일 애호가들에게 적합하다. 하지만 위스키는 여전한 존재감을 과시하므로 각 칵테일에서 위스키의 개성과 특징을 느낄 수 있다.

보편적인 칵테일 상식이 통한다는 것을 보여주기 위해 블러드 앤드 샌드는 스모키한 피티드 싱글 몰트로 만들었다. 취향에 맞지 않다면 논피트 위스키를 사용하라. 위스키 사워도 마찬가지다. 몇 가지 선택 사항을 적어놨지만, 어울리는 위스키는 그 외에도 여러 가지가 있다.

민트 줄렙은 주로 버번으로 만들지만, 믹터스 싱글 배럴이나 불렛 스몰 배치 같은 라이 위스키로 대체해도 된다.

다음 세 가지 칵테일은 봄이나 여름에 어울리지만, 입맛에 맞기만 하면 언제든 괜찮다.

깊이 탐색하기

여기에 등장하는 칵테일을 만들면 향미를 조합하는 훌륭한 '실전' 경험을 쌓게 되는 셈이다.

▼ 위스키를 좋아하지 않는다고 단언하는 사람도 다른 향미와 섞이면 기꺼이 마실 정도로 칵테일에는 다양한 매력이 있다.

위스키 사워

1860년대 미국에서 유래했으며, 산뜻한 시트러스 계열의 상쾌한 매력으로 시대를 아우르는 인기를 누리고 있다.

재료

버번 60ml(포어 로제스나 버펄로 트레이스 추천. 다양함을 추구한다면 템플턴 라이 같은 라이 위스키도 좋다), 신선한 레몬즙 25ml, 설탕/시럽 15ml, 얼음, 앙고스투라 비터즈, 달걀흰자(선택 사항)

만들기

비터즈와 달걀흰자를 제외한 모든 재료를 한꺼번에 칵테일 셰이커에 넣고 힘차게 흔든다. 얼음으로 가득 찬 록 글라스에 따른다. 비터즈 3ml 정도를 곁들인다.

참고 칵테일에 달걀흰자를 넣으면 크리미한 부드러움이 더해진다. 달걀흰자를 넣은 위스키 사워는 보스턴 사워라고도 부른다.

민트 줄렙

미국 남부에서 만들어진 버번 베이스의 상큼한 여름용 칵테일이다.

재료

버번 50ml(소노마나 우드포드처럼 가벼운 것), 설탕/시럽 5ml, 신선한 민트, 으깬 얼음, 앙고스투라 혹은 페이쇼드 비터즈(선택 사항)

만들기

줄렙 컵이나 묵직한 텀블러를 준비한다. 민트 잎과 시럽을 뒤섞고 버번을 넣은 뒤 으깬 얼음을 가득 채운다. 글라스에 살얼음이 맺힐 때까지 부드럽게 젓고, 얼음을 돔처럼 가득 채워 넣는다. 마지막으로 민트 가지를 꽂고, 기호에 따라 비터즈를 소량 추가한다.

참고 미국 남부의 대표적인 음료로 18세기에 만들어졌으며, 오늘날 켄터키 더비의 공식 홍보 음료로 유명하다.

블러드 앤드 샌드

클래식의 변주. 이 레시피가 입맛에 맞지 않는다면 논피트 위스키를 사용하면 된다.

재료

블렌디드 스카치 위스키 20ml(시바스 미즈나라 추천), 피티드 싱글 몰트 10ml(라가불린 또는 아드벡), 체리 브랜디 20ml(천연 체리향이 좋은 히어링 추천), 스위트 베르무트 20ml, 오렌지주스 30ml(이왕이면 갓 짜낸 것)

만들기

칵테일 셰이커를 얼음으로 채운 뒤 모든 재료를 한꺼번에 넣는다. 뚜껑을 닫고 30초 정도 흔든다. 칵테일 글라스에 따른 뒤 오렌지껍질이나 체리를 얹는다.

참고 1920년대 칵테일의 황금시대에 만들어졌다. 루돌프 발렌티노 주연의 1922년작 동명의 영화 제목을 따서 이름 지었다. 원래는 붉은색의 블러드 오렌지주스로 만든다.

▲ 와인과는 다른 관점에서 음식과 위스키를 페어링하는 것이 인기를 끌고 있다.

위스키와 음식

위스키에 음식을 곁들일 때는 고려해야 할 점이 많다. 모든 위스키 스타일이 모든 종류의 음식과 어울리진 않기 때문이다. 이를 파악하기는 쉽지 않지만 일단 알고 나면 위스키와 어울리는 음식을 제대로 준비할 수 있다.

여기서 언급한 위스키와 음식의 조합은 그저 제안일 뿐이다. 이 예시가 음식의 어떤 향미가 어떤 위스키와 어울리는지 이해하는 데 도움이 되길 바란다. 관심을 기울이면 여러분 자신만의 조합을 구성해낼 수 있을 것이다.

식전주

위스키가 요리의 맛을 살리는 데 도움을 주는 첫 번째 역할은 식전주다. 베인스 케이프처럼 가볍고 시트러스한 싱글 그레인 스타일의 산뜻한 위스키는 미뢰를 자극해 앞으로 나올 요리를 제대로 맛볼 수 있도록 미각을 깨운다.

이보다 '꽉 찬' 보디감의 위스키로 시작하고 싶다면 블러드 앤드 샌드처럼 산뜻한 칵테일을 시도해보자.

스타터

콜드 컷으로 시작한다면 몇 가지 괜찮은 조합이 있다. 크리미하고 짭짤한 살라미와 절인 돼지고기는 발베니 같은 달콤한 싱글 몰트와 잘 어울린다.

파프리카가 많이 들어간 초리조처럼 향신

료 맛이 강한 고기는 달콤한 버번과 궁합이 좋다.

훈제 연어 같은 생선 요리에도 싱글 몰트가 잘 어울리는데, '짭짤한' 올드 풀트니 12년산이 좋은 파트너가 될 수 있다.

메인 요리

메인 요리에 곁들이기에 이상적인 위스키는 어떤 요리인지에 따라 달라진다. 크리미한 파스타나 생선처럼 가벼운 식감의 요리는 '가벼운' 위스키와 잘 어울리며, 싱글 그레인이나 섬세한 싱글 몰트가 괜찮다.

소스나 붉은 고기를 사용한 무거운 요리에는 알코올 함량이 높고 풀보디감의 싱글 몰트가 잘 어울린다. 풀코스 정찬일 경우에도 만족스러운 선택일 것이다.

위스키는 갑각류와도 궁합이 좋으므로 로브스터나 가시발새우, 새우, 게를 먹는다면 피티한 아일레이 위스키를 고르자. 짭짤하면서도 달콤하고 향긋한 갑각류에 중간 정도의 피티함을 지닌 청량한 쿨 일라 12년산을 곁들이면 짭짤함과 향긋한 향미가 조화를 이루며 입맛을 돌게 하는 완벽한 조합이 된다.

디저트 또는 치즈

모든 위스키, 심지어 피티한 위스키에도 어느 정도의 단맛이 있다. 그래서 디저트와 매우 잘 어울린다. 추천할 만한 조합은 크렘 브륄레와 아이리시 싱글 포트 스틸 위스키 레드브레스트 12년산이다. 레드브레스트의 달콤하며 스파이시한 바닐라와 모카 향미가 디저트의 크리미한 바닐라와 캐러멜과 완벽한 조화를 자랑한다. 게다가 크렘 브륄레의 크리미한 질감이 둘 사이의 시너지를 강조한다.

치즈를 좋아하는 이들에게 반가운 정보다. 대부분의 경성치즈는 위스키와 대체로 잘 어울린다. 그러니 어떤 조합이 가장 좋은지 실험해보는 건 어떨까? 크렘 브륄레처럼 크리미한 질감의 브리나 돌체라테 같은 연성치즈는 아이리시 싱글 포트 스틸 위스키와 잘 어울린다.

짭짤하고 톡 쏘는 맛을 가진 로크포르 같은 강렬한 연성치즈는 라가불린 16년산처럼 남성적인 피티드 싱글 몰트와 기분 좋은 맛의 대비를 만들어낸다.

식후주

위스키의 높은 알코올은 음식물을 분해하는 소화효소의 분비를 촉진하기 때문에 소화에 도움이 된다. 이런 맥락에서 달콤한 위스키는 피하고 싱글 몰트 중에서 고르기를 권한다.

어울리는 위스키 찾기

어떤 식재료들은 곁들일 위스키 찾기가 매우 어렵지만 가능성을 열어두고 시도해볼 만한 가치가 있다.

마늘, 고추, 고추냉이

알싸한 마늘과 매콤한 고추, 고추냉이는 모든 맛을 억누르는 향미 스펙트럼의 최강자다. 위스키와 함께 먹을 때는 요리에 적당히 사용하자.

염소 치즈

톡 쏘는 구릿한 냄새가 특징인 염소 치즈는 맛 수용체의 통제권을 둘러싸고 위스키와 전투를 벌인다. 이때는 콘 베이스나 휘트 위스키가 최선의 조합이다.

붉은 고기

구운 붉은 고기에 곁들이는 소스나 양념을 생각해보자. 바비큐와 버번은 천상의 조합이다.

위스키는 훌륭한 식전주다.
특히 스파이시한 라이 위스키는
미각을 자극하는 데 도움이 된다.

위스키와 초콜릿

위스키와 초콜릿의 조합을 생각해보지 못했을 수도 있다. 하지만 이제 다시 생각해보자. 둘 다 식도락 사치품이니 결국 서로를 위해 만들어지지 않았을까.

왜 초콜릿일까?

안 될 이유가 있을까? 어쨌거나 초콜릿인데. 게다가 초콜릿은 위스키에 특별한 작용을 해서 완벽히 어울리는 조합이 이루어지면 놀라운 효과를 만들어낸다.

또한 위스키와 초콜릿은 생산 과정이 비슷하고, 향미도 서로 조화를 이루며, 대비되는 부분은 흥미로운 즐거움을 선사한다.

어떤 초콜릿이 좋을까?

여기서 주목할 점은 바로 균형감이다. 초콜릿이 너무 달면 위스키의 향미가 느껴지지 않고, 너무 씁쓸하면 위스키가 그 맛을 뚫고 나오기 위해 애를 쓰게 된다. 균형감을 찾으려면 몇 번의 시행착오를 거쳐야 하지만 그 과정 또한 즐거울 것이다.

일반적으로 다크 초콜릿은 위스키의 좋은 파트너다. 다크 초콜릿에는 수치화된 '등급'이 있는데 코코아 함량 50%는 달고 90%는 쓰다. 이를 토대로 페어링 조합을 찾아보자.

밀크 초콜릿도 괜찮지만 품질이 매우 좋아야 한다. 맛이 첨가된 트러플은 실키한 질감이 감각적인 즐거움을 더하는 좋은 선택지다. 하지만 늘 그렇듯 핵심은 맛을 보고 또 봐야 한다는 것이다.

◀ **위스키와 초콜릿**은 화학 성분 구성이 비슷해서 매우 잘 어울린다. 물론 적당히 즐겨야 한다.

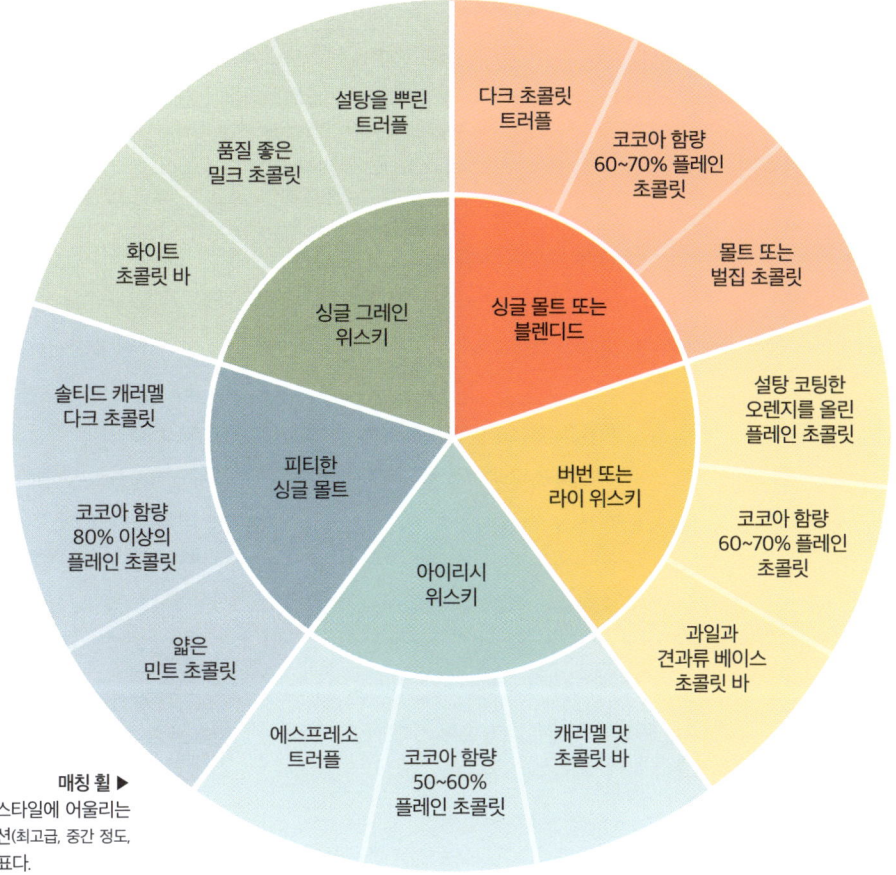

매칭 휠 ▶
다음은 각 위스키 스타일에 어울리는 세 가지 초콜릿 옵션(최고급, 중간 정도, 대중적)을 매칭한 도표다.

맛보기

위스키와 초콜릿을 맛보는 최고의 방법을 알려주겠다. 먼저 위스키를 한 모금 마시고 굴리면서 입안을 골고루 적신 뒤, 목으로 조금 넘긴다.

입안에 소량의 위스키를 남겨둔 채 초콜릿을 조금(절대 많이는 안 된다) 베어 먹고 입안에서 위스키와 섞는다. 초콜릿이 서서히 녹으면서 위스키와 유혹적으로 혼합된 향미가 배어 나오기 시작한다. 그 순간의 맛을 만끽하되 너무 오래 물고 있어선 안 된다. 적당히 즐겼으면 으깨져 쫀득쫀득한 이 맛있는 덩어리를 삼켜라.

오크 효과

위스키와 관련된 많은 것들과 마찬가지로, 오크는 이 두 사치성 소비재가 조화를 이루는 데 중요한 역할을 한다.

위스키가 숙성되는 오크 캐스크에는 바닐린 화합물이 함유되어 있는데, 이는 차링한 캐스크에서 추출되는 성분이다. 이름에서 짐작할 수 있듯, 이 성분은 위스키에 초콜릿과 최고의 궁합을 이루는 바닐라 향을 낸다. 밀크 초콜릿과 가장 잘 어울리지만 다크 초콜릿도 좋다.

도표 확인하기

위 그림은 위스키와 초콜릿의 어울림을 보여주는 도표다. '휠'을 돌리면 어떤 위스키 스타일이 어떤 타입의 초콜릿과 어울리는지 파악할 수 있을 것이다. 피티한 위스키는 짭짤하거나 코코아 함량이 높은 초콜릿과 어울리며, 달콤한 스페이사이드 싱글 몰트는 벌집 초콜릿과 좋은 조합을 이룬다. 다른 조합은 보완적이기보다 대조적이므로 각자의 취향을 탄다. 직접 시도해보라.

한번 해보고, 그 경험을 토대로 자신만의 페어링을 만들어보자.

용어 해설

가마(kiln) 발아가 끝난 보리를 건조하는 난방실. 전통적으로는 이탄 불을 사용하지만 요즘에는 석탄이나 석유를 사용한다.

곡물(grains) 위스키 제조에 사용되는 주요 곡물은 보리, 옥수수, 호밀, 밀 등이다.

그레인 위스키(grain whisky) 옥수수나 밀을 주원료로 해 연속식 증류기로 만든 위스키.

그리스트(grist) 맥아를 빻아 나온 굵은 가루. 여기에 뜨거운 물을 첨가한다.

냉각 여과(chill-filtering) 냉각하거나 물을 더한 뒤 위스키가 탁해지지 않도록 긴사슬지방산(hexadecanoate)을 여과하는 작업.

넥(neck) 단식 증류기의 본체와 라인 암을 연결하는 부분. 그 폭과 높이에 따라 액체로 응축될 알코올 증기의 양과 흐름이 달라진다.

눈물(tears) 잔을 기울였을 때 잔의 벽면에 남은 위스키의 흔적. '다리'라고도 한다.

뉴메이크 스피릿(new-make spirit) 증류기에서 갓 나온 최종 증류액으로 숙성을 거치지 않은 것.

단식 증류기(pot still) 싱글 몰트 위스키 제조에 가장 보편적으로 사용되는 종류로 포트와 넥, 라인 암으로 구성된다. 구리로 만들어졌는데, 열을 효율적으로 전도하고 증류액에서 황을 제거하기 위함이다.

더블러(doubler) 일부 미국 위스키 제조자들이 연속식 증류 후 향미를 더하기 위해 사용하는 간단한 단식 증류기.

던니지 숙성창고(dunnage warehouse) 위스키를 캐스크에 담아 숙성시키는 전통적인 단층 저장고.

드람(dram) 위스키 한 잔을 뜻하는 전통 스코틀랜드식 단위.

드래프(draff) 당화 후 남은 잔여물. 주로 건조 후 압축해 동물 사료로 사용한다.

드럼 몰팅(drum malting) 대형 금속 통에 보리를 넣고 돌리며 발아시키는 현대식 방법.

디차, 리차(de-char, re-char) 여러 번 사용된 캐스크를 재생하는 작업. 캐스크 내부를 벗겨내고 다시 태운다.

라인 암(lyne arm) 증류된 증기를 액체로 전환하는 응축기로 이동시키는 관.

로 와인(low wines) 1차 증류에서 나온 22~25% ABV의 알코올.

마데이라 드럼(madeira drum) 마데이라 와인 숙성에 사용된 캐스크.

마스터 블렌더(master blender) 위스키 제조자가 선호하는 향미 프로필을 만들기 위해 다양한 연령, 스타일, 원산지의 위스키를 블렌딩하는 숙련된 전문가.

매시빌(mash bill) 미국 위스키에서 옥수수, 호밀, 밀 등 곡물 배합 비율을 정해둔 증류소 고유의 레시피.

매시턴(mash tun) 매싱 작업을 하는 거대한 수조(주로 스테인리스 스틸).

매싱(mashing) 효소가 녹말을 당분으로 변환하는 과정. 매시턴에 담긴 그리스트에 뜨거운 물을 부어 '맥아즙' 같은 가용한 당분으로 추출한다.

맥아즙(wort) 맥아를 따뜻한 물에 담갔을 때 생기는 액체로 가용성 당분이 녹아 있다. 맥아즙을 발효하면 당분이 알코올로 변환된다.

몰트, 맥아(malt, malted barley) 몰팅 과정을 거친 보리 곡물.

몰팅(malting) 생보리를 맥아로 만드는 과정. 이때 효소가 나와 당화 과정 중 녹말을 당분으로 바꾼다.

미각(palate) 위스키의 맛에 대한 느낌.

미즈나라(mizunara) 일본산 오크. 수량이 적어서 2차 숙성에 주로 사용된다.

밀(wheat) 스코틀랜드 그레인 위스키와 미국 위스키 생산에 사용되는 주요 곡물. 생물학명은 트리티쿰 불가레(Triticum vulgare).

밀링(milling) 건조된 맥아를 그리스트로 분쇄하는 과정.

바닐린(vanillin) 차링이나 리차링 같은 목재의 열처리 중 리그닌의 열분해로 생성된 화합물. 숙성 중 액체에 우러나 위스키에 달콤한 바닐라 향을 준다.

발린치(valinch) 캐스크에서 위스키 샘플을 추출하는 튜브 모양의 전통적인 금속 장치.

발아(germination) 씨앗이 자연 성장해 싹을 틔우는 과정.

발효(fermentation) 당분을 알코올로 변환하는 과정으로, 효모를 맥아즙에 첨가함으로써 촉진된다.

버번(bourbon) 옥수수를 주원료로 한 매시빌에 따라 증류해 차링한 새 오크 캐스크에서 숙성한 미국 위스키.

버트(butt) 셰리와인을 숙성한 캐스크로 용량은 500리터.

벙(bung) 캐스크의 구멍을 막는 나무마개(주로 포플러나무로 만든다).

보디감(body) 위스키에서 느껴지는 '중량감'이나 입안촉감.

보리(barley) 전 세계에서 흔히 볼 수 있는 곡물. 생물학명은 호르데움 불가레(Hordeum vulgare).

블렌디드 몰트 위스키(blended malt whisky) 두 종 이상의 싱글 몰트를 블렌딩한 위스키. 과거에는 '배티드 몰트(vatted malt)', '퓨어 몰트(pure malt)'라고 불렀다.

블렌디드 스카치 위스키(blended scotch whisky) 하나 이상의 싱글 몰트와 하나 이상의 싱글 그레인 위스키를 블렌딩한 것.

블렌디드 위스키(blended whisky) 보통 몰트와 그레인 위스키를 블렌딩한 것.

비어(beer) 당화한 곡물로서 주로 보리를 발효한 알코올성 액체를 말한다.

비중계(hydrometer) 밀도를 기반으로 알코올 도수를 측정하는 데 사용되는 장비.

숙성(maturation) 위스키를 나무 캐스크에 담아 오래 묵히는 과정.

숙성연수(age statement) 병입된 위스키 중 가장 어린 위스키의 나이를 알려주는 라벨 정보. 대부분의 위스키는 다양한 연령의 캐스크를 하나의 큰 통에 담아 만든다.

쉘 앤드 튜브형 응축관(shell and tube condenser) 작은 구리 튜브가 여러 개 들어 있는 장치로, 차가운 물이 흐르며 알코올 증기와 접촉해 액체로 전환시킨다.

스피릿 세이프(spirit safe) 증류액을 초류와 후류로 분리하는 장치. 보통 증류사의 감각과 액체비중계에 의존한다.

스피릿 스틸(spirit still) 로 와인을 재증류해 알코올을 정제하고 농축하는 2차 증류기.

시향(nosing) 코로 위스키의 아로마를 느끼는 행위.

싱글 몰트(single malt) 단일 증류소에서 100% 맥아로만 만든 위스키. 보통 단일 증류소의 여러 캐스크를 블렌딩한다.

싱글 배럴/싱글 캐스크 위스키(single barrel/single cask whisky) '단일' 캐스크를 병입한 싱글 몰트나 버번을 가리킨다.

아로마 휠(flavour wheel) 향미를 설명, 분류해 놓은 도표.

아콰비타이(aqua vitae) 라틴어로 '생명의 물'이라는 뜻. 게일어로 번역한 '우이스베타(uisge beatha)'가 위스키가 되었다.

연속식 증류기/코피 스틸(column/coffey still) 연속해서 증류가 일어나는 큰 다단식 증류기. 주로 그레인이나 미국 위스키 제조에 사용된다.

옥수수(corn/maize) 흔히 재배되는 곡물로, 낟알을 추출해 위스키를 제조한다. 학명은 제아 메이스(Zea mays).

우드 피니싱(wood finishing) 위스키를 더 활성화된 다른 캐스크로 옮기는 것. 보통 두 번째 캐스크에서 다른 향미를 얻을 목적으로 숙성 과정에서 실시한다.

우이스베타(uisge beatha) 라틴어 '아콰비타이'를 게일어로 옮긴 것.

워시 스틸(wash still) 발효액을 1차로 가열해 생긴 알코올 증기를 냉각해 로 와인이라는 22~25% ABV의 저알코올 액체로 응축하는 1차 증류기.

워시(wash) 맥아즙에 효모를 첨가해 생기는 '발효액'으로 보통 6~8% ABV다.

웜터브(worm tub) 차가운 물이 담긴 나무통에 긴 파이프가 나선형으로 잠겨 있는 전통적인 형식의 응축기.

위스키(whisky/whiskey) 곡물 기반의 매시빌에 따라 증류해 나무통에서 숙성시킨 술.

응축관(condenser) 알코올을 냉각하는 증류 설비로, 알코올 증기를 액체로 전환한다.

이탄(peat) 식물 유기물이 분해·변질·압축되어 생긴 것. 전통적인 연료 공급원으로, 맥아를 건조할 때 사용되어 톡 쏘는 스모키한 향미를 입힌다.

입안촉감(mouthfeel) 위스키가 입안에 담겼을 때의 느낌.

정제기(purifier) 매우 무거운 알코올 증기를 재증류하고자 증류기로 보내기 위해 라인 암과 연결한 장치. 사용하는 증류소는 매우 드물다.

중량감(weight) 위스키의 입안촉감을 묘사하는 용어.

중류(middle/spirit cut) 원치 않는 초류와 후류가 제거되고 남은 증류액으로 위스키 제조에 사용된다.

증류(distilling) 알코올 도수가 낮은 발효액을 알코올 도수가 높은 증류주로 변환하는 작업.

증류기(still) 증류액을 만드는 장치.

증류사(stillman) 증류기를 작동해 증류액을 만들어내는 사람.

증류소(distillery) 증류주를 생산하는 곳.

차링(charring) 캐스크의 통 내부를 태워 탄소층을 형성해 증류주의 황 화합물 성분을 제거하는 것.

천사의 몫(angel's share) 위스키가 캐스크에서 숙성되는 동안 증발되는 양. 서늘한 기후에서는 1%, 더운 지역에서는 15%로 범위가 넓다.

초류(foreshots/heads) 스피릿 스틸에서 스피릿 세이프를 거쳐 처음 나오는 증류액. 알코올 성분이 매우 높아 사용 불가능하므로 후류와 함께 재증류된다.

캐스크(cask) 위스키를 보관·숙성하는 나무통으로 대개 참나무로 만든다.

캐스크 스트렝스(cask strength) 병입하기 전 물을 추가하지 않은 위스키.

쿠퍼(cooper) 위스키 캐스크를 제작·보수하는 숙련된 장인. 보통 쿠퍼리지 소속으로 일한다.

퀘익(quaich) 잔의 양쪽에 짧은 손잡이가 달린 스코틀랜드 전통 위스키 잔. 퀘익으로 술을 함께 마시면 영원한 친구가 된다고 한다.

타닌(tannins) 참나무에 존재하는 화합물로, 쓴맛과 떫은맛을 낸다. 분해하면 엘라그산과 갈산 등이 생긴다.

토스팅(toasting) 캐스크 내부를 열처리해 바닐린(달콤함)과 과이어콜(알싸함) 같은 방향족 화합물을 활성화시키는 것. 이러한 화합물은 리그닌 같은 나무의 구성 성분이 분해되면서 생겨난다.

통널(staves) 캐스크를 만드는 널빤지.

파고다(pagoda) 맥아 건조용 가마의 환풍기 역할을 하는 피라미드 모양의 지붕. 요즘은 몰팅 공장을 이용하므로 장식용에 그친다.

패턴트 스틸(patent still) 연속식 증류기/코피 스틸 참조

퍼스트 필, 세컨드 필(first fill, second fill) 등

퍼스트 필은 재사용된 캐스크에 처음으로 채운 위스키, 세컨드 필은 두 번째 채운 위스키. 이후 이런 식으로 표현한다. 여러 번 사용된 캐스크는 다시 차링해 '재활성화'한다.

페놀(phenols) 피트 연기에서 발견되는 방향족 화합물. 보리의 페놀 수치를 측정하면 위스키가 얼마나 스모키한지 알 수 있다.

포트 파이프(port pipe) 포트와인 숙성에 사용되었던 캐스크.

포틴(poteen) 아일랜드어로 증류기에서 갓 나온 뉴메이크 스피릿을 뜻한다.

폴리머(polymers) 분자는 둘 이상의 화합물로 구성된다. 참나무는 셀룰로스, 헤미셀룰로스, 리그닌으로 이루어져 있다. 폴리머는 숙성 과정에서 향미를 내는 데 중요한 역할을 한다.

프루프(proof) 알코올 도수를 측정하는 전통적인 방법. 현재는 주로 미국에서 사용되며, 보통 프루프의 측정값은 ABV의 두 배다. 예를 들어 50% ABV는 100 US 프루프다.

플라이트(flight) 여러 종의 위스키를 시음할 때 한 회분으로 구성한 것.

플로어 몰팅(floor malting) 담금 작업을 마친 보리를 돌바닥에 뿌리고 섞으며 발아시키는 방식. 요즘은 거의 사용되지 않는다.

피니시(finish) 위스키를 목으로 넘길 때 느껴지는 향미.

피티드(peated) 보통 피트 처리한 맥아로 만든 위스키를 가리킨다. 약간 스모키한(가볍게 피티한) 것부터 약내음이 강렬한(강하게 피티한) 것까지 다양하다.

하이볼(highball) 위스키에 얼음, 소다수를 섞어 만든 음료로 일본에서 인기가 높다.

호밀(rye) 북유럽과 미국의 서늘한 지역에서 자라는 튼튼하고 강한 곡물. 생물학명은 세칼레 세레알레(Secale cereale).

혹스헤드(hogshead) 작은 캐스크의 통널을 조립한 250리터 용량의 캐스크.

화이트 독(white dog) 뉴메이크 스피릿의 미국식 표현.

환류(reflux) 증류액의 증기가 응축관에 도달하기 전에 증류기의 넥이나 라인 암, 정류기에서 응축되는 과정. 이렇게 응축된 액체는 증류기로 돌아와 다시 증류된다.

활성 캐스크(active cask) 일반적으로 '더 신선한' 캐스크. 위스키에 보다 풍부한 향미와 색을 낸다.

황(sulfur) sulphur의 미국식 표기.

황(sulphur) 뉴메이크 스피릿에 바람직한 향(고기 향)과 바람직하지 않은 향(채소, 썩은 달걀 같은 냄새를 모두 일으키는 화학 원소. 숙성 과정에서 캐스크의 숯 성분에 의해 제거된다.

효모(yeast) 곰팡이의 일종인 단세포 유기체. 액체나 고체 형태로 매시에 첨가되면 촉매제로 작용해 당분을 알코올로 변환한다. 위스키 생산에 가장 보편적으로 사용되는 효모는 맥주효모균이라는 사카로미세스 세레비시아(Saccharomyces cerevisiae)다.

효소(enzymes) 생물학적 촉매 역할을 하는 단백질. 발아(몰팅), 당화(매싱), 발효 과정에서 일어나는 반응에 중요한 역할을 한다.

후류(feints/tails) 단식 증류 과정에서 얻어지는 증류액의 마지막 부분. 맛을 해치는 불필요한 화합물과 원소가 포함되어 있다.

2회 증류(double distillation) 두 차례 증류하는 것. 싱글 몰트 위스키는 최소 2회 이상 증류해야 한다.

3회 증류(triple distillation) 더 정제된 증류주를 만들기 위해 세 차례 증류하는 것.

ABV 알코올 도수. 알코올의 강도를 백분율로 표현한 것으로, 스카치 위스키는 최소 40% ABV 이상의 상태로 병입해야 한다.

ASB 미국 표준 배럴. 버번과 미국 위스키 숙성에 사용되는 200리터 용량의 캐스크이며, 이렇게 사용된 뒤에는 스카치나 스카치 스타일 위스키 숙성에 사용된다.

찾아보기

ㄱ

가격 192~193
거반 '패턴트 스틸' 66
거반 패턴트 스틸 No.4 36
계절에 어울리는 위스키 200
고든 앤드 맥페일 188~189
곡물 18~19
　각각의 해당 곡물 부분도 참조
공항면세점 구매 193
구더햄 앤드 워츠 143
귀리 19
규정 77
그레이트 레이크 136
그레이트 서던 디스틸링 Co. 164
그레이트 킹 스트리트 40, 44, 48, 205
그레이트 킹 스트리트 블렌드 151
그레이트 킹 스트리트 아티스트 블렌드 67
그레인 위스키 21, 53, 60, 64
　블렌디드 59
　싱글 그레인 58~60, 168~169
그리스트 20
그린 스폿 73, 200
그린 스폿 레오빌 바통 피니시 127
글랑 아르 모르 178~179
글래스고 디스틸러리 102~103
글렌 마레이 18년산 203
글렌 마레이 셰리 피니시 37
글렌 브레튼 레어 143
글렌 스코샤 112~113
글렌 스코샤 15년산 57
글렌가일 112~113
글렌고인 12년산 116
글렌고인 63, 104~105
글렌글라소 리바이벌 151
글렌노라 디스틸러리 142~143
글렌드로낙 104~105
글렌드로낙 12년산 37, 57
글렌드로낙 18년산 싱글 몰트 104
글렌리벳 114~115
글렌리벳 12년산 108, 201
글렌리벳 15년산 114
글렌모렌지 104, 190
글렌모렌지 10년산 56, 158
글렌모렌지 퀸타 루반 117
글렌카담 18년산 203
글렌킨치 102~103
글렌킨치 12년산 41, 45, 49, 182
글렌파클라스 114~115, 205
글렌파클라스 15년산 57
글렌피딕 49, 114
글렌피딕 18년산 114
금주법 60, 71, 86~87, 90, 135, 137, 163
금주운동 137
기분에 어울리는 위스키 200
김리 디스틸러리 142

ㄴ

나포그 캐슬 12년산 41, 45, 49, 127
나포그 캐슬 16년산 127
난터우 63, 156~157
남반구 국가 160~169
　남아프리카공화국 161, 166~168
　뉴질랜드 161, 164~165
　태즈메이니아 161~163
　호주 161, 164~165, 169
네덜란드 176~177
넬슨스 그린 브라이어 132~133
노르웨이 177
노포크 파머스 174
노포크 파치드 66, 174
눈물 28, 35
뉴메이크 22, 35
뉴욕 래그타임 라이 89
뉴질랜드 161, 164~165
닛카 149~150, 152
닛카 다케츠루 퓨어 몰트 151
닛카 미야기쿄 108, 159
닛카 코피 그레인 위스키 174
닛카 퓨어 몰트 블랙 151

ㄷ

다리 → 눈물 참조
다케츠루 마사타카 152~153
다프트밀 2006 윈터 릴리즈 145
다프트밀 95, 102~103, 145
단식 증류기 21, 47, 59, 76, 118~119
　구리 단식 증류기 47, 70, 78, 118~119
달위니 104~105
달위니 15년산 56, 116
대즈 햇 138~139
대즈 햇 펜실베이니아 라이 138
더 셰드 디스틸러리 125
더글러스 랭 63, 188
더글러스 랭 '스켈리웩' 10년산 67
더블러 21, 119
덴마크 176~177
도녹 104~105
독립병입자 63, 188~189
독일 91~92, 95, 180~181, 183
드라이 플라이 93, 134, 145
드라이 플라이 버번 134, 140
드라이 플라이 워싱턴 휘트 96
드레이먼스 166~167
딩글 122~123, 125
뜨거운 토디 195

ㄹ

라가불린 110~111, 190, 207
라가불린 16년산 41, 45, 49, 209
라세니 200
라세니 버번 84
라이 위스키 14, 35, 76, 86~89, 97
　매시빌 86
　유럽 91
　제조 공정 86~87
　캐나디안 90~91, 143
　캐스크 82
　향미 87
라이터스 티어스 73

라임버너스 싱글 몰트 164
라크 디스틸러리 162~163
라프로익 106, 110~111
라프로익 10년산 37, 109, 110
러셀스 리저브 6년산 89
런던 디스틸러리 Co. 172~173
레드브레스트 200
레드브레스트 12년산 73, 201, 209
레드브레스트 15년산 73
레이첵 106
레이첵 10년산 109, 117
레이크스 디스틸러리 172~173
레이크스 디스틸러스 리저브 169
레이크스 '위스키 메이커스 리저브 No.1' 175
로크 로몬드 싱글 그레인 66, 200
로허 디스틸러리 180~181
록 타운 136
롤런드 102~103
리그닌 47, 82
리뎀션 라이 141
리위팅 157
리저부아 라이 89
리저부아 휘트 96
리튼하우스 라이 183, 205
리튼하우스 보틀드 인 본드 스트레이트 라이 89
린도스 애비 102~103
링컨 카운티 공정 81, 133

마스터 블렌더 61
마이크로 증류소 135, 144~145, 165, 192
마이클 잭슨 115
마크미라 106, 176~177
마크미라 브룩스위스키 182
매싱 20
맥아 18, 20, 54, 58~59, 70
맥카시스 피티드 오리건 몰트 141
맥켈란 114~115, 192
맥켈란 레어 캐스크 싱글 몰트 114
머레이 맥데이비드 188
메소드 앤드 매드니스 SG 126
메소드 앤드 매드니스 SPS 127
메이커스 마크 37, 80, 84, 93, 131

멜로 콘 위스키 97, 200
모틀락 70년산 191
모틀락 레어 올드 싱글 몰트 37
몰트 위스키 18, 21
　싱글 몰트 부분도 참조
몰팅 플로어 20
몽키 숄더 49, 62~63
문샤인 15, 78, 79
미각 정돈 26, 39
미국 위스키 16~17, 19, 51, 53, 74~97, 84~85,
　88~89, 96~97, 128~143
　규정 77
　라이 위스키 35, 76~77, 82, 86~89, 91
　'라이트 위스키' 76
　매출 77, 81
　몰트 라이 위스키 76~77
　버번 → 버번 참조
　보틀드 인 본드 위스키 76~77
　'블렌디드 위스키' 76
　'스트레이트' 위스키 76
　싱글 몰트 77, 135
　콘 위스키 76~79
　휘트 위스키 76~77, 82, 92~93
미뢰 44, 47
미야기쿄 148
미야기쿄 싱글 몰트 148
믹서 17, 198~199, 201
믹터스 US*1 스몰 배치 85
믹터스 싱글 배럴 206
밀 19~21, 58~59
밀스톤 176
밀스톤 100 라이 183

바닐린 23, 82, 211
바와 펍 186
바이킹 아너 104
박스 177
박스 싱글 몰트 182
발베니 114~115, 209
발베니 21년산 포트 피니시 117
발베니 SB 12년산 41, 45, 49
발베니 더블우드 175

발콘스 95, 136, 145
발콘스 No.1 싱글 몰트 141
발콘스 베이비 블루 97
발콘스 브림스톤 콘 위스키 136
발콘스 텍사스 싱글 몰트 위스키 145
발트비어텔 디스틸러리 180~181
발효 20~21, 59
배럴 → 캐스크 참조
버번 14~15, 19, 21, 35, 53, 58, 76~78, 80~81,
　84~85, 94, 97, 140, 209
　매시빌 80
　숙성 81, 190
　역사 80~81
　제조 공정 80~81
　캐스크 79, 81~82
　향미 81
버트 83
버펄로 트레이스 41, 93, 131, 207
베냐민 프리차드 132~133
베른하임 오리지널 93
베른하임 휘트 위스키 96
베리 브라더스 앤드 러드 188
베이커리 힐 피티드 169
벤스 200
벤스 싱글 그레인 166
벤스 케이프 168, 200
벤로막 106, 114~115
벤로막 피트 스모크 109
벤리악 큐리오시타스 109
벨기에 176~177
벨지안 아울 176
보디감 46~49
보리 18
　맥아 18, 20, 54, 58~59, 70
　몰트 위스키 부분도 참조
　생보리 18, 70
　피티드 60, 106~107, 115
보모어 106, 110~111
보모어 12년산 203
보모어 15년산 57, 110
보모어 18년산 203
보틀드 인 본드 위스키 76~77
보플라스 166~167
부나하벤 110~111

217

찾아보기

부나하벤 12년산 151
부시밀즈 14, 68~69, 72, 122~124
부시밀즈 10년산 72, 122
부시밀즈 16년산 72
부시밀즈 블랙 부시 73, 123
부시밀즈 오리지널 73
북아메리카 16, 128~143
　미국 동부 138~139
　미국 서부 134~135
　미국 위스키 부분도 참조
　미국 중부 136~137
　캐나다 16, 19, 90~92, 142~143
　켄터키 81, 93, 130~131
　테네시 81, 132~133
불릿 10년산 버번 97
불릿 라이 97
불릿 버번 85
불릿 스몰 배치 206
브뤼클라딕 110~111
블라드녹 102~103
블라우에 마우스 180~181
블렌디드 위스키 15, 53, 60~65
　나만의 스타일로 블렌딩하기 64~65
　맥아와 곡물의 비율 60~61
　미국 76
　블렌디드 그레인 위스키 59
　블렌디드 몰트 62~63
　블렌디드 스카치 위스키 53, 60~61
　일본 151
빌 라크 163

ㅅ

사제락 라이 41, 45, 49, 205
산토리 149~150, 153, 199
산화 197
색 28, 34~35, 79
　위스키 색상표 35
설리번스 코브 162~163, 187
설리번스 코브 프렌치 오크 163
세금 193
세인트 조지 스피리츠 134~135
세인트 조지 싱글 몰트 134
세인트 조지스 디스틸러리 91, 172~173

소노마 디스틸링 Co. 라이 89
소노마 디스틸링 버번 140, 207
소노마 카운티 디스틸링 93
솔리스트 버번 캐스크 158
수수 19
숙성 21~23, 190~191
　병입 후의 숙성 197
　추가 숙성 83
스무스 앰블러 138
스무스 앰블러 올드 스카우트 138
스웨덴 106, 176~177, 182
스위스 180~181
스카치 스타일 위스키 16~17, 21, 52~67, 108~109, 116~117, 145, 197, 202~203
　블렌디드 53, 60~65
　숙성 190
　스카치 싱글 몰트 → 싱글 몰트 참조
　싱글 그레인 58~59
스카파 스키렌 67
스코틀랜드 100~117, 191~192
　롤런드 102~103
　스페이사이드 114~115
　아일레이 106, 110~111
　위스키 생산 지역 55
　캠벨타운 112~113
　하이랜드와 인근 섬 지역 104~105
스타우닝 176~177
스타워드 164~165, 200
스타워드 노바 169
스타워드 싱글 몰트 164
스타워드 와인 캐스크 175
스테인 디스틸러리 144
스토크 클럽 180, 200
스토크 클럽 라이 145, 183
스트라스아일라 12년산 108
스페이사이드 114~115
스페인 178~179
스프리우드 91, 95, 145, 181, 183
스프링뱅크 112~113, 200
스프링뱅크 10년산 57, 109, 112
시각적 특징 34~37
시바스 리갈 미즈나라 피니시 40, 44, 48, 207
시음 노트
　남반구의 위스키 168~169

눈으로 감상하기 36~37
라이 위스키 88~89
미국의 지역별 크래프트 위스키 140~141
버번 84~85
보디감과 피니시 감상하기 48~49
북미의 주요 위스키 스타일 96~97
스카치 위스키 66~67
싱글 몰트 56~57, 116~117, 202~203
아시아의 위스키 158~159
유럽 대륙의 위스키 182~183
일본 위스키 150~151
잉글랜드와 웨일스의 위스키 174~175
'전통' 아이리시 위스키 72~73
코로 감상하기 40~41
피트 위스키 108~109
하이랜드 싱글 몰트 116~117
혀로 감상하기 44~45
'현대' 아이리시 위스키 126~127
시향 → 아로마 참조
싱글 그레인 위스키 58~60, 168~169
　제조 공정 58
싱글 몰트 53~58, 60, 77, 94, 116~117, 202~203
　뉴질랜드 165
　다양한 향미 55
　블렌디드 몰트 62~63
　숙성 22
　숙성연수별 비교 202~203
　스코틀랜드 54~58, 60, 116~117, 189, 202~203
　아메리칸 77, 135
　위스키 제조국 55
　유럽 대륙 179, 181
　인도 155, 159
　일본 55, 150~151
　제조 공정 54
　캐나디안 143
　타이완 156, 158~159
싱글 포트 스틸(SPS) 위스키 18, 69~71, 121, 123, 126~127
쌀 19

ㅇ

아드나호 110~111
아드모어 레거시 109
아드벡 110~111, 207
아드벡 10년산 37, 117
아드벡 우가달 41, 45, 159
아로마 28~29, 31~32, 38~41
아로마 휠 42~43
　대표적인 여섯 가지 향미 42
　'상한' 향미 42
아모릭 트리아고즈 183
아벨라워 114
아벨라워 12년산 57
아벨라워 16년산 114
아벨라워 아부나흐 141
아시아 146~159
　인도 17, 55, 106, 147, 154~155, 159, 191
　일본 19, 106, 147~153, 192
　타이완 55, 63, 106, 156~159, 191
아이네아스 코피 15, 58, 76
아이리시 위스키 68~73, 126~127
　싱글 포트 스틸(SPS) 위스키 18, 69~71, 121, 123, 126~127
　제조 공정 70
아일랜드 16, 120~127, 191
　위스키의 부활 124~125
아일레이 106, 110~111
아치 로즈 164~165
알코올 함량(ABV) 21, 32, 47, 58, 76
알타바인 150
암루트 106, 154~155, 157, 200
암루트 퓨전 159
암루트 피티드 117, 154, 159
애드남스 사우스월드 175
애런 200
애런 10년산 67
앨버타 디스틸러스 142
야마자키 148, 150, 153
야마자키 12년산 148
야마자키 디스틸러스 리저브 151
야마자키 셰리 캐스크 2013 149
얼음 33, 195
에덴 밀 102~103

에드워드 다이어 155
에반 윌리엄스 싱글 배럴 85
에이징 → 숙성 참조
에지필드 디스틸러리 134~135
에클린빌 122~123, 125
엔젤스 엔비 버번 97
연속식 증류기 15, 21, 58~59, 76, 119
연수가 오래된 위스키 191
오래된 병 효과 197
오마르 157
오마르 버번 캐스크 159
오마르 싱글 몰트 156
오반 14년산 57, 175
오버림 162
오스트리아 91, 180~181
오크 캐스크 14, 17, 22~23, 32, 34~35, 47, 59, 77, 82~83, 190~191, 211
오큰토션 102~103, 200
오큰토션 12년산 56, 102
옥수수 19~21, 58~59, 79
옥스퍼드 아티잔 디스틸러리(TOAD) 91
옥토모어 111
올드 미들턴 69, 73
올드 풀트니 104~105, 202~203
올드 풀트니 12년산 117, 202, 209
올드 풀트니 18년산 203
올드 피츠제럴드 93
올드 피츠제럴드 1849 84
올드 피츠제럴드 버번 140
올트모어 114~115
와렝헴 178~179
와스먼드 싱글 몰트 141
와일드 터키 91, 131, 181
와일드 터키 라이 88
요이치 106, 148, 150, 152
요이치 20년산 149
요이치 싱글 몰트 151, 153
우드 피니싱 83
우드포드 리저브 85, 169, 201, 207
우드포드 리저브 DS 버번 97
워시 21, 118
워시백 21
워트(맥아즙) 20~21
웨스트랜드 피티드 109, 141, 183

웨일스 172~173, 175
위샨 63
위스키
　whisky/whiskey 스펠링 77
　구매하기 192~193
　국가별 소비량 16~17
　세계적 인기 16~17
　역사 14~15
　위스키와 음식 페어링 208~211
　제조 공정 20~21
　판매량 16~17
위스키 디캔팅 196~197
위스키 보관 196
위스키 시음
　방법 28~29
　샘플 사이즈 27
　시음 노트 27, 31
　시음 순서 27
　시음 언어 13, 30~31, 42
　시음 장소 186~187
　얼음과 물 더하기 26, 29, 32~33, 195
　이상적인 온도 194~195
　체크리스트 26~27
위스키에 물 더하기 26, 29, 32~33, 40
위스키에 어울리는 음식 208~211
위스키에 얼음 넣기 33, 195
위스키와 초콜릿 210~211
위퍼 스내퍼 164~165
윌로뱅크 165
윌리엄 그랜트 앤드 선즈 125
윌리엄 맥헨리 앤드 선즈 162
윔즈 188
윔즈 스파이스 킹 12년산 67
윔즈 피트 침니 41, 45, 49
유럽 170~183
　북유럽 176~177
　서유럽 178~179
　아일랜드, 스코틀랜드 부분도 참조
　알프스 인근 지역 180~181
　잉글랜드와 웨일스 91, 95, 172~175
이글 레어 10년산 37
이탈리아 178~179
인도 17, 55, 106, 147, 154~155, 159, 191
인치몬 12년산 203

일라이자 크레이그 스몰 배치 85
일본 19, 106, 147~153, 192
　싱글 몰트 55, 150~151
일본산 오크 캐스크 83
입안촉감 → 보디감 참조
잉글랜드 91, 95, 172~175
잉글리시 위스키 Co. 91, 173

자이담 디스틸러리 177
잔 26
잭 다니엘 81, 132~133
잭 다니엘스 SB 라이 141
잭 다니엘스 라이 89, 97
잭 다니엘스 싱글 배럴 85
잭 다니엘스 올드 No.7 133
잭 다니엘스 젠틀맨 잭 85
제임스 세즈윅 디스틸러리 166~167
제임슨 69, 71~72, 122~124
제임슨 스타우트 에디션 122
제임슨 쿠퍼스 크로즈 71
조 19
조니 워커 15
조니 워커 블랙 라벨 67
조니 워커 블렌더스 배치 레드 라이 피니시 61
조지 디켈 132~133
조지 디켈 No.12 테네시 위스키 85
조지 디켈 배럴 셀렉트 133
조지 워싱턴 86, 139
존 디스틸러리스 154~155
주라 12년산 175
중량감 → 보디감 참조
증류 21
　2회 증류 71, 158
　3회 증류 71~72, 103
　연속식 58~60, 76
　증류기 부분도 참조
증류기 118~119
　단식 증류기 21, 47, 59, 70, 76, 78, 118~119
　더블러 21, 119
　연속식 증류기(코피 스틸) 15, 21, 58~59, 76, 119
　하이브리드 증류기 119
증류소 방문 187

짐 빔 81, 125, 131
짐 빔 더블 오크 131
짐 빔 라이 41, 45, 49
짐 빔 올드 그랜대드 169
짐 스완 157, 173

천사의 몫 22
추가 숙성 83
축제 187
치치부 145, 148~149
치치부 피티드 싱글 몰트 145
친구들과 시음하기 27, 187, 201

카드로나 디스틸러리 164
카루이자와 148
카발란 106, 156~157
카발란 솔리스트 비노 바리크 63
카발란 컨덕터 169
카발란 클래식 116, 158, 201
카사울리 155
카오스 블렌디드 176
카이로 라이 183
칵테일 17, 204~207
　롭 로이 204~205
　민트 줄렙 206~207
　블러드 앤드 샌드 206~207
　사제락 87, 204~205
　올드 패션드 204~205
　위스키 사워 206~207
캐나다 16, 19, 142~143
　라이 위스키 90~91, 143
　싱글 몰트 143
　휘트 위스키 92
캐나디안 클럽 142~143
캐러멜 색소 35
캐리 네이션 137
캐스크 21~22, 34~35, 82~83
　버번 캐스크 14, 21, 36, 47, 59, 82~83
　셰리 캐스크 21, 36, 82~83
　오크 14, 17, 22~23, 32, 34~35, 47, 59, 77, 82~83, 190~191, 211
　차링/토스팅 23, 78, 82
　형태와 크기 83
캐스크 스트렝스 스트레이트 휘트 위스키 93
캐톡틴 크릭 라운드스톤 라이 92 89
캠벨타운 112~113
커세어 132~133, 145
커세어 100% 라이 145
커세어 라이 문 133
커티삭 '프로히비션' 67
컴퍼스 박스 59
컴퍼스 박스 '그레이트 킹 스트리트' 아티스트 블렌드 67
컴퍼스 박스 '스파이스 트리' 67
케이든헤드 188
켄터키 81, 93, 130~131
　버번 부분도 참조
코네마라 127, 200
코네마라 12년산 127
코네마라 터프 모르 169
코네마라 피티드 싱글 몰트 127
코르노 로키르 183
코르크 마개 42, 196
코르크 오염 42
코리오 165
코발 95, 200
코발 라이 89, 183, 205
코발 라이 SB 라이 위스키 97
코시미즈 세이치 38
코츠월드 2014 오디세이 175
코츠월드 디스틸러리 95, 145, 157, 172
코츠월드 싱글 몰트 145, 172
코츠월드 파운더스 초이스 175
코피 스틸 → 연속식 증류기 참조
콘 위스키 14, 76, 78~79, 97
　매시빌 78
　버번 부분도 참조
　색 79
　옥수수 종류 79
콰이어트 맨 10년산 72
쿠퍼스 23
쿨리 122~125
쿨일라 110~111, 188
쿨일라 12년산 57, 141, 209

크라겐모어 114~115
크라이겔라키 13년산 109, 151
크래프트 위스키 열풍 81, 87, 93~95, 125, 131, 133, 192
　마이크로 증류소 부분도 참조
클라이넬리시 14년산 117, 202
클라이드사이드 102~103
클리어 크릭 134
키닌비 49
킬베간 125
킬베간 8년산 126
킬베간 8년산 싱글 그레인 36, 168
킬커란 12년산 150
킬호만 110~111, 157, 200
킬호만 마키 베이 109
킹 카 컨덕터 159
킹스반스 102~103

타이거 스네이크 169
타이완 55, 63, 106, 156~159, 191
탈리스커 104~106, 202~203
탈리스커 10년산 57, 203
탈리스커 18년산 203
탈리스커 57° 노스 37
탈리스커 디스틸러스 에디션 104
태즈메이니아 161~163
터트힐타운 138~139, 141
털라모어 125
테네시 81, 132~133
템플턴 라이 207
토리이 신지로 152~153
토마틴 12년산 67, 202
토민토울 15년산 포트 피니시 117
톰슨 위스키 디스틸러리 164
트리티케일 93
티렌펠리 176
틸링 더 블렌드 73
틸링 스몰 배치 122
틸링 싱글 그레인 126, 168
틸링 싱글 몰트 위스키 127
틸링 위스키 디스틸러리 122~123, 125
틸링 포트 스틸 73

파워스 존스 레인 127
파워스 존스 레인 12년산 73
파이크스빌 라이 88
파이프 83
패피 반 윙클 93
펜데린 157, 172~174
펜데린 마데이라 캐스크 175
포어 로제스 131, 207
포어 로제스 스몰 배치 131
포어 로제스 싱글 배럴 37, 85
포트 샬럿 10년산 159
포티 크릭 디스틸러리 142
폴 존 155
폴 존 '볼드' 159
폴 존 브릴리언스 싱글 몰트 154
폴 존 피티드 159
푸니 178~179
프랑스 16, 178~179 183
프세너 178~179
플라이트 26
플래트 밸리 3년산 97
피니시 29, 31, 47~49
피어리스 라이 88
피트 위스키 43, 47, 53, 58, 106~109, 111, 125, 197~198
피펫 29, 32
핀란드 176~177, 183

하이 웨스트 95, 134, 145
하이 웨스트 랑데부 라이 135, 142
하이랜드 파크 104
하이랜드 파크 18년산 203
하이랜드와 인근 섬 지역 104~105
하이볼 33, 199
하쿠슈 148~150
하쿠슈 디스틸러스 리저브 148, 150
하쿠슈 싱글 몰트 117
해머슈미데 95
향미 22, 29, 32, 42~45
허드슨 뉴욕 콘 위스키 139

허드슨 맨해튼 라이 141, 183
허드슨 베이비 버번 138~139
헤븐 힐 81, 93, 131
헬리어스 로드 162
헬리어스 로드 로어링 포티 162
헬리어스 로드 피티드 169
호밀 14, 19~21, 58
호주 17, 161, 164~165, 169
호탈링 앤드 Co. 134~135
혹스헤드 83, 191
홀러데이 136~137
화이트 독 22
화이트 위스키 → 문샤인 참조
효모 21
후각기관 28, 38~39, 44
휘트 위스키 76, 92~93, 96
　매시빌 92
　제조 공정 92~93
　캐스크 82
　향미 93
히비키 하모니 40, 44, 48, 151

기타

A. 스미스 보먼 138
DYC 178~179
FEW 95, 136, 200
FEW 라이 41, 45, 49, 89
J. H. 디스틸러리 91
MGP 138

사진 출처

본 출판사는 아래와 같이 사진을 사용할 수 있도록 허락해주신 다음 분들께 깊은 감사를 표한다.

(Key: a-above; b-below/bottom; c-centre; f-far; l-left; r-right; t-top)

12 Getty Images: Jeff J. Mitchell (tc). **13 Getty Images:** BJI / Blue Jean Images (bl); Vesna Jovanovic / EyeEm (tr). **16 The Whisky Exchange:** (bl). **17 The Whisky Exchange. 23 Alamy Stock Photo:** Cultura Creative (RF) (tc). **33 Getty Images:** Westend61 (tc). **34 Getty Images:** Leon Harris. **35 Getty Images:** Slow Image (t). **38 Alamy Stock Photo:** Jeremy Sutton-Hibbert (tc). **46 Alamy Stock Photo:** Cultura Creative (RF) (bc). **52 Getty Images:** Alan Copson. **59 Alamy Stock Photo:** Denise Lett (tl). **61 Getty Images:** Bloomberg (tc). **62 Getty Images:** SOPA Images (tc). **63 Alamy Stock Photo:** Zoonar GmbH (bl). **Master of Malt:** (br). **68 Alamy Stock Photo:** Radharc Images. **71 Getty Images:** NurPhoto (cr, bl). **74 Getty Images:** John Fedele (c). **79 Alamy Stock Photo:** Jim West (tc). **80 Getty Images:** SOPA Images (bl). **82 Getty Images:** Ian O'Leary (cl). **83 Getty Images:** Emmanuel Dunand / AFP (bl). **86 Getty Images:** Gilbert Stuart (c). **87 Getty Images:** (b). **90 Dillon's Distillers:** Insight Designs. **91 Alamy Stock Photo:** CorporateFocus (b). **92 Dorling Kindersley: Dreamstime.com:** Mcxas (b). **93 Courtesy Dry Fly Distilling:** (b). **94 Alamy Stock Photo:** Ian Dagnall Computing (cl). **95 Alamy Stock Photo:** dpa picture alliance (tr). **Getty Images:** Portland Press Herald / Carl D. Walsh (bl). **100 Alamy Stock Photo:** Helen Hotson. **102 The Whisky Exchange. 103 Alamy Stock Photo:** Heather Athey (bl); Albert Knapp (br); Iain Masterton (tr). **104 The Whisky Exchange. 105 Alamy Stock Photo:** Helen Hotson (tr); Scottish Viewpoint (cl). **106 Getty Images:** Gavin Hellier. **107 Getty Images:** (t); (b). **110 The Whisky Exchange. 111 Alamy Stock Photo:** David Burton (bc); Design Pics Inc (tr). **112 The Whisky Exchange. 113 Alamy Stock Photo:** Stephen Saks Photography (bc). **Getty Images:** Momenet Open (tr). **114 The Whisky Exchange. 115 Alamy Stock Photo:** Iain Masterton (bc). **Getty Images:** iStock / Getty Images Plus (tr). **118 Getty Images. 119 Alamy Stock Photo:** Andrea Izzotti. **120 Getty Images:** Nigel Hicks. **122 The Whisky Exchange. 123 Alamy Stock Photo:** (bc). **Getty Images:** George Karbus Photography (tr). **124 Alamy Stock Photo:** tofino. **125 Alamy Stock Photo:** David L. Moore - IRE. **128 Getty Images:** M Swiet Productions. **130 Getty Images:** iStock / Getty Images Plus (br). **131**

Alamy Stock Photo: Daniel Dempster Photography (bc). The Whisky Exchange. **132 Alamy Stock Photo:** Mira (tr). **133 Alamy Stock Photo:** Peter Horree (tc). Master of Malt. The Whisky Exchange. **134 Master of Malt. 135 Alamy Stock Photo:** Scott Wilson (tr). **Getty Images:** Bloomberg (bc). **136 Master of Malt.** The Whisky Exchange. **137 Alamy Stock Photo:** Everett Collection Historical (bc); A. T. Willett (tr). **139 Getty Images:** Matteo Colombo (t). **Tuthilltown Spirits:** (b). **142 The Whisky Exchange. 143 Alamy Stock Photo:** Arterra Picture Library (tr). **Getty Images:** Roberto Machado Noa (bl). **144 Alamy Stock Photo:** Leon Werdinger. **145 Courtesy Dry Fly Distilling. 146 Getty Images:** Matteo Colombo (c). **148 The Whisky Exchange. 149 Alamy Stock Photo:** Newscom (bc). **Getty Images:** DoctorEgg (tr). **152 Getty Images:** David Lefranc. **153 Getty Images:** (l); South China Morning Post (r). **155 Getty Images:** Aman Chotani (t). John Distilleries P Ltd..: (b). **156 The Whisky Exchange. 157 Alamy Stock Photo:** Sean Pavone (t). Getty Images: (b). **160 Alamy Stock Photo:** DPK-Photo. **163 Getty Images:** (b); (t). **164 The Whisky Exchange. 165 Archie Rose Distilling Co.:** (b). **Getty Images:** Richard Sharrocks (t). **166 Drayman's Brewery and Distillery:** (tr). **The James Sedgwick Distillery:** (bl). **167 Getty Images:** (t). **The James Sedgwick Distillery. 170 Getty Images:** Photos by R A Kearton. **173 Getty Images:** kodachrome25 (t). **Healeys Cyder:** (b). **177 Getty Images:** Kevin Boutwell (t). **Mackmyra Swedish Whisky Ltd. :** Simon Cederqvist, Johan Olsson (b). **179 Getty Images:** API (br); Gina Pricope (bl). PUNI Whisky: (tr). **181 Dorling Kindersley:** Dreamstime.com / Elenaphotos (t). **Säntis Malt:** (b). **186 Getty Images:** Bloomberg (t). **187 Getty Images:** Mark Kolbe (b). **188 William Cadenhead Limited. 189 Gordon & MacPhail. 191 Getty Images:** Leon Harris. **192 Getty Images:** Matt Mawson / Corbis Documentary. **193 Getty Images:** Bloomberg. **195 123RF.com:** Jacek Nowak (t). **Getty Images:** Johanna Parkin (b). **197 Alamy Stock Photo:** Ron Sumners. **198 123RF.com:** Brent Hofacker. **201 123RF.com:** lightfieldstudios. **204 Alamy Stock Photo:** Oleksandr Sokurenko. **205 123RF.com:** a41cats (tl). **Alamy Stock Photo:** Brent Hofacker (tr); Lauren King (tc). **206 Getty Images:** Westend61. **207 123RF.com:** Brent Hofacker (tl); Elena Veselova (tc); Brent Hofacker (tr). **208 Getty Images:** Dmitriy Baranov. **210 123RF.com:** Kiryl Padabed.

All other images © Dorling Kindersley
For further information see: www.dkimages.com

저자 소개

지은이_에디 러들로

에디 러들로는 1990년대 후반 오드빈스의 영업 보조와 운송 기사로 일하며 위스키에 대한 사랑을 키웠다.

2005년부터 2007년까지 아드벡과 글렌모렌지의 영국 홍보대사를 지낸 뒤, 아내 아만다와 함께 위스키 라운지를 창립해 위스키에 관심이 싹트거나 한눈에 사랑에 빠진 이들을 위스키 세계로 인도하고 즐기는 방법을 안내하며 교육하는 활동을 펼치고 있다.

현재 위스키 라운지가 주최하는 시음회, 축제, 강연 및 각종 행사에는 수천 명 이상이 정기적으로 참석하고 있다. 영국 위스키계의 유명인사 중 한 사람인 에디 러들로는 키퍼 오브 더 퀘익(Keeper of the Quaich) 직함을 받았으며, 증류사 조합(Worshipful Company of Distillers)의 회원이자 IWSC의 심사위원으로 활동 중이다. 이 책은 그의 첫 번째 저서다.

에디 러들로에 대해 더 알고 싶다면 페이스북, 인스타그램, 트위터에서 The Whisky Lounge를 팔로우하라. 위스키 라운지의 웹사이트 www.thewhiskylounge.com을 방문해도 좋다.

옮긴이_임지연

숙명여대 사학과 졸업 후 해외광고홍보대행사와 CJ E&M에서 일했다. 영상보다는 활자에 매력을 느껴, 글밥아카데미를 거쳐 현재 바른번역에서 전문번역가로 활동하고 있다. 옮긴 책으로는 『거절당하기 연습』, 『사람은 무엇으로 사는가』, 『재즈를 읽다』, 『앙겔라 메르켈』, 『자기계발을 위한 몸부림』, 『킨포크』, 『술의 인문학』, 『인스타그램, 순간을 남기면 보이는 나』, 『너무 사랑하지만 힘든 걸 어떡해』, 『감정의 발견』, 『악의 패턴』 등이 있다.

감사의 말

저자와 출판사는 다음의 개인과 단체에 감사를 표하고자 한다. 그들의 도움과 조언, 제품이 없었다면 이 책은 나올 수 없었을 것이다.

더 위스키 익스체인지(www.thewhiskyexchange.com)는 위스키 사진을 구하는 데 귀중한 도움을 주었고, 마스터 오브 몰트(www.masterofmalt.com)는 위스키 샘플을 지원해주었다.

샘플 제공

아마더스 드링크스, 켈틱 위스키 컴퍼니 디아지오, 에드링턴-빔 산토리, 헬레이어스 로드 디스틸러리, 인터베브 그룹, MPR 커뮤니케이션스, 리저부아 디스틸러리, 스마츠 커뮤니케이트, 스페셜티 브랜즈 스피릿 카르텔, 스토리 PR, 테일러 스트레터지

편집 지원

찾아보기 정리에 제이미 앰브로즈, 위르겐 데이벨, 로나 스케네, 마리 로리머, 교정에는 존 프렌드

전문 자료 도움

포사이스, 스카치 위스키 협회, 『캐나다 위스키: 새로운 휴대용 전문서』(다뱅드 케르고모 저), 앤디 왓츠, 앵거스 마크레일드, 빌리 애보트

저자는 책이 나오기까지 적극적인 지지를 보내준 이들에게도 감사를 표하고 싶다.

1990년대 후반 뉴캐슬 오드빈스의 스태프- 그래요, 바로 당신이에요!
'캡틴' 그레임 라이트, 콜린 던, 찰스 맥클린, 앤드루 포레스터 박사, 데이브 브룸, 수킨더 싱, 빌 럼스덴 박사, 더글러스 머레이, 아쇽 초칼링엄, 고(故) 짐 스완, 미키 헤즈, 재키 톰슨, 더그 맥키버, 그레이엄 은손, 닉 모건 박사, 이언 창 박사, 마이클 모리스, 조 클라크, 팀 포브스, 올리버 칠턴, 헬렌 스튜어트, 줄리 해밀턴과 글래스고 스태프들, DC, 조니 맥밀런, IWSC 동료 심사위원들, 앨런 기븐스. 여기에 일일이 언급하기는 어렵지만 1년 내내 함께 일하는 위스키 업계의 멋진 모든 이들, 위스키 라운지의 고객과 친구들, (지난 1년간 나를 참아준) 위스키 라운지 팀원들, 가족(특히 문법을 교정해주신 아버지!), 그리고 마지막으로…

아내 아만다의 헌신적인 지원에 감사를 표한다. 그녀의 지지가 없었더라면 이 책은 세상에 나오지 못했을 것이다.